LANGENSCHEIDTS
PRAKTISCHE LEHRBÜCHER

LANGENSCHEIDTS PRAKTISCHES LEHRBUCH FRANZÖSISCH

Von

PETER ILGENFRITZ

LANGENSCHEIDT

BERLIN · MÜNCHEN · WIEN · ZÜRICH · NEW YORK

Ein Schlüssel zu den Übungen (Best.-Nr. 26156) sowie zwei Ergänzungs-Cassetten mit der Aufnahme aller Texte (Best.-Nr. 80415) sind zu diesem Lehrbuch gesondert lieferbar.

Auflage: 13. 12. 11. 10. | *Letzte Zahlen*
Jahr: 1990 89 88 | *maßgeblich*

Druck: Druckhaus Langenscheidt, Berlin-Schöneberg
Printed in Germany · ISBN 3-468-26151-9

Vorwort

Die vorliegende Fassung des „Praktischen Lehrbuches Französisch“ stellt ein auf den Erkenntnissen praktischer Unterrichtserfahrungen aufgebautes, wissenschaftlich fundiertes Werk zur gründlichen Erlernung der französischen Sprache dar. In 35 Lektionen vermittelt es die Grundzüge der Aussprache und Schreibung des Französischen, einen Grundwortschatz von etwa 2000 Wörtern und Ausdrücken sowie die Grundlagen der französischen Grammatik mit ihren wichtigsten Ausnahmen.

Jede Unterrichtslektion besteht aus einem Lektionstext, einem Grammatikteil und Übungen. Die Aussprache ist in die ersten neun Lektionen in Form einer Darstellung der einzelnen Laute und zahlreicher Übungen eingearbeitet.

Die nach praktischen Gesichtspunkten ausgewählten Texte machen den Lernenden mit den mannigfachen Ausdrucksformen des heutigen französischen Lebens vertraut und führen ihn gleichzeitig in die französische Umgangssprache ein. Sie enthalten jeweils die in dem dazugehörigen Grammatikteil angegebenen Strukturen. Für die 31. bis 34. Lektion wurden Originaltexte aus der französischen Literatur und ein Text zur Wirtschaft Frankreichs ausgewählt.

Die Grammatikteile umfassen jeweils die in den Lektionstexten neu vorkommenden Strukturen mit kurzen Erläuterungen in deutscher Sprache, wobei auf eine klare und übersichtliche Darstellung (oft in Tabellenform) Wert gelegt wurde.

Jede Lektion schließt mit reichhaltigem Übungsmaterial ab, das sowohl moderne Strukturübungen als auch herkömmliche Einsetz- und Übersetzungsübungen enthält. Die 10., 20., 30. und 35. Lektion sind Übungs- und Testlektionen, in denen der bis dahin behandelte Stoff in zahlreichen Übungen wiederholt und vertieft wird.

Im Anhang findet der Benutzer eine Zusammenstellung der regelmäßigen und der wichtigsten unregelmäßigen Verben in Konjugationstabellen, Listen der wichtigsten Präpositionen und Konjunktionen, ein alphabetisches

Register aller in diesem Lehrbuch verwendeten Wörter und Ausdrücke sowie ein ausführliches Sachregister, das das schnelle Auffinden jeder grammatischen Einzelheit ermöglicht.

Zusätzlich zu diesem Lehrbuch ist ein Satz von sieben Schallplatten bzw. zwei Compact-Cassetten erhältlich, auf denen gebildete französische Sprecher die Beispiele zur Phonetik und die Lektionstexte vorsprechen. Die Lernenden hören somit die fremde Sprache; Wörter und Sätze haften dadurch besser in ihrem Gedächtnis. Durch das akustisch Gebotene eignen sie sich in kurzer Zeit eine fehlerfreie Aussprache an. Ausführlich wird diese durch unsere gesondert erschienene „Ausspracheplatte Französisch" vermittelt; der der Platte beigegebene Text mit eingehenden Erläuterungen wird hierbei eine gute Hilfe sein.

Dank gebührt an dieser Stelle Herrn Jacques Vaccaro für die Durchsicht der Texte und Herrn Dr. H. Willers für zahlreiche Anregungen zu den Grammatikteilen.

Es sei auch nicht versäumt, hier den Verlagshäusern Editions Gallimard, Editions Buchet-Chastel, Presses Universitaires de France, Larousse und Le Monde zu danken, die freundlicherweise die Erlaubnis zum Abdruck der Originaltexte erteilt haben.

VERFASSER UND VERLAG

Abkürzungen

Adj.	Adjektiv	=	*Eigenschaftswort*	*Plur.*	Plural	=	*Mehrzahl*
Adv.	Adverb	=	*Umstandswort*	*Sing.*	Singular	=	*Einzahl*
etw.	etwas			*Subst.*	Substantiv	=	*Hauptwort*
fam.	familiär			*n*	Neutrum	=	*sächlich*
f	feminin	=	*weiblich*	*ns*	nous	=	*wir*
jdm	jemandem			*qch*	quelque chose	=	*etwas*
jdn	jemanden			*vs*	vous	=	*Sie, ihr*
m	maskulin	=	*männlich*	*qn*	quelqu'un	=	*jemand*

Inhaltsverzeichnis

Anhang

Geschichte der französischen Sprache

Als die Römer durch ihre Eroberungszüge das römische Weltreich schufen, brachten sie in die unterworfenen Provinzen die lateinische Sprache mit. Der hohe Stand der römischen Zivilisation und Kultur bedingte, daß die in den eroberten Gebieten von der einheimischen Bevölkerung gesprochenen Sprachen vom Lateinischen in relativ kurzer Zeit fast völlig verdrängt wurden. (Ein ähnlicher Vorgang war in jüngerer Zeit z. B. in den ehemaligen afrikanischen Kolonien der europäischen Mächte zu beobachten: In diesen Gebieten ist auch nach der Erlangung der Unabhängigkeit die Sprache der Gebildeten und die Amtssprache zumeist die der ehemaligen Eroberer geblieben.)

Die Sprache, aus der sich die heutigen romanischen Sprachen entwickelt haben, war allerdings nicht das klassische Latein, sondern das vom Volk und den Soldaten gesprochene Volkslatein (Vulgärlatein). Nach dem Zerfall des römischen Weltreichs entwickelte sich das Volkslatein in den einzelnen, nun politisch voneinander getrennten und isolierten Gebieten selbständig weiter. So entstanden die heute noch gesprochenen romanischen Sprachen: Französisch, Spanisch, Portugiesisch, Italienisch, Rumänisch, Katalanisch, Provenzalisch, Sardisch und Rätoromanisch (in Graubünden, im Grödnertal und in Friaul).

Vor der Eroberung durch die Römer wurde in Gallien keltisch gesprochen. Nach der Unterwerfung Galliens durch Julius Cäsar (um 50 v. Chr.) übernahmen die gallischen Priester und Stammesfürsten bald die lateinische Sprache, die dann das Keltische innerhalb weniger Jahrhunderte fast völlig verdrängte. Von der keltischen Sprache der Gallier sind nur etwa fünfzig Wörter sowie Ortsnamen übriggeblieben.

Um 500 n. Chr. eroberten die germanischen Franken unter Chlodwig Nordfrankreich. Sie gaben dem Land den Namen *France* (Frankreich = Reich der Franken) und hinterließen in der spätlateinischen Sprache des Landes zahlreiche Wörter. Der Satzbau blieb jedoch unbeeinflußt.

Aus dem Jahre 842 stammen die „Straßburger Eide“. Sie stellen das erste bekannte Dokument der altfranzösischen Sprache dar, die sich zu dieser

Zeit schon erheblich vom Spätlateinischen entfernt hatte. Es ließen sich für diese Zeit verschiedene Dialekte nachweisen. Besonders starke Unterschiede bestanden zwischen dem Norden und dem Süden (der Provence). Im Norden setzte sich allmählich der Dialekt der *Ile de France* (Gebiet um Paris) durch. Im Süden wurde lange Zeit Provenzalisch gesprochen, das nach und nach vom Nordfranzösischen verdrängt wurde und heute nur noch dialektale Bedeutung hat.

Im 11.—14. Jahrhundert kam das Altfranzösische zu einer beachtlichen literarischen Blüte. Es entstand das berühmte Rolandslied und andere, meist nur fragmentarisch erhaltene Werke, besonders aus der Gattung des höfischen Ritterromans.

Das sogenannte Mittelfranzösische rechnet man von der Mitte des 14. Jahrhunderts bis Ende des 16. Jahrhunderts. In dieser Zeit nahm die französische Sprache viele lateinische Wörter neu auf und entlehnte zudem zahlreiche italienische und griechische Vokabeln.

Im 17. Jahrhundert erfuhr das Französische eine vom Königshof geförderte und vor allem von *Malherbe* und *Boileau* vorangetriebene Reinigung und Vereinheitlichung. 1635 wurde von *Richelieu* die *Académie française* zur Läuterung der Sprache und Erstellung eines Wörterbuchs ins Leben gerufen. In dieser Zeit wurde Französisch zu der klaren, manchmal sogar etwas karg wirkenden Sprache, die mit relativ geringen Änderungen heute noch gesprochen und geschrieben wird.

Im 18. und 19. Jahrhundert wurde das Französische die Sprache aller gebildeten Europäer. Es ist z. B. bekannt, daß Friedrich der Große Französisch besser beherrschte als Deutsch. Auch die französische Revolution trug erheblich zur Ausbreitung der französischen Sprache bei.

Zu Beginn des 20. Jahrhunderts wurde einer französischsprachigen Erziehung immer noch großes Gewicht beigelegt, und die Diplomatie bediente sich des Französischen als internationale Verkehrs- und Verhandlungssprache. Erst nach dem ersten Weltkrieg begann das Englische der französischen Sprache die internationale Bühne streitig zu machen.

Heute sprechen etwa siebzig Millionen Menschen Französisch als Muttersprache. Außer in Frankreich und seinen Übersee-Departements (*Gouadeloupe*, *Guyane*, *Martinique*, *La Réunion*) wird in Südbelgien, der Westschweiz, in einem großen Teil Kanadas und in Haiti Französisch als Muttersprache gesprochen. Als Amts-, Verkehrs- und Handelssprache wird die französische Sprache darüber hinaus in etwa dreißig Ländern Europas, Nord- und Zentralafrikas, Indochinas und der karibischen See verwendet.

Aussprache des Französischen

Die Aussprachebezeichnung ist in der Lautschrift der Association Phonétique Internationale (API) wiedergegeben. Sie ist jeweils in eckige Klammern gesetzt.

1. Der Wortakzent

Im Französischen werden alle Wörter auf der letzten volltönenden Silbe betont. Der Unterschied zwischen betonten und unbetonten Silben ist allerdings geringer als im Deutschen. Die Akzente der französischen Schrift sind keine Betonungshinweise, sondern Ausspracheangaben oder Unterscheidungsmerkmale (siehe Kapitel „Akzente“).

2. Der Satzrhythmus

Da der Unterschied zwischen betonten und unbetonten Silben im Französischen relativ gering ist, ergibt sich eine gleichmäßigere Satzmelodie als im Deutschen. Der Ton steigt am Satzanfang gleichmäßig an und fällt zum Ende des Satzes hin wieder leicht ab.

3. Die Bindung (la liaison)

Zwischen den Wörtern eines Satzteils wird im allgemeinen keine Pause gemacht. Die zusammenhängenden Sprecheinheiten bestehen also aus mehreren „nahtlos“ aneinandergereihten Wörtern. Diese Eigenschaft des Französischen, mehrere Wörter zu Sprecheinheiten zusammenzufassen, findet ihren Niederschlag auch in der Bindung (*liaison*) sonst stummer Endkonsonanten hinüber zum nächsten Wort (z. B.: *les‿enfants* [lezɑ̃fɑ̃]).

4. Vokale

Es besteht im Französischen oft ein erheblicher Unterschied zwischen der Schreibweise und der Aussprache eines Lautes (besonders bei den Vokalen), vor allem wenn wir von der deutschen Lautung der Buchstaben ausgehen. Es empfiehlt sich, die in den ersten neun Lektionen gegebenen Phonetikübungen auch auf die Schreibweise der einzelnen Vokale hin genau zu studieren. Als generelle Richtlinie wird nachstehende Aufstellung gegeben.

Lautschrift	Schreibweise	französische Beispiele	vergleichbarer deutscher Laut
[a]	a; à	**papa** *Papa*, **voilà** *da ist*	Limonade
[ɑ]	a; â	**tasse** *Tasse*, **pâte** *Paste*	Schaden
[e]	é; -er *u.* -ez *in Endsilben*; ai (*Konjugationsendung*); et (= *und*)	**école** *Schule*, **aller** *gehen*, **donnez** *gebt*, **j'ai** *ich habe*, **et** *und*	Ebene
[ɛ]	è; ê; e	**père** *Vater*, **mer** *Meer*, **être** *sein*	Mähne
[ə]	e	**amener** *mitbringen*	schade
[i]	i; y	**ici** *hier*, **type** *Typ*	Tritt
[o]	o; ô; au; eau	**auto** *Auto*, **bureau** *Büro*, **trône** *Thron*	oder
[ɔ]	o; au	**globe** *Globus*; **Paul** *Paul*	Ort
[u]	ou; où; oû	**tout** *alles*, **où** *wo*, **goût** *Geschmack*	gut
[ø]	eu; œu	**deux** *zwei*, **vœu** *Wunsch*	schön
[œ]	eu; œu	**neuf** *neu*, **bœuf** *Ochse*	öffnen
[y]	u; û	**sur** *auf*, **sûr** *sicher*	für

5. Nasale

Eine Besonderheit der französischen Sprache sind die Nasalvokale. Sie werden in der Schrift dargestellt als a, e, i, o, u, ai, ei mit folgendem n oder m (z. B.: **enfant** [ɑ̃fɑ̃]).

Im Deutschen gibt es keine vergleichbaren Laute. Wer ohne Lehrer arbeiten möchte, muß deshalb auf die zu den Lektionstexten und Phonetikübungen lieferbaren Schallplatten oder Cassetten zurückgreifen.

In der Lautschrift zeigt eine Tilde (~) über dem jeweiligen Buchstaben an, daß der Laut nasal gesprochen wird.

Sind n oder m in der Schrift verdoppelt oder folgt ein Vokal, so wird **nicht** nasaliert (z. B.: **imm**atriculer [imatrikyle] *einschreiben*, **ina**ttendu [inatɑ̃dy] *unerwartet*).

6. Doppellaute (Diphthonge)

Die beiden Laute gehen ineinander über.

[ja]	cri**a**rd	*schreiend*	[ɥi]	h**ui**t	*acht*
[je]	piti**é**	*Mitleid*	[wa]	m**oi**	*mir, mich, ich*
[jɛ]	pri**è**re	*Gebet*	[jø]	**lieu**	*Ort*
[jɔ]	ri**o**ter	*kichern*	[uj]	bou**ill**on	*Bouillon*

[ij]	f**ille**	*Tochter*	[jɑ̃]	f**iancé**	*Verlobter*
[ɛj]	Mars**eille**	*Marseille*	[jɔ̃]	nat**ion**	*Nation*
[ɑj]	bat**aill**on	*Bataillon*	[wɛ̃]	**loin**	*fern*
[œj]	f**euille**	*Blatt*	[ɥɛ̃]	**juin**	*Juni*
[jɛ̃]	b**ien**	*gut*	[ɥɑ̃]	n**uance**	*Nuance*

7. Konsonanten

Zu den einzelnen Konsonanten sind folgende Hinweise zu beachten:

b	=	[b]	sehr weich und stimmhaft
c	=	[k]	vor a, o, u und vor Konsonanten (**c**arte *Karte*, **c**lasse *Klasse*)
		[s]	vor e und i (**c**itron *Zitrone*)
ch	=	[ʃ]	stimmlos, wie deutsches sch
		[k]	in manchen Wörtern fremden Ursprungs (**Ch**ristine *Christine*)
d	=	[d]	sehr weich; am Wortende meist stumm
f	=	[f]	wie das deutsche f
g	=	[g]	vor a, o, u und vor Konsonanten (**g**oût *Geschmack*)
		[ʒ]	vor e und i, wie stimmhaftes sch
h	=	[–]	immer stumm
j	=	[ʒ]	wie stimmhaftes sch
k	=	[k]	wie deutsches k (seltener Buchstabe, wird nur in einigen Fremdwörtern verwendet)
l	=	[l]	wie deutsches l
ll	=	[l]	in einigen Wörtern (vi**ll**e *Stadt*)
		[j]	in den anderen Wörtern (fi**ll**e *Tochter*)
m	=	[m]	wie deutsches m
n	=	[n]	wie deutsches n
p	=	[p]	etwas kürzer als das deutsche p; es darf nur wenig Luft aus dem Mund entweichen
ph	=	[f]	wie f gesprochen
q	=	[k]	wie das deutsche k
r	=	[r]	meist als Gaumen-r
s	=	[s]	am Wortanfang stimmlos
		[z]	zwischen zwei Vokalen stimmhaft
		[–]	am Wortende meist stumm
ss	=	[s]	immer stimmlos
t	=	[t]	etwas kürzer als das deutsche t; es darf nur wenig Luft aus dem Mund entweichen
		[s]	vor i oft als stimmloses s gesprochen
		[–]	am Wortende meist stumm
u	=	[y]	wie deutsches ü
v	=	[v]	ähnlich wie deutsches w
w	=	[v]	ähnlich wie deutsches w

x = [ks] vor Konsonanten stimmlos (e**x**pliquer *erklären*)
[gs] vor Vokalen stimmhaft (e**x**amen *Examen*)
[–] am Wortende stumm

y = [i] vor Konsonanten wie i (t**y**pique *typisch*)
[j] vor Vokalen wie j (**y**eux *Augen*)

z = [z] wie stimmhaftes s
[–] am Wortende stumm

Zusammenfassende Darstellung der Lautschrift

Das Zeichen **:** bedeutet, daß der Laut lang gesprochen wird.

Lautschrift-zeichen	**Beispiel**			**vergleichbarer deutscher Laut**
	Vokale			
[a]	p**a**p**a**	[papa]	*Papa*	Limon**a**de
[ɑ]	t**a**sse	[tɑːs]	*Tasse*	Sch**a**den
[ɑ̃]	**en**f**an**t	[ɑ̃fɑ̃]	*Kind*	—
[e]	**é**cole	[ekɔl]	*Schule*	**E**bene
[ɛ]	p**è**re	[pɛːr]	*Vater*	M**äh**ne
[ɛ̃]	pr**in**ce	[prɛ̃ːs]	*Prinz*	—
[ə]	am**e**ner	[aməne]	*mitbringen*	schad**e**
[i]	**i**c**i**	[isi]	*hier*	Tr**i**tt
[o]	bur**eau**	[byro]	*Büro*	**o**der
[ɔ]	P**au**l	[pɔl]	*Paul*	**O**rt
[ɔ̃]	m**on**	[mɔ̃]	*mein*	—
[ø]	d**eu**x	[dø]	*zwei*	sch**ö**n
[œ]	n**eu**f	[nœf]	*neu*	**ö**ffnen
[œ̃]	**un**	[œ̃]	*ein*	—
[u]	**ou**	[u]	*oder*	g**u**t
[y]	s**u**r	[syːr]	*auf*	f**ü**r
	Konsonanten			
[k]	**c**arte	[kart]	*Karte*	**K**arte
[p]	**P**aris	[pari]	*Paris*	**P**aris
[s]	**s**on	[sɔ̃]	*sein*	e**s**
[z]	dé**s**irer	[dezire]	*wünschen*	**S**onne
[ʃ]	**ch**ose	[ʃoːz]	*Sache*	**sch**ön
[ʒ]	**j**ournal	[ʒurnal]	*Zeitung*	**G**enie
[t]	**t**able	[taːbl]	*Tisch*	**T**isch
[v]	**v**in	[vɛ̃]	*Wein*	**W**ein
[ɲ]	champa**gn**e	[ʃɑ̃paɲ]	*Champagner*	Champa**gn**er
[j]	jo**y**eux	[ʒwajø]	*fröhlich*	**J**ahr
[w]	**ou**i	[wi]	*ja*	—
[ɥ]	h**u**it	[ɥi]	*acht*	—

Schreibung des Französischen

Die Schreibweise der Vokale und Doppellaute geht aus der obigen Liste hervor. Die Schreibung der Konsonanten bietet nach dem Studium der aufgeführten Aufzählung ebenfalls keine Schwierigkeit.

1. Die Akzente

Wie schon erwähnt sind die französischen Akzente Hinweise für die Aussprache oder Unterscheidungsmerkmale.

Der *accent aigu* (é) steht auf dem e, wenn es geschlossen [e] gesprochen werden soll.

Der *accent grave* (è) steht auf dem e, wenn es offen [ɛ] gesprochen werden soll. Er steht außerdem auf a und u als Unterscheidungsmerkmal (a *hat*. à *zu*; ou *oder*, où *wo*).

Der *accent circonflexe* (ê) bezeichnet den Ausfall eines s oder Vokals. Er wird außerdem zur Unterscheidung verwendet (sur *auf*, sûr *sicher*).

Die *cédille* (ç) bedeutet, daß das c auch vor a, o, u als [s] gesprochen wird.

Das *tréma* (ï) steht bei zwei getrennt zu sprechenden Vokalen auf dem zweiten Vokal (naïf *naiv*).

2. Groß- und Kleinschreibung

Im Französischen werden große Anfangsbuchstaben nur verwendet für:
— das erste Wort eines Satzes,
— Eigennamen,
— Titel in der Anrede,
— Bezeichnungen für Gott und andere kirchliche Begriffe.
Besonderheiten werden in einzelnen Lektionen gesondert behandelt.

3. Silbentrennung

Ein einfacher Konsonant zwischen zwei Vokalen gehört zur folgenden Silbe (re-la-tif *relativ*).

Von zwei oder drei Konsonanten zwischen Vokalen gehört der letzte zur folgenden Silbe (clas-sique *klassisch*, obs-cur *dunkel*).

Nicht getrennt werden Konsonantengruppen, die aus einem beliebigen Konsonanten + l oder r bestehen (ren-dre *zurückgeben*, ta-ble *Tisch*).

4. Zeichensetzung

Punkt, Strichpunkt und Fragezeichen werden gebraucht wie im Deutschen. Das Komma steht — abweichend vom Deutschen — nach adverbialen Ausdrücken am Satzanfang (Hier, j'ai reçu un coup de téléphone. *Gestern habe ich einen Telefonanruf erhalten.*). Es steht — wieder im Gegensatz zum Deutschen — **nicht** vor „que" *daß*, „si" *ob* sowie vor und nach Relativsätzen, die zum Verständnis des Hauptsatzes unbedingt erforderlich sind.

Das Ausrufezeichen steht im Französischen nur nach einem echten Ausruf, nicht wie im Deutschen bisweilen nur zur Verstärkung einer Aussage.

Erklärung der grammatischen Fachausdrücke

Adjektiv = Eigenschaftswort: das braune Kleid
adjektivisch = als Eigenschaftswort gebraucht
Adverb = Umstandswort: er singt laut
Akkusativ = 4. Fall, Wenfall: Er pflückt den Apfel für seinen Bruder
Aktiv = Tätigkeitsform: Der Mann schlägt den Hund
Artikel = Geschlechtswort: der, die, das, ein, eine, ein
Attribut = Beifügung, Eigenschaft: Der alte Mann hat es nicht leicht
attributiv = beifügend
Dativ = 3. Fall, Wemfall: Die Frau kommt aus dem Garten
Deklination = Beugung des Hauptwortes: Nominativ — der Vater, Genitiv — des Vaters, Dativ — dem Vater, Akkusativ — den Vater
Demonstrativpronomen = hinweisendes Fürwort: dieser, jener
Diphthong = Doppellaut: ei in mein
Femininum = weibliches Geschlecht
Futur = Zukunft(sform): Ich werde fragen
Genitiv = 2. Fall, Wesfall: Sie beraubten mich meines Geldes
Genus = Geschlecht: Maskulinum, Femininum, Neutrum
Gerundium = gebeugte Grundform des Zeitwortes
Imperativ = Befehlsform: geh(e)!
Imperfekt = Vergangenheit(sform): ich ging
Indikativ = Wirklichkeitsform: Er geht nicht sofort
Infinitiv = Nennform, Grundform: backen, biegen
Interrogativpronomen = Fragefürwort: wer, wessen, wem, wen
intransitiv(es Verb) = ohne Ergänzung im Akkusativ, nichtzielend: Der Hund bellt
Inversion = Umstellung: Oft muß man sich selber helfen
Komparativ = Höherstufe (1. Steigerungsstufe): schöner, größer
Konditional = Bedingungsform: Wenn schönes Wetter wäre, würden wir ausgehen
Konjugation = Beugung des Zeitwortes: Infinitiv — gehen, Präsens — ich gehe
Konjunktion = Bindewort: Er ist unglücklich, weil er nicht lesen kann
Konjunktiv = Möglichkeitsform: Sie dachte, ihr Mann sei im Büro

Konsonant = Mitlaut: b, d, s
Maskulinum = männliches Geschlecht
Modalverb = Zeitwort, das die Art und Weise des Geschehens bezeichnet: er will kommen, sie kann schlafen
Modus = Aussageweise
Neutrum = sächliches Geschlecht
Nomen = Hauptwort: der Tisch
Nominativ: 1. Fall: Der Mann kauft ein Buch
Objekt = Satzergänzung: Der Mann schlägt den Hund
Partizip = Mittelwort: gebacken
Passiv = Leideform: Der Hund wird von dem Mann geschlagen
Perfekt = Vollendete Gegenwart: ich bin weggegangen
Personalpronomen = persönliches Fürwort: er, sie, wir
Plural = Mehrzahl: Kirschen
Plusquamperfekt = Vorvergangenheit: Ich hatte das Buch gelesen
Positiv = Grundstufe: schön, schöner...
Possessivpronomen = besitzanzeigendes Fürwort: der, die, das meinige, mein, dein, euer
Prädikat = Satzaussage: Die Frau bäckt einen Kuchen
prädikativ = aussagend
Prädikatsnomen = Hauptwort als Teil der Satzaussage: Er ist Schüler
Präfix = Vorsilbe: abfahren, ankommen, Vorzimmer
Präposition = Verhältniswort: auf, gegen, mit
präpositional = mit einem Verhältniswort gebildet
Präsens = Gegenwart: ich gehe
Pronomen = Fürwort: er, sie, es
reflexiv = rückbezüglich: er wäscht sich
Reflexivpronomen = rückbezügliches Fürwort
Rektion = Bestimmung des Falles, in dem ein abhängiges Wort steht: er liest einen Roman („lesen“ mit dem 4. Fall)
Relativpronomen = bezügliches Fürwort: Das Buch, das ich gekauft habe
Singular = Einzahl: Tisch
Subjekt = Satzgegenstand: Das Kind spielt mit der Katze
Substantiv = Hauptwort: der Tisch
substantivisch = als Hauptwort gebraucht
Suffix = Nachsilbe, Ableitungssilbe: Achtung, Schönheit
Superlativ = Höchststufe bei der Steigerung des Adjektivs oder höchste Steigerungsstufe: am schönsten
transitiv(es Verb) = mit Ergänzung im Akkusativ, zielend: Ich begrüße einen Freund
Verb(um) = Zeitwort: gehen, kommen
Verbalsubstantiv = hauptwörtlich gebrauchte Nennform: das Lesen
Vokal = Selbstlaut: a, e, i, o, u

Leçon un

A Paris 1A

Les Denier sont à Paris depuis trois jours. Ils sont en vacances. Ils habitent un hôtel près de l'Arc de Triomphe. Monsieur Denier est en ville. Il visite le Louvre. Madame Denier et Marie-Louise, la fille, sont aussi en ville. Gérard, le fils, est à l'hôtel. Il regarde une revue automobile quand Monsieur Denier entre dans la chambre.

Gérard: Bonsoir, papa.

Monsieur Denier: Bonsoir, Gérard. Ou est maman?

Gérard: Elle est en ville, et Marie-Louise aussi. Elles regardent les étalages.

Après une pause:

Monsieur Denier: Où est le journal?

Gérard: Il est sur la table.

Monsieur Denier: Et la lettre de Monsieur Leloir?

Gérard: Elle est dans le tiroir, là-bas.

Monsieur Denier: Ah oui, merci.

Après une minute:

Gérard: Papa, où sont les cartes postales, s'il te plaît?

Monsieur Denier: Elles sont dans la valise.

Gérard: Et les timbres?

Monsieur Denier: Ils sont dans la serviette.

Gérard: Et où est la serviette?

Monsieur Denier: Dans le coin, là-bas.

Gérard: Ah oui, merci papa.

à Paris *in Paris*
les Denier sont *die Deniers sind*
depuis trois jours *seit drei Tagen*
ils sont *sie sind*
en vacances *in Ferien*
ils habitent un hôtel *sie wohnen in einem Hotel*
près de *nahe*
l'Arc de Triomphe (*m*) *der (von Napoleon I. am Place de l'Etoile in Paris erbaute) Triumphbogen*
Monsieur Denier est *Herr Denier ist*
en ville *in der Stadt*
le Louvre *der Louvre (ehem. Königsresidenz, heute vor allem Museum)*
il visite le Louvre *er besichtigt den Louvre*
Madame Denier *Frau Denier*
et *und*
Marie-Louise *Marie-Luise*
la fille *die Tochter*
aussi *auch*
Gérard *Gerhard*
le fils *der Sohn*
l'hôtel (*m*) *das Hotel*
à l'hôtel *im Hotel*
il regarde *er betrachtet*
une revue automobile *eine Autozeitschrift*
quand *als*
Monsieur Denier entre dans la chambre *Herr Denier betritt das (Hotel-)Zimmer*
bonsoir *guten Abend*
papa *Papa, Vati*
où est *wo ist*
maman *Mama, Mutti*
elle est *sie ist*
elles regardent *sie betrachten*
les étalages (*m*) *die Schaufenster*
après une pause *nach einer Pause*
le journal *die (Tages-)Zeitung*
il est *er ist*
la table *der Tisch*
sur la table *auf dem Tisch*
la lettre de Monsieur Leloir *der Brief von Herrn Leloir*
le tiroir *die Schublade*
dans le tiroir *in der Schublade*
là-bas *dort*
ah oui *ah ja*
merci *danke*
après une minute *nach einer Minute*
où sont *wo sind*
les cartes postales (*f*) *die Postkarten*
s'il te plaît *bitte (die Gesprächspartner sind per „Du")*
elles sont *sie sind*
la valise *der Koffer*
dans la valise *im Koffer*
les timbres (*m*) *die Briefmarken*
la serviette *die Aktentasche*
dans la serviette *in der Aktentasche*
le coin *die Ecke*
dans le coin *in der Ecke*

1B

[ə] le fils [ləfis], le tiroir [lətirwa:r], Denier [dənje], il regarde [ilrəgard]
[e] les fils [lefis], les tiroirs [letirwa:r], les cartes [lekart], et [e]
[ɛ] après [aprɛ], hôtel [otɛl], près de [prɛdə], il est [ilɛ]
Monsieur Denier regarde les lettres.
[məsjø̣dənjẹrəgạrdlelɛ̣tr]
[ɔ̃] ils sont [ilsɔ̃], l'Arc de Triomphe [larkdətriɔ̃f], bonsoir [bɔ̃swa:r]
[ɑ̃] en vacances [ɑ̃vakɑ̃s], en ville [ɑ̃vil], quand [kɑ̃], entre [ɑ̃tr]
[ɛ̃] le coin [ləkwɛ̃], le timbre [lətɛ̃br]
Les Denier sont en vacances.
[ledənjẹsɔ̃tɑ̃vakɑ̣̃s]
Maman et Gérard sont près de l'Arc de Triomphe.
[mamɑ̣̃eʒerạrsɔ̃prɛdəlạrkdətriɔ̣̃:f]

Grammatik

Der bestimmte Artikel

1C₁

Singular	le la l' l'	journal serviette Arc de Triomphe hôtel	Im Singular gibt es eine männliche (**le**) und eine weibliche Form (**la**). Beide Formen verlieren vor Vokal und stummem *h* das *e*.
Plural	les les les‿ les‿	timbres cartes étalages hôtels	Im Plural gibt es nur eine Form (**les**). Vor Vokal und stummem *h* wird das Endungs-s stimmhaft [z] zum Substantiv hinübergebunden.

Singular und Plural der Substantive

1C₂

	Singular	Plural
geschrieben	le timbre la lettre	les timbres les lettres
gesprochen	[lətɛ̃:br] [lalɛtr]	[letɛ̃:br] [lelɛtr]

Der Plural wird im allgemeinen durch ein (meist stummes) *s* zum Ausdruck gebracht. Im gesprochenen Französisch kommt der Unterschied zwischen Singular und Plural also nur durch den unterschiedlichen Artikel zum Ausdruck.
Eigennamen erhalten kein Plural-s.

Das Personalpronomen als Subjekt (I)

1C₃

Monsieur Denier est en ville. Où est le timbre?	Il	visite le Louvre. est sur la table.	männlich Singular
Madame Denier est en ville. Où est la lettre?	Elle	visite le Louvre. est sur la table.	weiblich Singular
Les Denier sont en ville. Où sont les timbres?	Ils	visitent le Louvre. sont sur la table.	männlich Plural
Madame Denier et Marie sont en ville. Où sont les lettres?	Elles	visitent le Louvre. sont sur la table.	weiblich Plural

Die männliche Pluralform **ils** wird auch verwendet, wenn männliche und weibliche Begriffe gemischt sind, z. B. *les Denier* (= *Monsieur Denier, Madame Denier, le fils et la fille*) = **ils**.

Das Verb: 3. Person Singular und Plural **1C₄**

Monsieur Denier	**est**	à Paris. Il visit	e	le Louvre.
Les Denier	**sont**	à Paris. Ils visit	**ent**	le Louvre.

Merke: Es besteht im gesprochenen Französisch kein Unterschied zwischen *il visite* und *ils visitent.*

Beugung des Artikels im Deutschen **1C₅**

	le	tiroir		die	Schublade	Im Französischen gibt es — abweichend vom Deutschen — keine Beugung des Artikels.
dans	le	tiroir	in	der	Schublade	
	la	table		der	Tisch	
sur	la	table	auf	dem	Tisch	
	l'	hôtel		das	Hotel	
à	l'	hôtel	in	dem	Hotel	

Verschiedenes **1C₆**

a) Im Französischen werden nur Eigennamen und der erste Buchstabe eines Satzes groß geschrieben.

b) Bei Großbuchstaben werden die Akzente in handschriftlichen und maschinengeschriebenen Texten immer und in gedruckten Texten manchmal weggelassen.

Übungen **1D**

a) *Setzen Sie den bestimmten Artikel ein:*

1. Monsieur Denier regarde ... Louvre. 2. Papa, où sont ... lettres? 3. ... serviette est dans ... coin, là-bas. 4. ... timbres sont dans ... valise. 5. ... Denier sont à ... hôtel. 6. ... journal et ... lettre sont sur ... table. 7. Madame Denier regarde ... étalages. 8. ... Denier regardent ... valise. 9. Marie-Louise est ... fille de Monsieur Denier. 10. ... fils de Monsieur Denier regarde ... Arc de Triomphe.

b) *Schreiben Sie alle Substantive aus dem Lektionstext heraus, deren Geschlecht im Französischen anders ist als im Deutschen.*

c) *Formen Sie folgende Sätze um nach dem Muster:*

Où est la lettre? — Elle est sur la table.
Où sont les timbres? — Ils sont sur la table.

1. Où est le timbre? 2. Où sont les serviettes? 3. Où sont les lettres? 4. Où sont les cartes postales? 5. Où est la serviette? 6. Où est la valise? 7. Où sont les revues? 8. Où est le journal? 9. Où est la revue? 10. Où sont les valises?

d) *Gleiche Übung nach folgendem Muster:*

Où est maman, en ville? — Oui, elle est en ville.

1. Où est Gérard, à Paris? 2. Où sont les Denier, à l'hôtel? 3. Où sont Madame Denier et Marie-Louise, dans le Louvre? 4. Où sont Monsieur et Madame Denier, en ville? 5. Où est Marie-Louise, dans la chambre? 6. Où est maman, près de l'Arc de Triomphe? 7. Où sont Monsieur Denier et Marie-Louise, à Paris?

e) *Setzen Sie „est" oder „sont" ein:*

1. Où ... le journal? 2. Les Leloir ... à Paris. 3. Elle ... à l'hôtel. 4. Monsieur Denier ... en ville. 5. Marie-Louise et Gérard ... en vacances. 6. Il ... dans la serviette.

f) *Ergänzen Sie die Endung:*

1. Madame Denier visit... l'Arc de Triomphe. 2. Gérard et Marie-Louise regard... la lettre. 3. Gérard regard... les timbres. 4. Monsieur Leloir entr... dans la chambre. 5. Monsieur et Madame Denier entr... dans l'hôtel.

g) *Übersetzungsübung:*

1. Herr Denier ist in Paris. Er besucht den Louvre. 2. Gérard betrachtet den Brief von Herrn Leloir. 3. Wo sind die Briefmarken? Sie sind in der Aktentasche. 4. Wo sind die Postkarten von Frau Denier? Sie sind in der Schublade. 5. Die Deniers sind in Urlaub. Sie sind in Paris. 6. Guten Abend, Marie-Louise. Wo ist Papa? 7. Der Koffer ist in der Ecke dort. 8. Gérard betrachtet die Schaufenster. 9. Die Briefmarken sind im Koffer. 10. Madame Denier ist in der Stadt.

Leçon deux

Eve et Yves **2A**

Eve et Yves se rencontrent devant le Panthéon.
Eve: Bonjour Yves, comment ça va?
Yves: Bonjour Eve. Ça va, merci. Où vas-tu?
Eve: Je vais à l'école normale. On y va ensemble?
Yves: Oui, volontiers.
Ils marchent maintenant côte à côte.
Eve: La famille va bien? — Au fait, vous habitez toujours rue Racine?
Yves: Oui, nous allons tous bien et nous habitons toujours là-bas.
Eve: Et Claudine et Annik, les jumelles, elles sont toujours au lycée Sainte-Catherine?

Yves: Non, Claudine travaille maintenant chez Renault, et Annik prépare son bac dans un collège classique. Elle travaille beaucoup.
Eve et Yves arrivent à l'école normale.
Yves: Tu entres déjà?
Eve: Oui, j'entre. Mon cours commence dans quelques minutes.
Yves: Alors, salut! A demain?
Eve: Oui, à demain.
Eve entre dans l'école. Yves entre dans un bistro.
La serveuse: Vous désirez?
Yves: Des Gauloises.
La serveuse: Voilà, Monsieur.
Yves: Merci, Mademoiselle. Au revoir.
La serveuse: Au revoir, Monsieur.
Yves allume une cigarette, puis il continue son chemin pour aller à son bureau.

Eve et Yves se rencontrent *Eva und Yves treffen sich*
devant *vor (örtlich)*
le Panthéon *das Pantheon*
bonjour *guten Tag*
comment ça va? *wie geht's?*
ça va *es geht*
où vas-tu? *wohin gehst du?*
je vais *ich gehe*
à *zu*
l'école (*f*) *die Schule*
l'école normale *das Lehrerseminar*
on y va ensemble? *gehen wir zusammen (= geht man zusammen) dorthin?*
volontiers *gern*
ils marchent *sie gehen, sie marschieren los*
maintenant *nun, jetzt*
côte à côte *nebeneinander, Seite an Seite*
la famille va bien? *der Familie geht's gut?*
au fait *übrigens*
vous habitez *ihr wohnt*
toujours *immer (noch)*
rue Racine *in der Rue Racine*
nous allons tous bien *es geht uns allen gut*
nous habitons *wir wohnen*
Claudine *Claudia*
Annik *Annik*
les jumelles (*f*) *die (weiblichen) Zwillinge*
au lycée Sainte-Catherine *am Katharinen-Gymnasium*
non *nein*
Claudine travaille *Claudia arbeitet*
chez *bei*
Annik prépare son bac (-calauréat) *Annik bereitet ihr Abi(tur) vor*
dans un collège classique *an einem humanistischen Gymnasium*
beaucoup *viel*
ils arrivent *sie kommen an*
tu entres? *gehst du hinein?*
déjà *schon*
j'entre *ich gehe hinein*
mon cours commence *mein Unterricht beginnt*
quelques *einige*
la minute *die Minute*
alors *also*
salut *servus*
à demain *bis morgen*
un bistro *ein Bistro (Art Café)*
la serveuse *die Bedienung*
vous désirez? *Sie wünschen?*
des Gauloises *Gauloises (Zigaretten)*
voilà *hier (ist), hier (sind), hier (nehmen Sie)*
Mademoiselle *Fräulein*
au revoir *auf Wiedersehen*
Yves allume *Yves zündet an*
une cigarette *eine Zigarette*
puis *dann*
il continue son chemin *er setzt seinen Weg fort*
pour *um zu*
aller *gehen*
à son bureau *zu seinem Büro*

2B

[wa] bonsoir [bɔ̃swaːr], le tiroir [lətirwaːr], des Gauloises [degolwaːz], voilà [vwala], Mademoiselle [madmwazɛl]

Voilà Monsieur, des Gauloises.
[vwalamәsjø degolwa:z]
Bonsoir, Mademoiselle
[bɔ̃swa:rmadmwazɛl]

[s] ça va? [sava], tous [tus], elles sont [ɛlsɔ̃], le lycée [lәlise], son bureau [sɔ̃byro], salut [saly]

[ż] vous habitez [vuzabite], nous allons [nuzalɔ̃], les étalages [lezetala:ʒ], dans une ville [dɑ̃zynvil], vous désirez? [vudezire]
Mademoiselle, vous allez au lycée?
[madmwazɛl vuzaleolise]
Vous désirez, Mademoiselle?
[vudeziremadmwazɛl]
Ils sont dans une ville.
[ilsɔ̃dɑ̃zynvil]

[œ̃] un hôtel [œ̃notɛl], un collège [œ̃kɔlɛ:ʒ]
Hinweis: Zwischen [ɛ̃] und [œ̃] wird in der Umgangssprache oft kein Unterschied mehr gemacht, so daß man umgangssprachlich auch sagen kann:
un hôtel [ɛ̃notɛl], un collège [ɛ̃kɔlɛ:ʒ]

Grammatik

Das Personalpronomen als Subjekt (II) — 2C₁

je	travaille
tu	travailles
il/elle/on	travaille
nous	travaillons
vous	travaillez
ils/elles	travaillent

a) **je** wird vor Vokalen und stummem h apostrophiert (*j'entre, j'habite*).

b) Das **s** von **nous** und **vous** wird zum folgenden Wort stimmhaft [z] hinübergebunden, wenn dieses mit einem Vokal beginnt (*nous‿allons, vous‿allez*).

c) **vous** ist neben der 2. Person Plural auch die Höflichkeitsform (*Sie*) im Singular und Plural (*vous désirez?*).

d) Das unbestimmte Pronomen **on** (*man*) tritt in der Umgangssprache oft an die Stelle von **nous** (*on va ensemble?*).

Präsens der Verben auf -er

$2C_2$

	Stamm	Endung	
	travaill	**er**	Wie im Deutschen besteht das Verb aus Stamm und Endung. Bei den regelmäßigen Verben bleibt der Stamm in der Konjugation unverändert, nur die Endung ändert sich. Die häufigste Infinitiv-Endung ist **-er.** Von jetzt an werden im Vokabular die regelmäßigen Verben jeweils in ihrer Infinitiv-Form angegeben, auch wenn sie im Text konjugiert vorkommen.
je	travaill	**e**	
tu	travaill	**es**	
il/elle/on	travaill	**e**	
nous	travaill	**ons**	
vous	travaill	**ez**	
ils/elles	travaill	**ent**	
	aller		
je	vais		*Aller* ist ein unregelmäßiges Verb mit zwei verschiedenen Stämmen. Beachten Sie auch die vom Deutschen abweichende Konstruktion nach dem Muster: Es geht mir gut. = *Je vais bien.* (= Ich gehe gut.)
tu	vas		
il/elle/on	va		
nous	allons		
vous	allez		
ils/elles	vont		

Der unbestimmte Artikel

$2C_3$

un	bistro	Im Singular gibt es eine männliche und eine weibliche Form. Außerdem hat das Französische eine Art unbestimmten Artikel im Plural (**des = de + les**), für den wir im Deutschen keine Entsprechung haben. (Siehe Kap. $8C_1$, Teilungsartikel.)
une	cigarette	
des	Gauloises	

	un	bistro		*ein*	*Bistro*	Der unbestimmte Artikel wird (wie der bestimmte Artikel) nicht dekliniert.
dans	un	bistro	*in*	*einem*	*Bistro*	

Verschiedenes

2C

a) Beachten Sie die Satzstellung:
Eve et Yves se rencontrent.
Puis il continue son chemin.

b) *Tu entres?*
Eine Frage kann allein durch den Tonfall ausgedrückt werden, wobei die Wortfolge des Aussagesatzes erhalten bleibt.

c) **Au** ist die Zusammenziehung von **à** + **le**. (Vergleichen Sie dazu im Deutschen **an dem** → **am**.)

d) *Nous habitons rue Racine.*
Das **h** ist im Französischen nie hörbar. Beachten Sie außerdem, daß in diesem Satz weder eine Präposition, noch ein Artikel steht.

e) Dann **setzt er** seinen Weg fort. = *Puis* **il continue** *son chemin.*
Beginnt ein Satz mit einer adverbialen Bestimmung oder dergl., dann erfolgt im Deutschen Inversion (= Vertauschen von Subjekt und Prädikat), im Französischen **nicht**.

Übungen 2D

a) *Setzen Sie das fehlende Personalpronomen ein:*
1. ... entrons dans un bistro. 2. ... habitez toujours là-bas? 3. ... vas bien? 4. Où allez-...? 5. ... vais à l'école normale. 6. ... allons à l'école.

b) *Schreiben Sie alle in* 1A *und* 2A *vorkommenden Verben (mit Ausnahme von „est" und „sont") im Infinitiv heraus und schreiben Sie daneben die deutsche Bedeutung.*

c) *Setzen Sie den bestimmten Artikel ein:*
1. Yves et Eve entrent dans ... bistro. 2. Vous allez à ... école? 3. Eve prépare ... baccalauréat. 4. ... jumelles travaillent chez Renault. 5. Yves allume ... cigarette.

d) *Setzen Sie den unbestimmten Artikel ein:*
1. ... baccalauréat 2. ... cigarette 3. ... timbre 4. ... cigarettes 5. ... bistro 6. ... hôtel 7. ... école 8. ... carte postale.

e) *Formen Sie nachstehende Sätze um nach dem Muster:*
Tu entres déjà? — Oui, j'entre déjà.
1. Tu vas avec Claudine? 2. Tu prépares le bac? 3. Tu allumes une cigarette? 4. Tu vas bien? 5. Tu travailles beaucoup? 6. Tu habites toujours là-bas? 7. Tu vas au bureau? 8. Tu visites le Panthéon? 9. Tu regardes les étalages? 10. Tu habites rue Catherine?

f) *Gleiche Übung nach folgendem Muster:*
Vous entrez déjà? — Oui, j'entre déjà.
1. Vous allez à l'école? 2. Vous travaillez déjà? 3. Vous habitez rue Racine? 4. Vous travaillez chez Renault? 5. Vous allez bien? 6. Vous entrez dans le bureau? 7. Vous regardez une revue automobile? 8. Vous visitez le Louvre? 9. Vous habitez un hôtel? 10. Vous entrez dans la chambre?

g) *Vervollständigen Sie die Verbform:*
1. Nous travaill... beaucoup. 2. Elle allum... une cigarette. 3. Claudine march... avec Yves. 4. Vous all... à l'école? 5. J'entr... dans l'école. 6. Ils prépar... le baccalauréat. 7. Claudine allum... une cigarette. 8. Tu entr... déjà? 9. Vous arriv... à l'école. 10. Nous entr... déjà.

h) *Setzen Sie die entsprechende Form von „aller" ein:*
1. Vous ... à l'école? 2. Yves ... bien. 3. Elle ... à l'école normale. 4. Eve et Annik ... bien. 5. Je ... au collège classique. 6. Tu ... à l'école?

i) *Übersetzungsübung:*
1. Wir treffen Yves vor der Schule. 2. Eve geht es gut. 3. Ich bereite mein Abitur vor. 4. Guten Tag, Claudia, wie geht's? 5. Er wohnt in der Rue Racine. 6. Eva kommt an der Schule an. 7. Sie wünschen? — Zigaretten. 8. Danke, mein Herr, auf Wiedersehen. 9. Es geht uns gut. 10. Gehst du schon hinein?

Leçon trois

Dans un magasin de modes **3A**

Christine et Marguerite flânent sur le boulevard de la Chapelle. Elles s'arrêtent devant un magasin de modes.
Christine: Regarde ce foulard bleu. Il est beau, n'est-ce pas?
Marguerite: Oui, très beau et très élégant.
Christine: Et ces gants, là, à gauche, ils sont très chic.
Marguerite: Effectivement. Ce sont des gants très jolis. Et la petite robe rouge, là-bas, à côté de cette jupe bleue, elle est jolie, tu ne trouves pas?
Christine: Oui, je trouve aussi. Dis donc, on entre?
Marguerite: C'est une bonne idée. Entrons.
Elles entrent dans le magasin.
Le vendeur: Bonjour Mesdemoiselles, vous désirez?
Christine: Bonjour. Je voudrais essayer cette robe rouge avec les grandes poches.
Le vendeur: Un instant, s'il vous plaît. — Voilà. Elle est très élégante. C'est sûrement votre taille: un quarante.
Christine passe la robe. Puis:
Christine: Vous êtes sûr que c'est un quarante? C'est un peu large, je trouve.
Marguerite: Je ne trouve pas. Tu es très chic dans cette robe.

Le vendeur: Essayez encore ce trente-huit.
Christine: Merci.
Christine passe le trente-huit.
Christine: Non, c'est trop juste. Je suis mal à l'aise là-dedans.
Le vendeur: Essayez encore une fois le quarante.
Christine: Non, pas maintenant. Nous sommes un peu pressées. Je vais peut-être repasser demain.
Le vendeur: D'accord.
Christine et Marguerite: Au revoir.
Le vendeur: Au revoir, Mesdemoiselles.
Christine et Marguerite quittent le magasin et continuent leur chemin.

un magasin de modes *ein Modegeschäft*
Christine *Christine*
Marguerite *Margarete*
flâner *bummeln*
le boulevard de la Chapelle *der Boulevard de la Chapelle*
s'arrêter *stehenbleiben* (= *sich anhalten*)
regarde ce foulard bleu *sieh diesen blauen Schal an*
beau *schön*
n'est-ce pas? *nicht wahr?*
très *sehr*
élégant *elegant*
ces gants (*m*) *diese Handschuhe*
là *da, dort*
à gauche *links*
chic *chic*
effectivement *ja, stimmt; oh ja*
ce sont *das sind*
joli *nett*
la petite robe rouge *das kleine rote Kleid*
à côté de cette jupe bleue *neben diesem blauen Rock*
trouver *finden*
tu ne trouves pas? *findest du nicht?*
dis donc *sag mal*
on entre? *gehen wir hinein?*
c'est *das ist*
une bonne idée *eine gute Idee*
entrons *gehen wir hinein!*
le vendeur *der Verkäufer*
Mesdemoiselles *meine* (*jungen*) *Damen*
je voudrais *ich möchte*
essayer *probieren*
cette robe rouge *dieses rote Kleid*
avec *mit*
la poche *die Tasche*
grand *groß*
un instant *ein*(*en*) *Augenblick*
s'il vous plaît *bitte* (*die Gesprächspartner sind per „Sie"*)
sûrement *sicherlich*
votre taille *ihre Größe*
un quarante *ein Vierzig*(*er*) (= *Größe 40*)
passer *anziehen*
vous êtes sûr que *sind Sie sicher, daß*
un peu *ein wenig*
large *weit, breit*
je ne trouve pas *ich finde nicht*
tu es *du bist*
essayez *probieren Sie*
encore *noch*
ce trente-huit *diesen Achtunddreißig*(*er*) (= *Größe 38*)
trop *zu* (*sehr*)
juste *eng*
je suis mal à l'aise *ich fühle mich nicht wohl* (= *ich bin unbehaglich*)
là-dedans *da drin*
encore une fois *nochmal*
pas maintenant *jetzt nicht*
nous sommes un peu pressées *wir haben es etwas eilig*
je vais repasser *ich werde zurückkommen, wieder vorbeikommen*
peut-être *vielleicht*
d'accord *einverstanden, gut*
quitter *verlassen*
elles continuent leur chemin *sie setzen ihren Weg fort*

3B

[ʒ] je trouve [ʒətruːv], joli [ʒɔli], bonjour [bɔ̃ʒuːr], large [larʒ], la jupe [laʒyp], rouge [ruːʒ]

[ʃ] chercher [ʃɛrʃe], la Chapelle [laʃapɛl], chic [ʃik], la poche [lapɔʃ], chez [ʃe], la chambre [laʃɑ̃ːbr], à gauche [agoːʃ]

Je cherche une jolie chambre.
[ʒəʃɛ̣rʃynʒɔliʃɑ̣̃:br]
La poche large est à gauche.
[lapɔʃlạrʒɛtagọ:ʃ]
La jupe est jolie et chic.
[laʒỵpɛʒɔlịeʃịk]
La jupe est dans la chambre.
[laʒỵpɛdɑ̃laʃɑ̣̃:br]

[j] la taille [latɑ:j], il travaille [iltravɑj], la fille [lafij], volontiers [vɔlɔ̃tje], la famille [lafamij]
Il travaille volontiers.
[iltravɑ̣jvolɔ̃tjẹ]

[ɥ] depuis [dəpɥi], puis [pɥi], trente-huit [trɑ̃tɥit], je suis [ʒəsɥi]
Je suis à Paris depuis huit jours.
[ʒəsɥiaparịdəpɥiɥiʒụ:r]

Grammatik

Das Adjektiv (Formen) 3C₁

attributiv		prädikativ	
C'est un foulard	bleu.	Le foulard est	bleu.
C'est une robe	bleue.	La robe est	bleue.
Ce sont des foulards	bleus.	Les foulards sont	bleus.
Ce sont des robes	bleues.	Les robes sont	bleues.
Die Veränderung kommt nur geschrieben zum Ausdruck. Gesprochen ist kein Unterschied.			
C'est un foulard	élégant.	Le foulard est	élégant.
C'est une robe	élégante.	La robe est	élégante.
Ce sont des foulards	élégants.	Les foulards sont	élégants.
Ce sont des robes	élégantes.	Les robes sont	élégantes.
Die weiblichen Formen sind hörbar, da der Endkonsonant (hier: **t**) wegen des folgenden **e** gesprochen wird.			

Es gibt also — eine männliche Singularform (ohne Endung) — eine weibliche Singularform (mit der Endung **-e**) — eine männliche Pluralform (mit der Endung **-s**) — eine weibliche Pluralform (mit der Endung **-es**)	Abweichend vom Deutschen richtet sich auch das **prädikative** Adjektiv in Geschlecht und Zahl nach dem Substantiv, auf das es sich bezieht.

Adjektive auf **-e** haben keine besondere Form für das Femininum:

un foulard } *rouge*
une robe }

Unregelmäßiges Adjektiv *beau:*

un	**beau**	*foulard*	= männliche Singularform vor Konsonanten
un	**bel**	*hôtel*	= männliche Singularform vor Vokalen und stummem **h**
une	**belle**	*robe*	= weibliche Singularform
deux	**beaux**	*foulards*	= männliche Pluralform
deux	**belles**	*robes*	= weibliche Pluralform

chic als Ausnahme **immer** unveränderlich

Stellung des attributiven Adjektivs **3C₂**

une petite robe une grande poche un joli foulard	Vorangestellt werden kurze Adjektive.
une robe bleue un foulard rouge une jupe élégante	Nachgestellt werden mehrsilbige Adjektive sowie Adjektive, die sinnlich wahrnehmbare Eigenschaften (z. B. Farben) bezeichnen.

Präsens von *être* = „sein“ **3C₃**

je tu il elle nous vous ils elles	suis es est est sommes êtes sont sont	élégant(e) élégant(e) élégant élégante élégant(e)s élégant(e)(s) élégants élégantes	Je nach dem Geschlecht der betreffenden Person(en) ist das Adjektiv, das nach *être* steht, dem Subjekt anzugleichen. Da die 2. Person Plural auch Höflichkeitsform (Singular und Plural) ist, kann es heißen: — *vous êtes élégant, Monsieur* — *vous êtes élégante, Madame* — *vous êtes élégants, Yves et Gérard* (oder: *Eve et Yves*) — *vous êtes élégantes, Mesdemoiselles*

Imperativ der Verben auf -er **3C₄**

regarde regardons regardez	schau! sieh! schauen wir! schaut (schauen Sie)!	Zu beachten: — Die 2. Person Singular verliert das **s** von *tu regardes*. — Im französischen Imperativ steht nie das Personalpronomen.

Das Demonstrativpronomen **3C₅**

ce cet cette ces <	foulard hôtel robe foulards robes	Im Singular lautet die Form vor männlichen Substantiven, die mit Konsonant beginnen, **ce** und vor männlichen Substantiven, die mit Vokal oder stummem **h** beginnen, **cet**. Im Plural gibt es nur *eine* Form: **ces**. Auch das Demonstrativpronomen wird nicht dekliniert: *devant cette robe* = vor diese**m** Kleid.

Verschiedenes **3C₆**

a) *Aller* wird zur Bezeichnung der nahen Zukunftsform verwendet:
Je vais repasser. = Ich werde nochmal vorbeikommen.
(Vgl. im Deutschen: Ich gehe Paul holen.)

b) Beachten Sie die Satzstellung:
— *Vous êtes sûre que c'est un 40?*
— *C'est un peu large, je trouve.*

a) *Formen Sie folgende Sätze um nach dem Muster:*
La robe est élégante. — C'est une robe élégante.
1. Le foulard est bleu. 2. Les gants sont rouges. 3. Le foulard est élégant. 4. La jupe est petite. 5. La robe est élégante. 6. Les robes sont élégantes. 7. Le foulard est joli. 8. L'idée est bonne.

b) *Gleiche Übung nach folgendem Muster:*
Regardez cette robe. — C'est une robe élégante.
1. Regardez ce foulard. 2. Regardez ces gants. 3. Regardez cette jupe. 4. Regardez ces robes. 5. Regardez ce magasin de modes. 6. Regardez ces jupes. 7. Regardez cette serviette.

c) *Setzen Sie das richtige Demonstrativpronomen ein:*
... gants, ... timbre, ... table, ... journal, ... tiroir, ... étalages, ... lettre, ... serviette, ... collège, ... cigarettes, ... timbres, ... robe, ... magasin de modes.

d) *Setzen Sie die richtige Form von „élégant" ein:*
1. Monsieur Denier, vous êtes .... 2. Eve et Yves, vous êtes .... 3. Christine et Marguerite, vous êtes .... 4. Mesdemoiselles, vous êtes .... 5. Mademoiselle, vous êtes .... 6. Monsieur et Madame Denier, vous êtes .... 7. Le vendeur est .... 8. Paul, tu es .... 9. Gérard, vous êtes .... 10. Eve, tu es ....

e) *Setzen Sie die richtige Form von „être" ein:*
1. Nous ... pressées. 2. Je ... à Paris. 3. Ils ... en vacances. 4. Monsieur Denier ... à Marseille. 5. Eve et Marguerite ... dans la chambre. 6. On ... dans un magasin de modes. 7. C'... votre taille. 8. Tu ... en vacances? 9. Les vendeurs ... élégants. 10. Le foulard ... beau.

f) *Übersetzungsübung:*
1. Das Kleid ist sehr schön. 2. Der rote Rock ist elegant. 3. Schau diesen schönen Schal an! 4. Schauen Sie den Tisch an! 5. Dieses Hotel ist schön. 6. Verlassen wir das Bistro. 7. Diese Kleider sind sehr elegant. 8. Sind Sie sicher, daß das Größe vierzig ist? 9. Ich möchte dieses Kleid probieren. 10. Gérard und Yves bleiben vor dem Triumphbogen stehen. 11. Das Kleid ist etwas weit, finde ich. 12. Das ist Größe vierzig. Das ist sicherlich Ihre Größe.

Leçon quatre

Les Durand **4A**

Jacques Durand est avocat. Sa femme s'appelle Dominique, ses enfants s'appellent Claudine, Marguerite et Philippe. Les Durand ont deux petits chiens et un chat. Monsieur Durand a une jolie maison à Saint-Cloud, près de Paris.

Aujourd'hui, le soleil brille et les Durand décident de quitter leur villa et d'aller passer le week-end au bord de la mer. Ils sont tous assez nerveux, surtout Madame Durand. Elle prépare les affaires de camping et les valises et elle dit à son mari:

— Je suis si nerveuse. Jacques, tu as ton rasoir, ta brosse à dents et tes affaires de pêche? Les enfants, vous avez vos maillots de bain et votre canot pneumatique? Où sont nos chaises de camping, où est notre réchaud? Je ne trouve pas mon permis de conduire. Où est ma carte d'identité? Ah! voilà mon portefeuille. Où est mon écharpe rouge? Jacques, tu es prêt? Claudine, Marguerite, Philippe, vous êtes prêts?

Monsieur Durand dit:

— Oui, chérie, j'ai mes affaires, je suis prêt. Et voilà ton écharpe.

Et les enfants s'écrient:

— Oui, maman, nous avons tout, nous sommes prêts.

Alors, les Durand rangent leurs affaires dans la voiture et ils quittent Saint-Cloud pour aller à la mer.

les Durand *die Durands*
Jacques *Jakob*
l'avocat (*m*) *der Rechtsanwalt*
sa *seine, ihre*
la femme *die Frau, die Ehefrau*
s'appeler *heißen*
Dominique *Dominique*
ses *seine, ihre*
l'enfant (*m*) *das Kind*
Philippe *Philipp*
ils ont *sie haben*
deux *zwei*
le chien *der Hund*
le chat *die Katze*
il a *er hat*
la maison *das Haus*
Saint-Cloud *Saint-Cloud* (*Pariser Vorort*)
aujourd'hui *heute*
le soleil *die Sonne*
briller *scheinen*
décider de *beschließen zu*
la villa *die Villa*
aller passer *verbringen*
le week-end *das Wochenende*
au bord de *am* (*Rande von*)
la mer *das Meer*
assez *ziemlich*
nerveux, -se *nervös*
surtout *vor allem*
l'affaire (*f*) *die Sache, die Angelegenheit*
les affaires de camping *die Campingsachen*
elle dit *sie sagt*
le mari *der* (*Ehe-*)*Mann*
si *so*
tu as *du hast/hast du?*
ton *dein*
le rasoir *der Rasierapparat*
ta *deine* (*Singular*)
la brosse à dents *die Zahnbürste*
tes *deine* (*Plural*)
les affaires de pêche *die Angelsachen*
les enfants, ... *Kinder, ...* (*Anrede*)
vous avez *ihr habt/habt ihr?*
vos *euere*
le maillot de bain *der Badeanzug*
votre *euer*
le canot pneumatique *das Schlauchboot*
nos *unsere* (*Plural*)
la chaise de camping *der Campingstuhl*
notre *unser*

le réchaud *der Kocher*
le permis de conduire *der Führerschein*
ma *meine* (*Singular*)
la carte d'identité *der Personalausweis*
le portefeuille *die Brieftasche*
l'écharpe (*f*) *das Halstuch*
prêt, -e *fertig, bereit*
chérie *Liebling*
j'ai *ich habe*
mes *meine* (*Plural*)
s'écrier *ausrufen*
nous avons *wir haben*
tout *alles*
ranger *einräumen*
leurs *ihre* (*Plural*)
la voiture *der Wagen*

4B

[o] aussi [osi], au bord [obɔːr], aujourd'hui [oʒurdɥi], vos [vo], à gauche [agoːʃ], automobile [otɔmɔbil]

[ɔ] avocat [avɔka], joli [ʒɔli], la brosse [labrɔs], notre [nɔtr], votre [vɔtr], la robe [larɔb], la poche [lapɔʃ]

Je suis aujourd'hui aussi au bord de la mer.
[ʒəsɥịoʒurdɥịosịobɔːrdəlamẹːr]
Nos robes sont jolies.
[norọbsɔ̃ʒɔlị]
Votre brosse est dans la poche.
[vɔtrbrọsɛdɑ̃lapọʃ]

la liaison = die Bindung

[z] dans‿un hôtel
[dɑ̃zœ̃notẹl]
nous‿allons
[nuzalɔ̣̃]
vous‿allez
[vuzalẹ]
vous‿habitez
[vuzabitẹ]
ces‿étalages
[sezetalạʒ]

[n] un‿hôtel
[œ̃notẹl]
un‿enfant
[œ̃nɑ̃fɑ̣̃]
un‿arc
[œ̃nạrk]
on‿a
[ɔ̃nạ]

[t] ils sont‿en vacances
[ilsɔ̃tɑ̃vakɑ̣̃s]
elles sont‿à Paris
[ɛlsɔ̃taparị]
il est‿à Paris
[ilɛtaparị]
elle dit‿à son mari
[ɛlditasɔ̃marị]

Grammatik

4C₁

Präsens von *avoir* = „haben"

j'	ai
tu	as
il/elle/on	a
nous	avons
vous	avez
ils/elles	ont

Zu beachten ist die stimmhafte Bindung des **s** [z] in den drei Pluralformen.

4C₂

Präsens von appeler

appeler = nennen, rufen
s'appeler = sich nennen, heißen

stammbetont		endungsbetont
j'	appelle	nous appelons
tu	appelles	vous appelez
il/elle/on	appelle	
ils/elles	appellent	

Die stammbetonten Formen verdoppeln das **l**.

Das Possessivpronomen **4C₃**

Singular		Plural	Vorsicht!
mask.	fem.	mask. + fem.	
mon	ma	mes	il trouve / elle trouve > **son** livre < *sein* / *ihr*
ton	ta	tes	il trouve / elle trouve > **sa** serviette < *seine* / *ihre*
son	sa	ses	il trouve / elle trouve > **ses** affaires < *seine* / *ihre*
notre	notre	nos	
votre	votre	vos	
leur	leur	leurs	

Das adjektivische Possessivpronomen richtet sich im Französischen in Geschlecht und Zahl nach dem Substantiv, vor dem es steht (nicht wie im Deutschen nach dem Besitzer).

Vor weiblichen Substantiven, die mit Vokal oder stummem **h** beginnen, stehen die Formen **mon, ton, son** (statt **ma, ta, sa**), wobei das Endungs-**n** zum folgenden Substantiv hinübergebunden wird.
Beispiel: *une écharpe → mon‿écharpe.*

Bei den auf **-s** endenden Possessivpronomen wird dieses **-s** zu Substantiven, die mit einem Vokal beginnen, stimmhaft [z] hinübergebunden. (*vos‿enfants*).

Verneinung **4C₄**

Je **ne** trouve **pas** mon rasoir. Je **ne** suis **pas** en vacances. Je **n'**entre **pas**.	Die Verneinung besteht im Französischen aus zwei Partikeln: **ne . . . pas**. **Ne** steht vor dem Verb, **pas** hinter dem Verb. Vor Vokalen wird **ne** apostrophiert. In der Umgangssprache wird **ne** oft weggelassen.

Adjektive auf -x **4C₅**

il est nerveux elle est nerveuse ils sont nerveux elles sont nerveuses	Adjektive auf **-x** bilden ihre weibliche Form auf **-se** [z]. Die Pluralform männlich behält das **-x** bei.

Zusammengesetzte Substantive

4C₆

le maillot	de	bain	Zur Bildung zusammengesetzter Substantive braucht man im Französischen im allgemeinen eine Präposition, meist **de** oder **à**. Es kann nicht nur ein Substantiv mit einem anderen verbunden werden (*maillot de bain*), sondern auch ein Substantiv mit einem Verb (*permis de conduire*). Die Präposition **de** wird vor Vokalen apostrophiert. Der Plural wird der Zusammensetzung entsprechend gebildet; z. B.: *le maillot de bain* = das Trikot zum Baden; *les maillots de bain* = die Trikots zum Baden.
la brosse	à	dents	
le permis	de	conduire	
la carte	d'	identité	
les affaires	de	pêche	
le magasin	de	modes	
l'Arc	de	Triomphe	

Verschiedenes

4C₇

a) **Se** = *sich* wird vor Vokal apostrophiert; z. B.: *s'appeler.*

b) Die Präposition **de** (vor Vokal **d'**) wird häufig zum Anschluß des Infinitivs verwendet (im Deutschen „zu“).
Beisp.: *Les Durand décident* **d'***aller à la mer.*

c) Eigennamen erhalten kein Plural-**s**: *les Durand* = die Durands.

Übungen

4D

a) *Formen Sie folgende Sätze um nach dem Muster:*
C'est une jolie maison. — C'est ta maison?
1. C'est une belle voiture. 2. C'est une écharpe élégante. 3. C'est un joli canot pneumatique. 4. C'est une belle valise. 5. Ce sont des robes élégantes. 6. C'est un joli foulard. 7. C'est une femme nerveuse. 8. Ce sont des écharpes élégantes. 9. C'est une jupe élégante. 10. C'est une belle jupe.

b) *Gleiche Übung nach dem Muster:*
Où est mon livre? — Voilà votre livre.
1. Où est ma jupe? 2. Où sont mes affaires de pêche? 3. Où sont nos valises? 4. Où est ma carte d'identité? 5. Où est notre réchaud? 6. Où est mon écharpe? 7. Où sont nos maillots de bain? 8. Où est ma robe? 9. Où sont mes timbres? 10. Où sont nos chiens?

c) *Verändern Sie — wenn erforderlich — die Adjektive.*
1. Jacques a deux joli... petit... chiens. 2. Claudine et Eve sont assez nerveu.... 3. Mes enfants sont petit.... 4. Yves n'est pas prêt.... 5. Elle est très joli....

d) *Setzen Sie das entsprechende Possessivpronomen ein (bezogen auf das Subjekt):*
1. Je ne trouve pas ... rasoir. 2. Les enfants, vous avez ... affaires de pêche? 3. Claudine, prépare ... valise! 4. Yves, prépare ... valise! 5. Yves trouve ... carte d'identité et ... permis de conduire. 6. Marguerite range ... affaires dans la voiture. 7. Les enfants ne trouvent pas ... carte d'identité. 8. Nous préparons ... affaires de pêche. 9. Madame Durand ne trouve pas ... écharpe rouge. 10. Chérie, tu as ... canot pneumatique?
e) *Setzen Sie folgende Sätze in die verneinte Form:*
1. Je vais à l'école normale. 2. Tu vas bien? 3. Claudine travaille beaucoup. 4. Jacques entre dans l'école. 5. Nous allons bien. 6. J'habite rue Racine. 7. Les enfants préparent leurs affaires. 8. Christine passe la robe. 9. Les enfants sont nerveux. 10. Yves trouve son permis de conduire.
f) *Übersetzungsübung:*
1. Er heißt Jakob. 2. Herr Durand hat ein kleines Haus in der Nähe von Paris. 3. Dominique richtet ihre Sachen her. 4. Ich habe eine Katze. 5. Kinder, seid ihr fertig? 6. Die Durands verstauen ihre Koffer im Wagen. 7. Sie verlassen das Haus. 8. Hier ist dein Personalausweis. 9. Wir haben drei kleine Kinder. 10. Philipp, hast du deine Zahnbürste?

Leçon cinq

Trois Indiens — 5A

Trois garçons jouent aux Indiens. Ils avancent doucement dans un petit bois. Soudain, le chef de la bande entend parler quelqu'un et il s'arrête brusquement:
— Chut! J'entends une voix. Est-ce que vous entendez la voix aussi?
Les deux autres écoutent avec attention pendant quelques minutes, puis ils répondent:
— Non, nous n'entendons rien. Et toi, tu entends toujours cette voix?
Le chef répond à voix basse:
— Moi, j'entends quelque chose. Vous, vous êtes sourds!
Les trois Indiens continuent lentement leur chemin, quand ils remarquent devant eux un garçon et deux filles qui ramassent des champignons. Le chef arrête la bande et donne cet ordre:
— Halte! Nous allons attaquer ces visages pâles. Vous êtes prêts?
Mais petit Buffalo proteste:
— Non, ça ne va pas. Ce garçon est mon cousin et ces filles sont mes cousines. Lui, il n'est peut-être pas rapporteur. Mais elles, elles

racontent toujours mes exploits à maman. Et maman, elle, . . .
Le chef interrompt petit Buffalo:
— Tu es lâche, toi! Tu as peur, voilà tout. Tu n'es pas digne de ton nom!

l'Indien (*m*) *der Indianer*
le garçon *der Junge*
jouer *spielen*
jouer aux Indiens *Indianer spielen*
avancer *vorwärtsgehen, -kommen*
doucement *sachte, vorsichtig*
le bois *der (kleine) Wald*
soudain *plötzlich*
le chef *der Chef*
la bande *die Bande*
entendre *hören*
parler *sprechen*
quelqu'un (*abgekürzt:* qn) *jemand(en)*
brusquement *plötzlich*
chut! *psst!*
la voix *die Stimme*
est-ce que vous entendez . . .? *hört ihr . . .?*

l'autre *der (die, das) andere*
écouter *horchen*
l'attention (*f*) *die Aufmerksamkeit*
pendant *während*
répondre *antworten*
ne . . . rien *nichts*
toi *du (betont)*
à voix basse *leise* (= *mit leiser Stimme*)
moi *ich (betont)*
quelque chose (*abgekürzt:* qch) *etwas*
sourd, -e *taub*
lentement *langsam*
remarquer *bemerken*
eux *hier: sich*
la fille *das Mädchen*
qui *die (Relativpronomen)*
ramasser *sammeln*
le champignon *der Pilz*
donner *geben*

l'ordre (*m*) *der Befehl*
halte! *Halt!*
attaquer *angreifen*
le visage *das Gesicht*
pâle *bleich*
protester *protestieren*
le cousin *der Cousin*
la cousine *die Cousine*
lui *er (betont)*
le rapporteur *der Petzer*
raconter *erzählen*
l'exploit (*m*) *die Tat*
la mère *die Mutter*
interrompre *unterbrechen*
lâche *feige*
la peur *die Angst*
voilà *das ist*
digne (de qch) *würdig (einer Sache)*
le nom *der Name*

5B

[œ] peur [pœːr], rapporteur [rapɔrtœːr], leur [lœːr], portefeuille [pɔrtəfœj]

[ø] eux [ø], peut-être [pøtɛːtr], deux [dø], nerveux [nɛrvø], bleu [blø], vendeuse [vãdøːz]

Les deux rapporteurs ont peur.
[ledøraportœːrɔ̃pœːr]

C'est peut-être leur portefeuille.
[sɛpøtɛːtrlœːrpɔrtəfœj]

[u] jouer [ʒue], doucement [dusmã], soudain [sudɛ̃], écouter [ekute], toujours [tuʒuːr], sourd [suːr]

[y] brusquement [bryskəmã], minute [minyt], tu [ty], Durand [dyrã], voiture [vwatyːr], sûrement [syrmã]

Monsieur Durand est sûrement sourd.
[məsjødyrãɛsyrmãsuːr]

La voiture des Durand avance doucement.
[lavwatyːrdedyrãavãsdusmã]

Grammatik

Präsens der Verben auf -re — 5C₁

	entendre	
j' tu il/elle/on nous vous ils/elles	entends entends entend entend**ons** entend**ez** entend**ent**	Die zweite Konjugationsgruppe endet im Infinitiv auf **-re.** Im Singular unterscheiden sich die Endungen von denen der **er**-Konjugation. Im Plural sind die Endungen gleich.
il	interrompt	Ist der letzte Buchstabe des Stammes nicht **-d,** so ist die Endung der 3. Person Singular **-t.**

Das Adverb — 5C₂

très bien aussi déjà puis assez beaucoup maintenant surtout	Die sogenannten **ursprünglichen Adverbien** kommen nur als Adverbien vor.

Adjektiv männl.	Adjektiv weibl.	Adverb	
brusque = *plötzlich* doux = *sacht* lent = *langsam*	brusque douce lente	brusquement doucement lentement	Aus vielen Adjektiven läßt sich ein Adverb durch Anhängen von **-ment** an die **weibliche** Adjektivform bilden.

avec attention à voix basse	Oft entsprechen deutschen Adverbien im Französischen adverbiale Konstruktionen mit einem Substantiv.

Das betonte Personalpronomen (I) 5C_3

moi, je ... toi, tu ... lui, (il) ... elle, elle ... nous, nous ... vous, vous ... eux, (ils) ... elles, elles ...	Eine Betonung des Personalpronomens, die man im Deutschen mit der Stimme zum Ausdruck bringt (*Ich* habe ...), erfolgt im Französischen durch die Verwendung eines betonten Personalpronomens zusätzlich zum unbetonten Personalpronomen. In der 3. Person Singular und Plural kann das männliche unbetonte Pronomen **(il, ils)** entfallen.
Tu es lâche, toi.	Das betonte Pronomen kann in kurzen Sätzen am Ende stehen.
... devant moi ... avec lui	Nach Präpositionen wird die betonte Form gebraucht. Dabei werden diese Pronomen auch reflexiv gebraucht.
Ma mère, elle, ...	Auch zur Betonung von Substantiven werden die betonten Personalpronomen verwendet. (Im Deutschen wieder mit der Stimme: meine *Mutter* ...)

Verschiedenes 5C_4

a) *Est-ce que vous entendez ... ?*
Eine Frage kann u. a. durch **est-ce que** (= ist es, daß ...) zum Ausdruck gebracht werden. Die Wortfolge im darauffolgenden Satz ist dann immer die des Aussagesatzes (Subjekt-Prädikat).

b) *Nous n'entendons rien.*
Wird in der Verneinung **pas** durch **rien** ersetzt, dann bedeutet sie „nichts".

c) *J'entends parler quelqu'un.*
Beachten Sie die vom Deutschen abweichende Satzstellung: Konjugiertes Verb—Infinitiv—Ergänzung.

d) *Trois garçons jouent aux Indiens.*
aux ist die Zusammenziehung von **à** + **les**.

Übungen 5D

a) *Betonen Sie das Personalpronomen nach folgendem Muster:*
J'entends une voix. — Moi, j'entends une voix.
1. Nous n'écoutons pas avec attention. 2. Il interrompt petit Buffalo. 3. Tu as peur. 4. Ils protestent. 5. Vous êtes lâches. 6. Elles sont mes cousines. 7. Elle raconte tout à maman. 8. Je vais attaquer ces visages pâles. 9. Tu n'écoutes pas. 10. Nous ne sommes pas rapporteurs.

b) *Antworten Sie nach dem Muster:*

Vous avancez? — Oui, j'avance.

1. Vous entendez une voix? 2. Vous écoutez avec attention? 3. Vous ramassez des champignons? 4. Vous continuez votre chemin? 5. Vous interrompez le garçon?

c) *Vervollständigen Sie — wo erforderlich — die Endung:*

1. Est-ce que vous entend... la voix? 2. Marie-Louise ramass... des champignons. 3. Moi, j'interromp... petit Buffalo. 4. On entend... trois Indiens. 5. Les deux filles écout... avec attention. 6. Tu racont... toujours mes exploits à maman. 7. Maman entend... une voix. 8. Nous interromp... le garçon. 9. Petit Buffalo protest.... 10. Tu entend... la voix?

d) *Setzen Sie folgende Fragen in die Frageform mit „est-ce que" nach dem Muster:*

Il ramasse des champignons? — Est-ce qu'il ramasse des champignons?

1. Vous entendez les garçons? 2. Tu vas protester? 3. Nous allons attaquer les visages pâles? 4. On entend parler quelqu'un? 5. Elle répond? 6. Marguerite et Gérard écoutent avec attention? 7. Jacques remarque les garçons? 8. Le chef répond à voix basse? 9. Les trois Indiens regardent le garçon? 10. Il raconte mes exploits à maman?

e) *Stellen Sie fest, ob es sich bei den eingeklammerten Wörtern um Adverbien oder Adjektive handelt und verändern Sie sie, wenn erforderlich:*

1. Je suis assez (nerveux). 2. Vous avancez (doux). 3. Jacques est (déjà) prêt. 4. Les garçons avancent (lent). 5. Marguerite est (aussi) nerveuse. 6. Il est (sûr) prêt. 7. Nous nous arrêtons (brusque). 8. La robe est (très) élégante.

f) *Übersetzungsübung:*

1. Jakob hört nichts. 2. Spielen wir Indianer? 3. Hören Sie auch jemanden sprechen? 4. Margarete geht mit mir nach Versailles. 5. Ich bemerke vor mir zwei Mädchen, die Pilze sammeln. 6. Der Chef sagt leise: „*Ich* höre nichts." 7. Wir hören immer aufmerksam zu. 8. Ist er feige? — Ja, er hat Angst. 9. Klein Buffalo ist seines Namens nicht würdig. 10. Er hört nichts. Er ist taub. 11. Die drei Indianer betrachten einen Jungen. 12. Ich unterbreche jetzt den Chef.

Leçon six

Dans un bureau **6A**

Il est trois heures de l'après-midi. Françoise Chassier, la secrétaire de la maison Levier et fils, met une feuille de papier à lettres dans sa machine à écrire. Elle commence à taper, lorsque le patron, Monsieur Levier, qui rentre d'un voyage d'affaires, entre dans le bureau.
— Bonjour Monsieur. Vous avez fait bon voyage?
— Bonjour Françoise. Oui, le voyage a été agréable, mais les négociations n'ont apporté aucun résultat. Mais ce n'est pas grave. Et ici, tout va bien? Quoi de neuf?
— Hier, j'ai reçu un coup de téléphone de Monsieur Garnier, de la maison Tédoc. Il va finir l'analyse de marché aujourd'hui. On va donc recevoir ce document demain ou après-demain.
— Bien. Et Monsieur Yvain n'a pas téléphoné?
— Non, pas encore.
Monsieur Levier jette un coup d'œil sur les papiers qui se trouvent sur le bureau de Mademoiselle Chassier.
— Ah, la réclamation de Mercier annoncée par télex est arrivée, et vous êtes en train de faire la réponse. Très bien. J'ai besoin de trois copies.
— D'accord. Mais je finis d'abord la lettre à Claron et Cie, n'est-ce pas?
— Bien sûr. La réponse à Mercier n'est pas urgente. Finissez d'abord l'affaire Claron.
— Au fait, Carnot a payé. Les deux mille francs sont rentrés avant-hier.
— Enfin une bonne nouvelle!
Monsieur Levier se dirige vers son bureau, entre et commence à parcourir le courrier. Au bout d'une demi-heure, il appelle Mademoiselle Chassier.
— Ecoutez, Françoise, je reçois presque chaque semaine une offre de stylos à bille publicitaires d'un certain Monsieur Patalou. Répondez à ce monsieur qu'on n'a pas besoin de publicité.
— Oui, Monsieur. C'est tout?
— Oui, merci, c'est tout pour le moment.

le bureau *1. das Büro, 2. der Schreibtisch*
il *es*
l'heure (*f*) *die Stunde*
trois heures *drei Uhr*
l'après-midi (*m*) *der Nachmittag*
Françoise *Franziska*
la secrétaire *die Sekretärin*
la maison *die Firma*
elle met *sie legt* (*ein*)
la feuille *das Blatt*
le papier *das Papier*
le papier à lettres *das Briefpapier*
la machine à écrire *die Schreibmaschine*
commencer (à) *beginnen* (*zu*)
taper *tippen*
lorsque *als*
le patron *der Chef*
qui *der* (*Relativpronomen*)
rentrer *zurückkehren*
le voyage *die Reise*
le voyage d'affaires *die Geschäftsreise*
fait *gemacht*
bon voyage *eine gute Reise*
été *gewesen*
agréable *angenehm*
mais *aber*
la négociation *die Verhandlung*
apporter (*er*)*bringen*
aucun *kein*(*erlei*)
le résultat *das Ergebnis*
grave *schlimm*
ici *hier*
quoi de neuf? *was gibt's Neues?*
hier *gestern*
recevoir *erhalten*
le coup de téléphone *der Telephonanruf*
finir *beenden*
l'analyse de marché *die Marktanalyse*
le document *das Dokument*
ou *oder*
après-demain *übermorgen*
téléphoner *telefonieren*
pas encore *noch nicht*
jeter *werfen*
le coup d'œil *der Blick*
se trouver *sich befinden*
ah *ah!*
la réclamation *die Reklamation*
annoncer *ankündigen*
par *durch*
le télex *das Fernschreiben*
être en train de *in Begriff sein zu*
faire *hier: schreiben* (*sonst: machen*)
la réponse *die Antwort*
avoir besoin de qch *etw. brauchen* (*Bedarf haben an*)
la copie *die Kopie*
d'abord *zunächst*
à *an*
Cie (= compagnie) *Co.*
bien sûr *sicher; natürlich*
urgent, -e *dringend*
payer (*be*)*zahlen*
mille *tausend*
le franc *der Franc*
rentrer (*her*)*eingehen*
avant-hier *vorgestern*
enfin *endlich*
la nouvelle *die Nachricht*
se diriger vers qch *auf etw. zugehen*
ensuite *danach*
parcourir *überfliegen*
le courrier *die Post* (= *Briefe*)
au bout de *nach* (= *am Ende von*)
une demi-heure *eine halbe Stunde*
presque *fast*
chaque *jede, -r, -s*
la semaine *die Woche*
l'offre (*f*) *das Angebot*
le stylo à bille *der Kugelschreiber*
publicitaire *Werbe-*
un certain *ein gewisser*
répondre à qn *jdm antworten*
la publicité *die Werbung*
pour *für*
le moment *der Augenblick*
la facture *die Rechnung*

6B

[p] Paris [pari], papier [papje], patron [patrɔ̃], apporter [apɔrte], réponse [repɔ̃:s], taper [tape]

[b] bureau [byro], bon [bɔ̃] agréable [agreabl], bien [bjɛ̃], besoin [bəswɛ̃], bout [bu]
Le patron a besoin de papiers.
[ləpatrɔ̣̃abəswɛ̃dəpapjẹ]
Il a un beau bureau à Paris.
[ilaœ̃bobyrọaparị]

[f] Françoise [frɑ̃swa:z], fils [fis], feuille [fœj], finir [finir], téléphone [telefɔn]

[v] voyage [vwaja:ʒ], avoir [avwa:r], grave [gra:v], on va [ɔ̃va], devant [dəvɑ̃], arriver [arive]
Françoise finit de téléphoner à Monsieur Yvain.
[frɑ̃swạ:zfinidətelefɔnẹaməsjø̣ivɛ̣̃]
Votre fils a fait un voyage agréable?
[votrfịsafɛœ̃vwaja:ʒagreạbl]

Grammatik

Präsens der Verben auf -ir **6C₁**

je tu il/elle/on	fin**is** fin**is** fin**it**	nous vous ils/elles	fin**issons** fin**issez** fin**issent**	Die 3. Konjugationsgruppe endet im Infinitiv auf **-ir**. Zu beachten die Stammerweiterung **-iss-** im Pl.

Präsens der Verben auf -oir **6C₂**

je tu il/elle/on	reç**ois** reç**ois** reç**oit**	nous vous ils/elles	recev**ons** recev**ez** reç**oivent**	Die 4. Konjugationsgruppe endet im Infinitiv auf **-oir**. Zu beachten die Stammverkürzung in den stammbetonten Formen. Vor **o** schreibt man **ç**.

Partizip Perfekt (participe passé) **6C₃**

Infinitiv	arriv**er**	entend**re**	fin**ir**	rec**evoir**	**avoir**	**être**
Partizip Perfekt	arriv**é**	entend**u**	fin**i**	reç**u**	**eu**	**été**

Auch vor **u** wird **ç** geschrieben.

Perfekt (passé composé) **6C₄**

mit **avoir**	Monsieur X n'**a** pas **téléphoné**. Les négociations n'**ont** rien **apporté**. Vous **avez fini** la lettre? Le voyage **a été** agréable. (= **ist** *gewesen*)	Die meisten Verben bilden das Perfekt mit **avoir**. Dabei wird das Partizip **nicht** verändert. (Sonderfälle werden später behandelt.)
mit **être**	La facture **est arrivée**. Les 2000 francs **sont rentrés**.	Einige Verben, die eine Bewegungsrichtung ausdrücken (z. B. *entrer*, *aller*, *arriver*), werden mit **être** verbunden. Das Partizip wird dabei wie ein Adjektiv behandelt (siehe Kap. 3C₁.)

Zu beachten:
— Partizip vor der Ergänzung: *Vous avez eu un bon voyage.*
— In der Verneinung: **pas** (oder **rien**) zwischen Hilfsverb und Partizip.

Futur proche (nahe Zukunft) **$6C_5$**

je tu il/elle/on	vais vas va	finir	nous vous ils/elles	allons allez vont	finir	**aller** + Infinitiv zur Bezeichnung naher Zukunft. (Siehe auch Kap. $3C_6$, Verschiedenes, a.)

Verschiedenes **$6C_6$**

a) *jeter — je jette — nous jetons*
In den stammbetonten Formen: **tt** (vergl. *appeler* in Kap. $4C_2$).

b) Der Imperativ der Verben auf **-re**, **-ir** und **-oir** verwendet die Formen des Präsens Indikativ, nur ohne Subjektpronomen. Z. B.: *finis*; *finissez*; *répondez*.

c) **aucun** wird wie **pas** und **rien** mit **ne** gebraucht.

d) **Ne** entfällt, wenn kein Verb vorhanden ist. Beisp.:
Monsieur Yvain a téléphoné? — Non, pas encore.

e) In Zeitangaben bekommt **heure** ein Plural-**s**, außer natürlich in „*une heure*".

f) *Monsieur*, *Madame*, *Mademoiselle* werden in der Anrede und vor einem Namen groß geschrieben, sonst klein.

g) **du** ist die Zusammenziehung von **de** + **le**.

Übungen **6D**

a) *Beantworten Sie folgende Sätze nach dem Muster:*

Vous finissez d'abord cette lettre? — Oui, je finis d'abord cette lettre.
1. Vous recevez chaque jour une lettre publicitaire? 2. Vous téléphonez à Madame Duriez? 3. Vous jetez un coup d'œil sur la lettre? 4. Vous finissez le télex? 5. Vous rentrez d'un voyage? 6. Vous avez besoin de publicité? 7. Vous tapez la lettre?

b) *Setzen Sie folgende Sätze ins Perfekt* (*passé composé*)*:*

1. Jacques entend une voix. 2. Monsieur Duriez finit l'analyse de marché. 3. Mademoiselle Chassier entre dans le bureau. 4. Je finis la lettre. 5. Monsieur Levier reçoit une lettre. 6. Mille francs rentrent enfin. 7. Mademoiselle Chassier est en train de faire la réponse. 8. Monsieur Duriez arrive à Paris. 9. Françoise écoute. 10. Le voyage est agréable.

c) *Setzen Sie folgende Sätze in die verneinte Form:*

1. J'ai besoin de publicité. 2. La facture de Mercier est arrivée. 3. Philippe commence à taper. 4. J'ai reçu la lettre de Monsieur Durand. 5. Monsieur Garnier a fini l'analyse de marché. 6. Les deux mille francs sont rentrés. 7. Monsieur Levier jette un coup d'œil sur les papiers. 8. Madame Duriez a téléphoné à Monsieur Carnot. 9. Mademoiselle Durand a reçu le télex de Monsieur Garnier. 10. Monsieur Levier a fait bon voyage.

d) *Setzen Sie folgende Sätze ins „futur proche":*

1. Je reçois une lettre de Madame Durand. 2. Monsieur Carnot finit d'abord la réclamation. 3. La facture arrive cet après-midi. 4. Nous entrons dans le bureau. 5. Les Durand finissent l'analyse de marché. 6. Je réponds à l'offre de Monsieur Mercier. 7. Jacques commence la lettre.

e) *Schreiben und lesen Sie laut die 3 Imperativformen (2. Person Singular, 1. und 2. Person Plural) von:*
entrer, donner, finir, interrompre, rentrer, répondre, aller, apporter, recevoir, écouter.

f) *Übersetzungsübung:*
1. Herr Carnot wirft einen Blick auf den Brief vor Christine. 2. Hat Herr Yvain eine schöne (gute) Reise gehabt? (mit *est-ce que*). 3. Sie haben den Brief schon getippt? — Sehr gut. 4. Sie haben die Richier-Angelegenheit schon beendet? — Nein, noch nicht. 5. Es ist zwei Uhr. Wir werden jetzt telefonieren (*futur proche*). 6. Der Brief hat keinerlei Ergebnis erbracht. 7. Wir brauchen Werbung. 8. Was gibt's Neues? 9. Ich bin im Begriff, die Antwort zu schreiben. 10. Herr Durand ist schon angekommen. Seine Frau ist auch angekommen. 11. Die Reise ist angenehm gewesen. 12. Die Reklamation hat nichts erbracht.

Leçon sept

Une histoire vraie **7A**

Au mois de juin, une grève éclate dans un atelier d'une entreprise moyenne de la région parisienne. C'est un lundi. La grève s'étend aux autres ateliers, et, le soir, l'usine est arrêtée. La direction est surprise, car elle n'a reçu jusque-là aucune revendication.
Le mardi, la situation reste inchangée. Les ouvriers sont là, ils bavardent et jouent aux cartes. La direction prend contact avec les représentants du personnel. Elle presse les ouvriers d'indiquer au gérant l'objet de la grève, mais en vain. Aucune revendication n'est présentée à la direction par les grévistes.
Le mercredi, les ateliers prennent un air de fête. Les grévistes improvisent des pièces de théâtre où la vie de l'entreprise est jouée avec bonhomie. Le patron est représenté sans insolence.
Le jeudi, la direction accorde aux ouvriers une prime de vacances de cinq cents francs pour débloquer la situation. Mais cette nouvelle ne change rien. Les grévistes laissent les machines au repos. Le vendredi, il en est de même: Tous sont là, mais personne ne travaille.
Le samedi et le dimanche sont pour les directeurs des jours très désagréables: Ils ignorent en effet les intentions des ouvriers pour la semaine à venir.
Mais le lundi suivant, tout le monde est à son poste et le travail recommence. La direction n'a jamais appris les motifs de cette grève.

une histoire *eine Geschichte*
vrai, -e *wahr*
au mois de juin *im Monat Juni*
la grève *der Streik*
éclater *ausbrechen*
un atelier *eine Werkstatt, eine Werkshalle*
une entreprise *ein Unternehmen*
moyen, -ne *mittler, Mittel-*
la région *die Gegend*
parisien, -ne *von Paris*
un lundi *ein Montag*
s'étendre à *sich erstrecken, ausbreiten auf*
le soir *am Abend*
une usine *ein Werk, eine Fabrik*
arrêter *stoppen, anhalten*
la direction *die Direktion, die Betriebsleitung*
surprendre *überraschen*
surpris, -e *überrascht*
car *denn, weil*
jusque-là *bis dahin*
la revendication *die Forderung*
le mardi *am Dienstag*
la situation *die Lage*
rester *bleiben*
inchangé, -e *unverändert*
un ouvrier *ein Arbeiter*
bavarder *plaudern*
la carte *die Karte, die Spielkarte*
prendre *(auf)nehmen*
le contact *der Kontakt*
le représentant *der Vertreter*
le personnel *das Personal*
presser *drängen*
indiquer *angeben*
le gérant *der Geschäftsführer*
l'objet (*m*) *der Grund, der Gegenstand*
présenter *vorbringen, darlegen*
le gréviste *der Streikende*
le mercredi *am Mittwoch*
un air de *ein Aussehen von*
la fête *das Fest*
improviser *improvisieren*
la pièce *das Stück*
la pièce de théâtre *das Theaterstück*
la vie *das Leben*
la bonhomie *die Gutmütigkeit*
représenter *darstellen*

sans *ohne*
l'insolence (*f*) *die Respektlosigkeit, die Beleidigung*
le jeudi *am Donnerstag*
accorder *gewähren*
la prime *die Prämie*
cinq *fünf*
cent *hundert*
débloquer *entschärfen, lösen*
changer *ändern*
laisser *lassen*
la machine *die Maschine*
le repos *die Ruhe(pause)*
au repos *in Ruhe*
le vendredi *am Freitag*
il en est de même *es ist das Gleiche*
personne . . . ne *niemand*
le samedi *der Samstag*
le dimanche *der Sonntag*
le directeur *der Direktor*
désagréable *unangenehm*
ignorer *nicht kennen*
en effet *nämlich*
l'intention (*f*) *die Absicht*
la semaine à venir *kommende Woche*
suivant, -e *folgend*
tout le monde *alle*
le poste *der Posten, die Arbeitsstelle*
le travail *die Arbeit*
recommencer *wieder beginnen*
ne . . . jamais *niemals*
apprendre *erfahren* (*Infinitiv*)
appris *erfahren* (*Partizip Perfekt*)
le motif *das Motiv, der Grund*

7B

[g] grève [grɛːv], gréviste [grevist], désagréable [dezagreabl], regarder [rəgarde], cigarette [sigarɛt]

[k] aucune [okyn], revendication [rəvɑ̃dikasjɔ̃], mercredi [mɛrkrədi], vacances [vakɑ̃s]
Une grève sans revendications est désagréable.
[yngrɛ̣ːvsɑ̃rəvɑ̃dikasjɔ̣̃ɛdezagreạbl]
Le gréviste regarde une cigarette.
[ləgrevịstrəgạrdynsigarɛ̣t]

[ɲ] ignorer [iɲɔre], ils ignorent [ilziɲɔːr]
Les directeurs ignorent les revendications.
[ledirɛktœ̣riɲɔ̣rlerəvɑ̃dikasjɔ̣̃]

Grammatik

Zum Substantiv (Deklination) 7C$_1$

	Le	personnel travaille	das Personal	männlich Singular
Les revendications	**du**	personnel	des Personals	
La direction accorde	**au**	personnel une prime	dem Personal	
J'arrête	**le**	personnel	das Personal	
	La	direction est surprise	die Direktion	weiblich Singular
La prime	**de la**	direction	der Direktion	
Le gréviste présente	**à la**	direction une revendication	der Direktion	
On presse	**la**	direction	die Direktion	

	Les	ouvriers travaillent	die Arbeiter	Plural
Les revendications	**des**	ouvriers	der Arbeiter	männ-
La direction accorde	**aux**	ouvriers une prime	den Arbeitern	lich und
On presse	**les**	ouvriers	die Arbeiter	weiblich

a) Eine Deklination (Beugung) wie im Deutschen gibt es im Französischen nicht. Es stehen dafür Präpositionen (vergl. im umgangssprachlichen Deutsch: Die Forderungen von den Arbeitern). Dabei sind:

de + **le**	verschmolzen zu	**du**
à + **le**	verschmolzen zu	**au**
de + **les**	verschmolzen zu	**des**
à + **les**	verschmolzen zu	**aux.**

b) Vor Vokal und stummem **h** wird in der weiblichen **und** männlichen Singularform **de l'** und **à l'** verwendet. Beisp.:

Le gérant de l'hôtel. Je présente la revendication à l'avocat. Je vais à l'école.

c) Statt des bestimmten Artikels kann natürlich auch der unbestimmte Artikel oder ein Demonstrativpronomen oder ein Possessivpronomen stehen. Beisp.:

La revendication d'un ouvrier. La revendication de cet ouvrier. La revendication de notre personnel.

Präsens und Partizip Perfekt des unregelmäßigen Verbs *prendre* — 7C$_2$

Singular	Plural	Partizip Perfekt
je prends [prɑ̃] tu prends [prɑ̃] il/elle/on prend [prɑ̃]	nous prenons [prənɔ̃] vous prenez [prəne] ils/elles prennent [prɛn]	*männlich:* pris [pri] *weiblich:* prise [priz]
ebenso: surprendre = *überraschen und* apprendre = *erfahren, lernen*		

Adjektive auf -n — 7C$_3$

männlich	weiblich	Bemerkung
moyen [mwajɛ̃] parisien [parizjɛ̃] bon [bɔ̃] aucun [okœ̃] certain [sɛrtɛ̃]	moyenne [mwajɛn] parisienne [parizjɛn] bonne [bɔn] aucune [okyn] certaine [sɛrtɛn]	Die Auflösung des Nasals in der weiblichen Form wird zum Teil durch Verdopplung des Endkonsonanten (hier **n**) gekennzeichnet.
mit Nasal	**ohne** Nasal	

Das Passiv — 7C$_4$

L'usine est arrêtée *Die Fabrik* **ist** *stillgelegt* La direction est surprise *Die Direktion* **ist** *erstaunt*	**Zustandspassiv:** Übersetzung mit **ist**	Auch im Passiv wird das Partizip Perfekt behandelt wie ein Adjektiv (siehe Kap. 3C$_1$).
Le patron est représenté *Der Chef* **wird** *dargestellt* Aucune revendication n'est présentée par les grévistes *Keinerlei Forderung* **wird** *von den Streikenden erhoben*	**Vorgangspassiv:** Übersetzung mit **wird**	
Une usine arrêtée *Eine stillgelegte Fabrik* La réclamation annoncée par télex *die durch Fernschreiben angekündigte Reklamation*	**Verkürztes Passiv**	Im verkürzten Passiv-Satz ist das Partizip Perfekt praktisch einem Adjektiv gleichzusetzen.

Verschiedenes — 7C$_5$

a) **Personne** wird wie **pas, rien** und **aucun** mit **ne** gebraucht.

b) *le soir* = 1. der Abend, 2. am Abend
le mardi = 1. der Dienstag, 2. am Dienstag
Zu beachten außerdem: Der Artikel entfällt bei Tagesnamen, wenn ein Tag der laufenden Woche gemeint ist. Beisp.: *Il va arriver lundi.* = Er wird (diesen) Montag kommen.

c) *Cent* erhält im Plural ein -s, wenn keine weitere Zahl folgt.

d) *tout le monde* ist Singular:
tout le monde **est** *là* = alle **sind** da

Übungen — 7D

a) *Setzen Sie „le, la, les, l', du, au, de la, à la, de l', à l', des, aux" in die Sätze ein:*

1. ... vie ... atelier est représentée dans des pièces de théâtre. 2. Trois revendications sont présentées ... direction. 3. ... gérant accorde ... grévistes une prime de vacances. 4. ... grévistes improvisent des pièces de théâtre. 5. Monsieur Durand présente ... revendications ... grévistes ... gérant. 6. J'ai appris ... motifs ... grève. 7. J'ai appris ... revendications ... ouvriers. 8. ... gérant presse ... représentants ... personnel

d'indiquer ... objet ... grève. 9. ... patron est représenté par les grévistes dans des pièces de théâtre. 10. Est-ce que vous ignorez ... intentions ... grévistes?

b) *Antworten Sie nach folgendem Muster:*
C'est une revendication du gérant? (Non, direction). — Non, c'est une revendication de la direction.
1. C'est une offre de la direction? (Non, ouvriers). 2. C'est une lettre du chef? (Non, ouvrier). 3. C'est un ordre de la direction? (Non, gérant). 4. C'est l'intention des ouvriers? (Non, représentants du personnel). 5. C'est un motif des ouvriers? (Non, direction). 6. Ce sont les intentions du patron? (Non, ouvriers).

c) *Antworten Sie nach folgendem Muster:*
On donne la lettre à la direction? (Non, grévistes). — Non, on donne la lettre aux grévistes.
1. On donne les cigarettes à la secrétaire? (Non, patron). 2. On donne l'ordre à l'ouvrier? (Non, représentant du personnel). 3. On donne la facture au chef? (Non, ouvriers). 4. On donne la lettre au fils de Monsieur Durand? (Non, fille de Monsieur Durand). 5. On donne la robe à la fille? (Non, mère). 6. On donne le papier au vendeur? (Non, secrétaire).

d) *Setzen Sie die Sätze ins Passiv nach folgendem Muster:*
On arrête l'usine. — L'usine est arrêtée.
1. On prend les lettres. 2. On représente les ouvriers. 3. On annonce la réclamation par téléphone. 4. On surprend la direction. 5. On finit la lettre. 6. On présente les revendications au gérant. 7. On indique l'objet de la grève. 8. On improvise une pièce de théâtre. 9. On trouve la lettre. 10. On tape la lettre.

e) *Verändern Sie — wenn nötig — das Adjektiv:*
1. C'est une (bon) idée. 2. Le lundi est pour moi un jour (désagréable). 3. Mademoiselle Chassier est très (nerveux). 4. J'ai téléphoné à une (certain) Eve Durand. 5. Je n'ai trouvé (aucun) lettre. 6. La situation est (grave). 7. L'entreprise Tédoc est une maison (moyen). 8. Le patron a accordé une (petit) prime aux grévistes.

f) *Übersetzungsübung:*
1. Er ist vorgestern angekommen. 2. Am Abend improvisieren die Arbeiter ein Fest. 3. Der Chef läßt die Maschinen ruhen. 4. Der Streik breitet sich aus, die Direktion ist erstaunt. 5. Ihr werdet die Motive des Streiks nie erfahren (mit *futur proche*). 6. Ich kenne Ihre Absicht nicht, Herr Carnot. 7. Die Reise ist unangenehm gewesen. 8. Vorgestern bin ich auf meinem Posten gewesen. 9. Wir kennen den Grund des Streiks nicht. 10. Nehmen Sie eine Zigarette! 11. Ich werde am Abend zurückkehren (mit *futur proche*). 12. Der Geschäftsführer und die Direktion haben mit den Arbeitern Kontakt aufgenommen.

Leçon huit

Au restaurant **8A**

Monsieur et Madame Martin ont invité un couple allemand, les Karsten, à dîner dans un restaurant parisien. Tous les quatre prennent place, Monsieur Martin commande l'apéritif et on commence à étudier la carte. Finalement, on décide de prendre un menu: hors-d'œuvre variés, truite meunière, tournedos aux haricots verts, fromage, glace.
M. Martin: Et comme boisson, je propose un beaujolais. Il est excellent ici.
M. Karsten: Volontiers.
M. Martin au garçon: Quatre menus numéro deux, une bouteille de beaujolais et de l'eau minérale.
Au bout de quelques minutes, le garçon apporte le vin et du pain, et un quart d'heure après les hors-d'œuvre: de la salade, du jambon, des sardines à l'huile et des olives.
Mme Karsten prend un peu de salade, une tranche de jambon et une sardine.
M. Martin: Vous n'aimez pas les olives?
Mme Karsten: Non, j'ai horreur de ça.
Mme Martin: Prenez de l'huile et du vinaigre. La salade n'est pas encore assaisonnée. En France, on a souvent l'habitude de préparer la salade à table. — Voilà le sel et le poivre.
Tous les quatre mangent avec beaucoup d'appétit. Le garçon apporte le poisson, puis la viande.
Après ces deux plats, Mme Karsten déclare:
Mme Karsten: Ah, excellent ce dîner!
M. Karsten: Oui, effectivement. Et ce vin, il est exquis.
M. Karsten lève son verre:
M. Karsten: A votre santé.
M. et Mme Martin: A la vôtre.
Le garçon apporte le plateau de fromages.
Le garçon: Du camembert, du chèvre, du gruyère . . .?
Mme Karsten: Du gruyère, s'il vous plaît.
M. Karsten: Un peu de chèvre, mais seulement un tout petit peu.
Le fromage terminé, le garçon apporte la glace et demande:
Le garçon: Et pour finir, un petit café?

M. Martin: Oui, bien sûr.
Mme Karsten: Pas pour moi. Je ne supporte pas le café.
Après le café, on fume une cigarette. Puis M. Martin appelle le garçon.
M. Martin au garçon: L'addition, s'il vous plaît.
Le garçon apporte l'addition sur une petite assiette, M. Martin paie.
Tous quittent le restaurant, satisfaits.

le restaurant *das Restaurant*
inviter *einladen*
le couple *das (Ehe-)Paar*
dîner *zu Abend essen*
quatre *vier*
tous les quatre *alle vier*
prendre place *Platz nehmen*
commander *bestellen*
l'apéritif (*m*) *der Aperitiv*
étudier *studieren*
la carte *die Speisekarte*
finalement *schließlich, endlich*
le menu *das Menü*
le hors-d'œuvre *das Hors-d'œuvre, die Vorspeise*
varié, -e *verschieden*
la truite *die Forelle*
meunière *auf Müllerin-Art*
le tournedos *das Rinderfilet*
le haricot *die Bohne*
vert, -e *grün*
le fromage *der Käse*
la glace *das Eis*
comme *als*
la boisson *das Getränk*
proposer *vorschlagen*
le beaujolais *der Beaujolais*
excellent, -e *ausgezeichnet*
le garçon *der Kellner, der Ober*
le numéro *die Nummer*
la bouteille *die Flasche*
l'eau (*f*) *das Wasser*
minéral, -e *Mineral-*
le vin *der Wein*
le pain *das Brot*
un quart d'heure *eine Viertelstunde*
après *danach*
la salade *der Salat*
le jambon *der Schinken*
la sardine *die Sardine*
l'huile (*f*) *das Öl*
l'olive (*f*) *die Olive*
la tranche *die Scheibe, die Schnitte*
aimer *mögen, lieben*
l'horreur (*m*) *der Abscheu*
avoir horreur de qch *etw. (überhaupt) nicht mögen, etw. verabscheuen*
ça (= cela) *das, dies*
le vinaigre *der Essig*
assaisonner *anmachen (Salat)*
en France *in Frankreich*
avoir l'habitude de *die Gewohnheit haben ... zu*
souvent *oft*
préparer *herrichten*
à table *bei Tisch*
le sel *das Salz*
le poivre *der Pfeffer*
manger *essen*
l'appétit (*m*) *der Appetit*
le poisson *der Fisch*
la viande *das Fleisch*
le plat *das Gericht*
déclarer *erklären*
le dîner *das Abendessen*
exquis, -e *hervorragend*
lever *(er)heben*
le verre *das Glas*
la santé *die Gesundheit*
à votre santé *auf Ihr Wohl*
à la vôtre *prost* (= *auf das Ihrige*)
le plateau *das Tablett*
le plateau de fromages *die Käseplatte*
le camembert *der Camembert*
le chèvre *der Ziegenkäse*
le gruyère *der Schweizerkäse*
seulement *nur*
un petit peu *ein ganz klein wenig*
terminer *beenden, aufessen*
le fromage terminé, ... *als dann der Käse aufgegessen ist, ...*
demander *fragen*
pour finir *zum Schluß*
le café *der Kaffee*
supporter *(v)ertragen*
fumer *rauchen*
l'addition (*f*) *die Rechnung*
une assiette *ein Teller*
satisfait, -e *zufrieden, befriedigt*

8B

[d] Madame [madam], dîner [dine], dans [dɑ̃], prendre [prɑ̃ːdr], des sardines [desardiːn]

[t] truite [trɥit], inviter [ɛ̃vite], Martin [martɛ̃], volontiers [volɔ̃tje], petit [pəti], satisfait [satisfɛ]
Madame va dîner. Elle mange des sardines, des olives et une truite.
[madạmvadinẹ|ɛlmɑ̃ʒdesardịn|dezɔlịːveyntrɥịt]
On a l'habitude de dîner dans un restaurant près de Paris.
[ɔ̃nalabitỵddədinẹdɑ̃zœ̩̃rɛstorɑ̣̃prɛdəparị]

Grammatik

Der Teilungsartikel — bestimmter Artikel (I) **8C$_1$**

Prenez du jambon de la salade de l' huile des olives des hors-d'œuvre	**Nehmen Sie** Schinken Salat Öl Oliven Vorspeisen	**Teilungsartikel** *unbestimmte* aber *begrenzte* Menge (etwa: Nehmen Sie ein bißchen **von dem** Schinken.) In Kap. 2C$_3$ haben wir dieses **des** als unbest. Artikel im Plural definiert.
J'aime le jambon la salade l' huile les olives les hors-d'œuvre	**Ich mag gerne** Schinken Salat Öl Oliven Vorspeisen	**bestimmter Artikel** *unbegrenzte* Menge bzw. überhaupt keine Mengenvorstellung (Ich mag Schinken; ganz allgemein als Gattungsname gebraucht.)
Apportez une bouteille de vin un peu de salade un litre d' huile beaucoup de sardines beaucoup d' olives	**Bringen Sie** eine Flasche Wein ein wenig Salat einen Liter Öl viele Sardinen viele Oliven	**Nur „de"** Nach Mengenangaben steht nur **de**, vor Vokalen **d'**. (Singular und Plural)
un ami trois menus quatre personnes certains plats quelques vins différents fromages plusieurs salades	ein Freund drei Menus vier Personen gewisse Gerichte einige Weine verschiedene Käse mehrere Salate	**Nach Zahlwörtern** und den **unbestimmten Zahladverbien** *certains, -es* = gewisse *quelques* = einige *différents, -es* = verschiedene *plusieurs* = mehrere steht nichts (wie im Deutschen).

Der Teilungsartikel und der bestimmte Artikel können in stichwortartigen Aufzählungen (z. B. Speisekarte) fehlen.

Stummes h — aspiriertes h **8C₂**

stummes **h**	aspiriertes **h**	
l'hôtel l'heure les‿hôtels des‿heures	le haricot le hors-d'œuvre les ǀ haricots des ǀ hors-d'œuvre	Das aspirierte **h** ist zwar auch stumm, wird aber noch irgendwie als vorhanden empfunden. Man muß bei jedem **h**-Substantiv dazulernen, ob es ein stummes oder ein aspiriertes **h** hat. Im Lexikon steht ein * oder ' vor aspiriertem **h**.
Apostrophierung und Bindung	keine Apostrophierung und keine Bindung	

Präsens und Partizip Perfekt der Verben auf -yer **8C₃**

stammbetont	endungsbetont	
je paie [pɛ] tu paies [pɛ] il/elle/on paie [pɛ] ils/elles paient [pɛ]	nous payons [pɛjɔ̃] vous payez [pɛje] *Partizip Perf.:* payé [pɛje]	In den stammbetonten Formen wird das **y** [j] zu **i** [stumm].

Verschiedenes **8C₄**

a) *Tournedos* **aux** *haricots verts.*
Die Präposition **à** kann auch „mit" bedeuten.

b) Die Präposition **à** wird außerdem nach einigen Verben zum Anschluß des Infinitivs verwendet (deutsch: „zu"). z. B.:
inviter à dîner; *commencer à étudier*

c) *Hors-d'œuvre* hat keine Pluralform.

d) **lever**:
In den stammbetonten Formen mit **è** [ɛ]. z. B.: *je lève* [lɛːv].
In den endungsbetonten Formen mit tonschwachem **e** [ə] (wie im Infinitiv). z. B.: *nous levons* [ləvɔ̃].
manger: 1. Person Plural: *nous mang***e***ons*

e) **M.** ist die Abkürzung für *Monsieur*, **Mme** für *Madame* und **Mlle** für *Mademoiselle.*

Übungen **8D**

a) *Bilden Sie Antworten nach dem Muster:*
Vous aimez la viande? — Oui, je prends volontiers un peu de viande.
1. Vous aimez le jambon? 2. Vous aimez l'huile? 3. Vous aimez le poivre? 4. Vous aimez le vin? 5. Vous aimez la salade? 6. Vous aimez le poisson? 7. Vous aimez le pain?

b) *Bilden Sie Antworten nach dem Muster:*

Vous aimez les olives? — Oui, je prends volontiers des olives.

1. Vous aimez les sardines à l'huile? 2. Vous aimez les haricots? 3. Vous aimez les salades variées? 4. Vous aimez les hors-d'œuvre? 5. Vous aimez les fromages?

c) *Füllen Sie — wenn nötig — die Lücken:*

1. Prenez ... pain. — Non merci, je n'aime pas ... pain. 2. Apportez un peu ... jambon. 3. Est-ce que vous aimez ... sardines? 4. Le garçon apporte beaucoup ... sardines et un peu ... salade. 5. C'est une table pour quatre ... personnes. 6. J'ai commandé une bouteille ... eau minérale. 7. Prenez encore ... salade. 8. Le garçon apporte différentes ... salades. 9. Prenez beaucoup ... huile et un peu ... sel. 10. Je n'aime pas ... salade, mais j'aime ... sardines à l'huile.

d) *Setzen Sie den bestimmten Artikel ein und lesen Sie laut:*

1. ... jambon est excellent. 2. ... haricots verts sont très bons. 3. Prenez ... huile, ... sel et ... poivre. 4. ... hors-d'œuvre est exquis. 5. ... vin est très bon et ... viande aussi.

e) *Übersetzungsübung:*

Herr und Frau Martin treten in ein Restaurant ein. Sie nehmen Platz und bestellen: eine Forelle, Eis und Käse. Als Getränk bestellen sie eine Flasche Wein. Der Ober bringt zunächst den Wein und Brot, dann die Forelle, schließlich den Käse und das Eis. Zum Schluß bestellt Herr Martin Kaffee. Er verträgt Kaffee. Frau Martin verträgt Kaffee nicht. Alles ist ausgezeichnet gewesen: der Fisch, der Beaujolais und auch der Kaffee. Herr und Frau Martin verlassen das Restaurant. Sie sind zufrieden.

Leçon neuf

Les courses **9A**

Mireille et Francine se rencontrent devant le supermarché. Francine dit à Mireille:
F: Bonjour Mireille. Tu fais tes courses?
M: Bonjour. Oui. Toi aussi? Alors, nous les faisons ensemble?
Les deux femmes entrent dans le supermarché. Elles prennent un panier et commencent à longer les rayons.
M: Tiens, voilà le sucre. Je l'ai oublié la dernière fois.
F: Moi, je fais toujours une liste, car autrement j'oublie toujours quelque chose.
M: C'est une bonne idée. Mais moi, je me laisse inspirer par le moment. Je ne suis pas faite pour les programmes.
F: Chacun son goût. — Regarde les olives. Elles coûtent trois francs cinquante ici. Chez Thierry, je les achète toujours à trois francs trente.
M: C'est une exception. En général, le supermarché est quand même bon marché par rapport à l'épicier.
F: Bien sûr.
Après un instant:
F: Regarde le lait. Il coûte maintenant un franc quarante. La semaine passée, je l'ai acheté à un franc vingt! Cette hausse des prix continuelle commence à me faire peur. Je me demande jusqu'où ça va aller. Mais inutile de s'énerver. De toute façon, on ne nous demande pas notre avis pour les prix.
M: Je vais demander à mon mari d'augmenter enfin mon budget. Je lui dis depuis des semaines que trois cents francs par semaine, c'est insuffisant.
F: Moi, je n'ose pas. Hier, les enfants m'ont demandé d'augmenter leur argent de poche. Je leur ai répondu: «Demandez à papa.» Alors ils ont posé la question à leur père. Voilà sa réponse: «Tant qu'on ne me donne pas plus à moi, je ne peux pas vous donner plus à vous.» Bien sûr, les enfants ont protesté, mais je leur ai dit: «Ne vous en faites pas. Mon argent de poche est aussi insuffisant.»
M: Ah, ces maris! Ils n'ont aucune idée du coût de la vie.
Entre-temps, les deux femmes ont acheté toutes sortes de choses: du riz, des fruits, des légumes, du beurre, de la confiture, etc.

M: Où est la farine? Je ne la trouve pas.
F: Là-bas, à droite.
M: Ah oui, merci.
F: Moi, j'ai tout.
M: Moi aussi.
Mireille et Francine vont maintenant à la caisse.

La caissière: Attendez, je vous donne un sac en plastique.
Mireille et Francine rangent tout dans le sac en plastique. Elles font une petite pause pour reprendre haleine et échanger encore quelques nouvelles. Puis elles quittent le supermarché, se disent au revoir et se séparent.

les courses (*f*) *die Einkäufe*
le supermarché *der Supermarkt*
faire *machen, tun*
entendu *einverstanden, abgemacht*
le panier *der Korb*
longer qch *an etw. entlanggehen*
le rayon *das Regal*
tiens *sieh mal!*
le sucre *der Zucker*
l' (= le) *ihn, es*
oublier *vergessen*
la dernière fois *das letzte Mal*
me *mir, mich*
la liste *die Liste*
autrement *sonst*
inspirer *inspirieren*
fait, -e *gemacht*
le programme *das Programm*
chacun, -e *jeder*
le goût *der Geschmack*
chacun son goût *jeder nach seinem Geschmack*
coûter *kosten*
cinquante *fünfzig*
les *sie*
acheter [aʃte] *kaufen*
l'exception (*f*) *die Ausnahme*
en général *im allgemeinen*
quand même *doch, immerhin*
bon marché *billig*
par rapport à *im Vergleich zu*
l'épicier (*m*) *der Krämer*
le lait *die Milch*
la semaine passée *vergangene Woche*
vingt *zwanzig*
la hausse *der Anstieg*
le prix *der Preis*
continuel, -le *ständig*
faire peur *Angst machen*
se demander *sich fragen*
jusqu'où *bis wohin*
jusqu'où ça va aller *wohin das führen wird*
inutile *unnütz, nutzlos*
s'énerver *sich aufregen*
de toute façon *jedenfalls, wie dem auch sei*
nous *uns*
demander qch à qn *jdn um etw. fragen*
l'avis (*m*) *die Ansicht, die Meinung*
demander à qn de faire qch *jdn bitten etw. zu tun*
augmenter *erhöhen*
le budget *das Haushaltsgeld*
lui *ihm, ihr*
depuis des semaines *seit Wochen*
par *pro*
insuffisant, -e *ungenügend*
oser *wagen*
l'argent (*m*) *das Geld*
l'argent de poche *das Taschengeld*
leur *ihnen*
dites *sagt*
poser *stellen, setzen*
la question *die Frage*
le père *der Vater*
tant que *solange (wie)*
plus [plys] *mehr*
je ne peux pas *ich kann nicht*
vous *euch, Ihnen*
ne vous en faites pas *regt euch nicht auf!*
le coût de la vie *die Lebenshaltungskosten*
entre-temps *inzwischen*
toutes sortes de *alle Arten von*
la chose *die Sache, das Ding*
le riz *der Reis*
le fruit *die Frucht*
le légume *das Gemüse*
le beurre *die Butter*
la confiture *die Marmelade, die Konfitüre*
la farine *das Mehl*
la *sie*
à droite *rechts*
la caisse *die Kasse*
la caissière *die Kassiererin*
attendre *warten*
le sac en plastique *der Plastikbeutel, die Plastiktüte*
elles font *sie machen*
reprendre (konj. wie „prendre") *wieder (auf)nehmen*
reprendre haleine *Atem schöpfen*
échanger *austauschen*
la nouvelle *die Neuigkeit*
se séparer *sich trennen*

Françoise achète toujours des olives.
[frɑ̃swạːzaʃẹttuʒụːrdezɔlịːv]

En général, le supermarché est bon marché.
[ɑ̃ʒenerạl|ləsypɛrmarʃẹɛbɔ̃marʃẹ]

exception [ɛksɛpsjɔ̃], attention [atɑ̃sjɔ̃], intention [ɛ̃tɑ̃sjɔ̃]
je range [ʒərɑ̃ʒ], je longe [ʒəlɔ̃ʒ], j’achète toujours [ʒaʃɛttuʒuːr]
nous disons [nudisɔ̃], nous faisons [nufəzɔ̃], les olives [lezɔliːv]
insuffisant [ɛ̃syfizɑ̃]

Grammatik

Das Personalpronomen als Objekt 9C₁

direktes Objekt (Akkusativ): trouver qn (ou: qch)			
On **me** trouve.	*mich*	On **nous** trouve.	*uns*
On **te** trouve.	*dich*	On **vous** trouve.	*euch, Sie*
On **le** trouve.	*ihn, es*	On **les** trouve.	*sie*
On **la** trouve.	*sie*		
indirektes Objekt (Dativ): dire à qn			
On **me** dit ça.	*mir*	On **nous** dit ça.	*uns*
On **te** dit ça.	*dir*	On **vous** dit ça.	*euch, Ihnen*
On **lui** dit ça.	*ihm, ihr*	On **leur** dit ça.	*ihnen*
Reflexivpronomen: se regarder			
Je **me** regarde.	*mich*	Nous **nous** regardons.	*uns*
Tu **te** regardes.	*dich*	Vous **vous** regardez.	*euch, sich*
Il **se** regarde.	*sich*	Ils **se** regardent.	*sich*
Elle **se** regarde.	*sich*	Elles **se** regardent.	*sich*
On **se** regarde.	*sich*		

a) **me, te, le, la, se** werden vor Vokal apostrophiert. Beisp.:
Je l’ai oublié.

b) Das Pronomen steht — abweichend vom Deutschen — **vor** dem Verb oder Hilfsverb. Beisp.:
Je leur demande de .... Je leur ai demandé de ....

c) In verneinten Sätzen steht *ne* **vor** dem Pronomen. Beisp.:
Il ne l’oublie pas. Il ne l’a pas oublié.

d) Die Reflexivpronomen sind im Dativ und Akkusativ gleich. Also auch wenn im Deutschen die Pronomen „mir“, „dir“ heißen, lauten sie im Französischen **me, te**.

Das betonte Personalpronomen (II) $9C_2$

moi aussi toi aussi etc.	*ich auch* *du auch* *usw.*	Das betonte Personalpronomen (siehe Kap. $5C_3$) wird auch immer dann verwendet, wenn kein Verb vorhanden ist.

Tant qu'on ne me donne pas plus à moi ... *Solange man* **mir** *nicht mehr gibt* ... Je ne peux pas vous donner plus à vous. *Ich kann* **euch** *nicht mehr geben.*	Es wird außerdem gebraucht, wenn ein unbetontes Pronomen verstärkt werden soll. (Im Deutschen mit der Stimme.)

Präsens und Partizip Perfekt der unregelmäßigen Verben $9C_3$

faire = **machen und** *dire* = **sagen**

	faire	dire
je	fais	dis
tu	fais	dis
il/elle/on	fait	dit
nous	faisons [fəzɔ̃]	disons
vous	faites	dites
ils/elles	font	disent
Part. Perfekt	fait, e	dit, e

In der weiblichen Form des Partizips Perfekt ist das **t** durch das nachfolgende **e** hörbar. Vergl.: *élégant, e* (Kap. $3C_1$).

Rektion: demander $9C_4$

demander qn	*jdn verlangen*	On demande M. Martin.
demander qch	*etw. erbitten, verlangen, beantragen*	Je demande plus d'argent.
demander qch à qn	*jdn um etw. bitten, jdn um (nach) etw. fragen*	On ne nous demande pas notre avis.
demander à qn de faire qch	*jdn bitten etw. zu tun (bzw. daß er etw. tut)*	Elle demande à son mari d'augmenter le budget.

Verschiedenes $9C_5$

a) **acheter**
In den stammbetonten Formen mit **è** [ɛ] (z. B.: *j'achète* [ʒaʃɛt]).
In den endungsbetonten Formen wie im Infinitiv mit stummem **e** (z. B.: *nous achetons* [nuzaʃtɔ̃]).

b) **Cent** erhält im Plural ein **s**, außer, es folgt eine **Zahl**. Z. B.: *cent femmes*; *deux cent*s *femmes*; *deux cent* **trente** *femmes.*

Übungen 9D

a) *Bilden Sie Fragen nach folgendem Muster:*
J'entre dans le supermarché. — Vous entrez aussi dans le supermarché?
1. Je fais des courses. 2. J'achète de la farine. 3. Je reprends haleine. 4. Je dis que c'est bon. 5. Je vais à Paris. 6. J'appelle Francine.

b) *Bilden Sie Sätze nach folgendem Muster:*
Vous allez au bord de la mer? — Moi aussi, je vais au bord de la mer.
1. Vous achetez une maison? 2. Vous demandez à votre fils de travailler plus? 3. Vous dites à votre mari que le budget est insuffisant? 4. Vous appelez le gérant? 5. Vous faites un programme?

c) *A: Antworten Sie nach folgendem Muster:*
Vous trouvez la farine? — Oui, je la trouve.
1. Vous prenez le panier? 2. Vous faites les programmes? 3. Vous fumez la cigarette? 4. Vous demandez le prix? 5. Vous appelez Jacques? 6. Vous appelez Francine et Mireille? 7. Vous achetez la maison?

B: Beantworten Sie die Fragen negativ nach dem Muster:
Vous trouvez la farine? — Non, je ne la trouve pas.

d) *A: Antworten Sie nach folgendem Muster:*
Vous donnez le pain aux enfants? — Oui, je leur donne le pain.
1. Vous dites à votre femme que j'attends? 2. Vous demandez à votre mari de vous donner du sucre? 3. Vous donnez à Francine les cent francs? 4. Vous dites à Jacques que le budget est insuffisant? 5. Vous donnez la viande à Monsieur et Madame Denier?

B: Beantworten Sie die Fragen negativ nach dem Muster:
Vous donnez le pain aux enfants? — Non, je ne leur donne pas le pain.

e) *Konjugieren Sie folgende Sätze in allen Personen:*
1. Je me demande jusqu'où ça va aller. 2. Je me dis que c'est inutile. 3. Je me prépare bien.

f) *Übersetzungsübung:*
1. Solange man mich nicht fragt, antworte ich nicht. 2. Bist du fertig? — Ich bin fertig. — Ich auch. — Du auch? 3. Hast du den Zucker? — Nein, ich habe ihn vergessen. 4. Ich habe sie (Francine et Mireille) gebeten, mir Milch zu bringen. 5. Die beiden Frauen gehen die Regale entlang. 6. Ich habe ein Programm. — Er hat keinerlei Programm. — Jeder nach seinem Geschmack. 7. Der Wein ist hier billig. Das ist eine Ausnahme. 8. Regen Sie sich nicht auf. Das Haushaltsgeld ist immer ungenügend. 9. Ich kaufe Früchte, Gemüse, Mehl und Brot. 10. Ich vergesse immer etwas. — Du auch?

Leçon dix

Übungs- und Testlektion

1. a) *Setzen Sie den bestimmten Artikel ein:*

... hôtel, ... journal, ... tiroir, ... carte, ... école, ... lycée, ... bistro, ... cigarette, ... magasin, ... robe, ... avocat, ... soleil, ... maillot de bain, ... chaise, ... farine, ... riz, ... voix, ... voyage, ... document, ... histoire, ... revendication, ... hors-d'œuvre.

Geben Sie die Bedeutung der Wörter an.

b) *Setzen Sie den unbestimmten Artikel ein:*

... usine, ... fête, ... pièce, ... vie, ... entreprise, ... couple, ... olive, ... table, ... salade, ... franc, ... exception, ... panier, ... supermarché, ... hôtel, ... bouteille, ... sardine, ... brosse à dents, ... affaire.

Geben Sie die Bedeutung der Wörter an.

c) *Setzen Sie den Teilungsartikel ein:*

... farine, ... enfants, ... pain, ... sucre, ... salade, ... poivre, ... huile, ... sel, ... eau, ... salade variée, ... heures, ... secrétaires, ... enfants.

2. a) *Bilden Sie Sätze nach folgendem Muster:*

Tu vas à Paris? — Nous allons aussi à Paris.

1. Tu es satisfait? 2. Tu achètes une maison? 3. Tu prends l'argent? 4. Tu fais des courses? 5. Tu as de l'argent? 6. Tu dis cela aux enfants? 7. Tu poses la question à papa? 8. Tu appelles Marguerite? 9. Tu finis la lettre? 10. Tu reçois un coup de téléphone?

b) *Setzen Sie folgende Sätze ins Präsens:*

1. J'ai téléphoné à Jacques. 2. Le voyage a été agréable. 3. Nous n'avons pas téléphoné à Monsieur Denier. 4. Ma mère est arrivée. 5. L'argent est rentré. 6. Nous avons fait un voyage agréable. 7. J'ai invité des amis. 8. Jacques n'a pas répondu à maman. 9. Mireille et Francine sont entrées dans le supermarché. 10. La direction n'a reçu aucune revendication.

c) *Setzen Sie folgende Sätze ins Perfekt:*

1. Mon père répond à cette femme. 2. Mireille entre dans le bistro. 3. Madame Denier fait des courses. 4. Monsieur Durand finit la lettre. 5. Je reçois un coup de téléphone. 6. Les ouvriers arrivent. 7. Les grévistes laissent les machines au repos. 8. Je présente une revendication. 9. Le garçon apporte un litre d'eau minérale. 10. Madame Martin demande à son mari d'augmenter le budget.

3. a) *Formen Sie folgende Sätze um nach dem Muster:*

Le vin est excellent. — C'est un vin excellent.

1. La voiture est bleue. 2. L'idée est bonne. 3. La jupe est élégante. 4. Le panier est petit. 5. La maison est jolie. 6. La table est grande. 7. Le foulard est beau. 8. L'Indien est nerveux. 9. Le hors-d'œuvre est exquis. 10. Le supermarché est grand.

b) *A: Geben Sie die weibliche Form an von:*

bon, parisien, joli, élégant, fait, certain, grand, exquis, bleu, excellent, dit, allé, beau, rouge.

B: Lesen Sie beide Formen laut.

4. a) *Setzen Sie folgende Sätze ins „futur proche":*

1. Mireille entre dans le supermarché. 2. Je ne réponds pas à Monsieur Martin. 3. Les ouvriers arrivent à l'usine. 4. Est-ce que vous faites des courses? 5. Mademoiselle Durand, vous finissez d'abord la lettre? 6. On attaque les visages pâles. 7. Nous demandons aux ouvriers de présenter les revendications. 8. Monsieur Martin appelle le garçon. 9. Est-ce que tu achètes les olives? 10. Le garçon apporte les hors-d'œuvre.

b) *Bilden Sie Imperative nach folgendem Muster:*

Je finis d'abord la lettre? — Oui, finissez d'abord la lettre.

1. Je prends la valise? 2. Je vais au bistro? 3. J'appelle le garçon? 4. J'interromps Monsieur Denier? 5. Je donne le journal à Jacques? 6. Je fais les courses? 7. J'achète la maison? 8. Je tape la lettre? 9. Je pose la question au patron? 10. J'attends devant le supermarché?

c) *Setzen Sie folgende Sätze in die verneinte Form:*

1. L'argent de poche est insuffisant. 2. J'ai oublié le sel. 3. Je présente la revendication aux directeurs. 4. Est-ce que vous avez trouvé le foulard? 5. Est-ce que Madame Martin assaisonne la salade? 6. Tu as entendu la voix? 7. Le gérant présente la revendication. 8. Est-ce que la voiture est arrivée? 9. J'ai trouvé la maison. 10. Jacques va finir la réponse.

5. a) *Beantworten Sie die Fragen nach folgenden Mustern:*

Tu as trouvé le riz? — Oui, je l'ai trouvé.

Vous apportez le hors-d'œuvre? — Oui, je l'apporte.

1. Tu as fini le poisson? 2. Vous avez demandé à votre femme? 3. Vous aimez le riz? 4. Tu réponds à ton mari? 5. Vous demandez aux enfants? 6. Tu as répondu à Francine? 7. Vous prenez la viande? 8. Tu as préparé le jambon? 9. Tu paies les trois cents francs? 10. Vous avez reçu le coup de téléphone?

b) *Bilden Sie Sätze nach dem Muster:*

Vous achetez la maison? — Cette maison? — Oui, cette maison.

1. Vous prenez la salade? 2. Vous finissez les lettres? 3. Vous avez fait le

programme? 4. Vous passez la robe? 5. Vous appelez le garçon? 6. Vous achetez l'usine? 7. Vous rangez les valises? 8. Vous appelez l'ouvrier? 9. Vous présentez les revendications? 10. Vous demandez à la femme?

c) *Konjugieren Sie folgende Sätze durch alle Personen, wobei Sie das Possessivpronomen jeweils auf das Subjekt beziehen:*

1. J'ai trouvé ma voiture. 2. Je mange mon poisson. 3. Je présente mes revendications.

6. *Übersetzungsübungen:*

a) 1. Herr und Frau Martin sind [seit gestern] ② [in Paris] ①. Sie besuchen den Louvre und den Triumphbogen. 2. Meine Tochter arbeitet bei Renault. Mein Sohn bereitet das Abitur vor. Sie arbeiten viel. 3. Dieses Kleid ist sicher Ihre Größe. Es ist sehr elegant. Es hat Taschen. 4. Ich finde die Campingstühle und den Kocher nicht. Wo ist mein Badeanzug? Jacques, bist du fertig? Christine ist so nervös. 5. Dieser Junge ist mein Cousin. Er erzählt immer meine Streiche (Taten) seiner Mutter. 6. Guten Tag Mireille. Meine Reise ist angenehm gewesen. Hat Herr Durand telefoniert? (mit: *est-ce que*) — Sehr gut. 7. [In einem Unternehmen] ③ [der Gegend von Paris] ④ [bricht] ② [ein Streik] ① aus. Die Arbeiter sind alle da, aber niemand arbeitet. 8. Der Ober bringt die Vorspeise: Salate, Brot, Oliven und Schinken. Er bringt auch Essig und Öl. Er hat das Salz und den Pfeffer vergessen. 9. Die Milch kostet nun zwei Francs fünfzig. Dieser ständige Preisanstieg macht mir Angst. 10. Herr und Frau Durand tauschen einige Neuigkeiten aus. Herr Durand sagt zu seiner Frau: „Francine, (der) Käse ist jetzt billig. Kaufe bitte viel Schweizerkäse und ein wenig Camembert."

b) Jacques und Eve sind [seit drei Tagen] ② [in Lyon] ①. Sie wohnen in einem großen Hotel in der Nähe eines (von einem) guten Restaurants. Jeden Abend betreten sie das Restaurant, nehmen an einem Tisch für zwei Personen Platz und rufen den Ober. Sie essen jeden Tag mit viel Appetit. Nach zwei Stunden verlassen sie das Restaurant und betrachten ein wenig die Schaufenster der Stadt. Jacques raucht noch eine oder zwei Zigaretten. Dann kehren sie zu (*à*) dem Hotel zurück. Jacques und Eve werden (*futur proche*) zwei Wochen in Lyon bleiben.

Leçon onze

La maladie de Monsieur Bériot **11A**

Monsieur Bériot et sa femme Simone arrivent à midi à Deauville. Ils se rendent immédiatement à l'hôtel du Lion où ils ont fait réserver une chambre avec vue sur la mer. Ils prennent le déjeuner à l'hôtel, mais M. Bériot mange sans appétit.
Mme B.: Tu n'as pas faim, chéri?
M. B.: Si, j'ai faim, mais je ne me sens pas bien. J'ai mal au ventre.
Mme B.: Zut! Nos vacances commencent mal. Monte donc dans notre chambre pour te reposer. C'est peut-être le voyage. Il a été bien fatigant. Monsieur Bériot monte dans sa chambre, se laisse tomber sur son lit et essaie de dormir un peu. Mais au bout d'une demi-heure, il se sent vraiment malade et demande à sa femme de faire appeler le médecin.
Le docteur Chazal arrive une heure plus tard.

D. Ch.: Depuis quand est-ce que vous vous sentez malade?

M. B.: Depuis deux heures à peu près. Ça a commencé pendant le déjeuner.

D. Ch.: Vous n'avez pas de douleurs?

M. B.: Si, j'ai mal au ventre.

D. Ch.: C'est le ventre ou l'estomac?

M. B.: Plutôt le ventre.

D. Ch.: Vous avez vomi?

M. B.: Non, mais j'ai envie de vomir depuis une demi-heure.

D. Ch.: Vous avez pris votre température?

M. B.: Oui, j'ai 37,9.

D. Ch.: Bon! C'est sans doute une légère grippe intestinale. Je vous laisse quelques comprimés pour tranquilliser votre appareil digestif. Ensuite je vous fais une ordonnance pour des suppositoires. Comme ça, vous pourrez dormir la nuit.
Le docteur Chazal se tourne vers Mme Bériot: Madame, est-ce que vous pouvez aller à la pharmacie? C'est à deux pas d'ici.

Mme B.: Bien sûr.

M. B.: Est-ce que la fenêtre peut rester ouverte?

D. Ch.: Naturellement. On respire mieux à l'air frais. Ouvrez aussi l'autre si ça vous fait du bien. — Je repasserai ce soir vers sept heures.

M. B.: Merci. Ecoutez, docteur, ça va durer longtemps, cette grippe?

D. Ch.: Je ne pense pas. Essayez de dormir un peu. Alors, au revoir, Monsieur Bériot. A ce soir!

M. B.: Au revoir, docteur. Et merci mille fois.

la maladie *die Krankheit*
à midi *mittags*
Deauville *Fremdenverkehrsort in der Normandie*
se rendre à *sich begeben zu (in)*
le lion *der Löwe*
faire réserver *reservieren lassen*
la vue *die Sicht, der Blick*
le déjeuner *das Mittagessen*
si *doch*
la faim *der Hunger*
avoir faim *Hunger haben*
chéri *Liebling*
se sentir *sich fühlen*
bien *wohl, gut, sehr*
le ventre *der Bauch*
j'ai mal au ventre *ich habe Bauchschmerzen*
zut *verflixt*
mal *schlecht (Adverb)*
donc *doch*
se reposer *sich ausruhen*
fatigant, -e *ermüdend*
tomber *fallen*
le lit *das Bett*
dormir *schlafen*
vraiment *wirklich*
malade *krank*

le médecin *der Arzt*
le docteur *der Doktor*
tard *spät*
plus tard *später*
quand *wann*
à peu près *in etwa*
la douleur *der Schmerz*
l'estomac (*m*) *der Magen*
plutôt *eher, vielmehr*
vomir *sich erbrechen*
avoir envie de *Lust haben zu; hier: nahe dran sein zu*
pris, -e (*Part. Perf. zu* prendre) *genommen*
la température *die Temperatur*
37,9 (= trente-sept/neuf) *37,9*
sans doute *wahrscheinlich*
léger, légère *leicht*
la grippe *die Grippe*
intestinal *Darm-*
le comprimé *die Tablette*
tranquilliser *beruhigen*
l'appareil digestif (*m*) *der Verdauungsapparat*
une ordonnance *ein Rezept*
le suppositoire *das Zäpfchen*
comme ça *so, damit, derart*

vous pourrez dormir *sie werden schlafen können*
la nuit *1. die Nacht 2. während der Nacht*
se tourner vers *sich drehen zu*
vous pouvez ...? *können Sie ...?*
la pharmacie *die Apotheke*
à deux pas de *zwei Schritt von*
la fenêtre *das Fenster*
peut *kann*
ouvert, -e *geöffnet*
naturellement *natürlich*
respirer *atmen*
mieux *besser (Adverb)*
l'air (*m*) *die Luft*
frais, fraîche *frisch*
ouvrir *öffnen*
si *wenn*
faire du bien *guttun*
je repasserai *ich werde nochmal vorbeikommen*
ce soir *heute abend*
vers *gegen*
durer *dauern*
longtemps *lange (Adverb)*
penser *denken*
à ce soir *bis heute abend*
mille fois merci *tausend Dank*

Grammatik

Präsens und Partizip Perfekt der Verben auf -ir ohne Stammerweiterung **$11B_1$**

	sentir	Die 6 Verben auf **-ir**
je	sen **s**	*sentir* = fühlen
tu	sen **s**	*sortir* = weg-, ausgehen
il/elle/on	sen **t**	*servir* = (be)dienen, auftragen
nous	sent**ons**	*mentir* = lügen
vous	sent**ez**	*partir* = wegfahren, abreisen
ils/elles	sent**ent**	*dormir* = schlafen
Part. Perf.	sent**i, -e**	werden ohne Stammerweiterung konjugiert. Im Singular entfällt der letzte Konsonant des Stammes.

Präsens und Partizip Perfekt der Verben auf -rir **$11B_2$**

	ouvrir	
j'	ouvre	Verben auf **-rir** werden mit den Endungen der Verben auf **-er** (z. B.: *travailler*; siehe Kap. $2C_2$) und ohne Stammerweiterung konjugiert. Das Part. Perf. hat die Endung **-ert**, weiblich **-erte** (hörbares **t** !).
tu	ouvres	
il/elle/on	ouvre	
nous	ouvr**ons**	Zu dieser Gruppe gehören u. a.:
vous	ouvr**ez**	*souffrir* = (er)leiden
ils/elles	ouvr**ent**	*offrir* = (an)bieten
Part. Perf.	ouv**ert, -e**	

Präsens und Partizip Perfekt des unregelmäßigen Verbs **$11B_3$**
pouvoir = **können**

je	peux [pø]	nous	pouvons	[puvɔ̃]
tu	peux [pø]	vous	pouvez	[puve]
il/elle/on	peut [pø]	ils/elles	peuvent	[pœ:v]
Part. Perf.	pu [py]			

faire } + **Infinitiv**
laisser } **$11B_4$**

faire réserver une chambre faire appeler le médecin	**faire + Infinitiv** Bedeutung: veranlassen Übersetzung: meist nur „lassen"
se laisser tomber sur le lit laisser dormir qn	**laisser + Infinitiv** Bedeutung: zulassen, erlauben Übersetzung: meist auch nur „lassen"

faire du bien avoir des douleurs	= *guttun* = *Schmerzen haben*	**Teilungsartikel**: nicht nur bei Konkreten (*du beurre*), auch bei Abstrakten
pas de douleurs pas d'argent rien d'élégant	= *keine Schmerzen* = *kein Geld* = *nichts Elegantes*	**nur „de"**: Verneinung gilt hier als Mengenbegriff (siehe Kap. $8C_1$).
avoir faim avoir peur avoir envie avoir mal au ventre	= *Hunger haben* = *Angst haben* = *Lust haben* = *Bauchschmerzen haben*	in verschiedenen Redewendungen fehlt der Teilungsartikel
pour des suppositoires avec de l'argent sans appétit en vacances avec peur avec du beurre	= *für Zäpfchen* = *mit Geld* = *ohne Appetit* = *in Ferien* = *mit Angst* = *mit Butter*	**nach Präpositionen** steht der Teilungsartikel, außer bei **sans** und **en** Sonderfall **avec**: — mit Abstraktem: *ohne* Teilungsartikel — mit Konkretem: *mit* Teilungsartikel

Verschiedenes **$11B_6$**

a) Das prädikative Adjektiv muß nicht immer mit **être** = „sein" verbunden werden: *La fenêtre* **reste** *ouverte*.
Die Veränderlichkeit des Adjektivs bleibt dabei wie bei **être** erhalten.

b) Zu beachten sind die unterschiedlichen männlichen und weiblichen Formen bei:
frais [frɛ], *fraîche* [frɛʃ] und *léger* [leʒe], *légère* [leʒɛːr].

c) Bei den abgeleiteten Adverbien entfällt das **e** der weiblichen Adjektivform, wenn das Adjektiv auf einen betonten Vokal endet:

männl. Adj.	weibl. Adj.	Adverb
vrai	*vraie*	*vraiment*

Übungen **11C**

a) 1. *Geben Sie das Partizip Perfekt folgender Verben an:*

sentir, finir, ouvrir, recevoir, trouver, penser, faire, prendre, arriver, entendre, offrir, dormir, servir

2. *Geben Sie die 3. Person Singular Präsens an von:*
sortir, taper, téléphoner, souffrir, recevoir, aller, dire, pouvoir, mentir, ouvrir, prendre, faire, attaquer
3. *Geben Sie die 2. Person Plural Präsens an von:*
prendre, sentir, finir, offrir, attaquer, dire, aller, recevoir, pouvoir, faire, servir

b) *Antworten Sie verneinend nach dem Muster:*

Vous sortez? — Non, je ne sors pas.
1. Vous allez à Paris? 2. Vous pouvez aller à la pharmacie? 3. Vous mentez? 4. Vous souffrez? 5. Vous attaquez? 6. Vous partez? 7. Vous prenez le comprimé? 8. Vous téléphonez? 9. Vous vous rendez à l'hôtel? 10. Vous avez mal au ventre?

c) *Füllen Sie — wenn nötig — die Lücken:*

1. Madame Bériot a beaucoup ... appétit. 2. Est-ce que vous avez ... peur? 3. Ma femme mange avec ... appétit. 4. J'ai acheté un litre ... lait. 5. Le médecin fait une ordonnance pour ... comprimés. 6. Les Bériot sont en ... ville. 7. J'ai ... faim. Tu as ... faim, toi aussi? 8. Il mange ... pain avec ... beurre. 9. Mon mari n'a pas ... argent. 10. Mon mari n'a pas ... faim.

d) *Gleiche Übung wie c):*

1. Vous avez ... envie de manger quelque chose? 2. Prenez ... farine, ... beurre et ... sucre. 3. Cette robe n'a rien ... élégant. 4. L'air frais me fait ... bien. 5. La grève finit sans ... revendications. 6. J'ai acheté cinquante ... cigarettes. 7. Il est arrivé sans ... valises. 8. Vous avez acheté ... viande? 9. J'ai certains ... vins. 10. Ne faites pas ... histoires.

e) *Übersetzungsübung:*

1. Haben Sie frisches Wasser? 2. Herr Bériot läßt sich auf einen Campingstuhl fallen. 3. Kannst du zur Apotheke gehen? 4. Herr Bériot fühlt sich krank. — Ist er wirklich krank? 5. Seit wann sind Sie in Paris? — Seit zwei Wochen. 6. Die Tür kann offen bleiben. Das tut gut. 7. Haben Sie eine Tablette für mich? 8. Ich habe keine Schmerzen. 9. [Seit] ① [ungefähr] ③ [zwei Stunden] ② fühle ich mich krank. 10. Herr Bériot wendet sich seiner Frau zu und sagt: „Wird es (das) lange dauern" (*futur proche*)? 11. Ich habe ein Zimmer bestellen lassen. 12. Gehen Sie auf Ihr Zimmer!

Leçon douze

Gaston aime parler politique **12A**

Gaston Leloir est contremaître chez Renault. Il s'intéresse beaucoup à tous les problèmes de politique. A midi, il rencontre souvent au restaurant de l'usine Marcel Gardé, un agent de maîtrise qui aime aussi parler politique. Une vive discussion s'engage donc presque chaque jour pendant le déjeuner.

— Le voyage que le président de la République effectuera la semaine prochaine en Afrique ne servira qu'à dépenser notre argent.

— Ah! Ne dis pas ça. Ça sera quand même utile. L'autre jour, j'ai lu dans «France-Soir» qu'une bonne partie des produits que nous exportons va en Afrique et que les importations de matières premières en provenance des Etats africains augmentent sans cesse.

— Je ne parle pas d'exportations et d'importations, mais de l'aide au développement. Nos politiciens profiteront de l'occasion pour distribuer nos francs à l'étranger au lieu de les utiliser pour régler les problèmes nationaux. Et nous ne recevrons rien en contrepartie de notre argent.

— Ton point de vue est trop orienté sur le présent. Il faut voir plus loin. L'aide au développement fait des Etats moins développés des partenaires commerciaux plus puissants. Cela aura pour conséquence que les échanges avec ces Etats augmenteront. Un accroissement du commerce extérieur encouragera l'économie nationale et augmentera la prospérité de ...

— ... de quelques gros bonnets, pas de nous deux.

— Tu n'es pas objectif. Il y aura sans doute quelques industriels qui profiteront particulièrement d'une stimulation des échanges, mais nous en bénéficierons aussi.

— Tu seras optimiste jusqu'à la fin de tes jours, hein?

— Ecoute, tu dois admettre que l'augmentation des échanges dans le Marché commun a élevé notre niveau de vie.

— Et fait augmenter les coûts et les prix!

— Tu n'es pas raisonnable aujourd'hui. Tiens, je vais t'expliquer ...

— Tu ne m'expliqueras plus rien aujourd'hui, car il est temps de retourner au boulot.

— Alors demain, je t'expliquerai tout ça.
— D'accord, mais tu ne me convaincras pas de l'utilité de ce voyage en Afrique.
— Tu es têtu, toi!
— Je suis réaliste, voilà tout.

aimer faire qch *gerne etw. tun* (= *lieben etw. zu tun*)
parler politique *über Politik reden, politisieren*
le contremaître *der Vorarbeiter*
s'intéresser à *sich interessieren für*
le problème *das Problem*
la politique *die Politik*
le restaurant de l'usine *die Werkskantine*
l'agent de maîtrise (*m*) *der Meister*
vif, -ve *heftig*
la discussion *die Debatte, die Diskussion*
s'engager *entbrennen*
donc *also, deshalb*
que *die* (*Relativpronomen*)
le président de la République *der* (*französische*) *Staatspräsident*
effectuer qch *etw. durchführen*
la semaine prochaine *nächste Woche*
en *nach*
l'Afrique (*f*) *Afrika*
servir à *dienen zu, gut sein für*
ne ... que *nur*
dépenser *ausgeben*
sera *wird sein*
utile *nützlich*
l'autre jour *neulich*
lu *gelesen*
France-Soir *französische Tageszeitung*
la partie *der Teil*
le produit *das Erzeugnis*
que *das* (*Relativpronomen*)
exporter (vers) *exportieren* (*nach*)
l'importation (*f*) *die Einfuhr*
la matière première *der Rohstoff*
en provenance de *aus* (*Herkunft*)
l'Etat (*m*) *der Staat*
africain, -e *afrikanisch*
augmenter *steigen, sich erhöhen*
sans cesse *ständig*
l'exportation (*f*) *die Ausfuhr*
l'aide (*f*) au développement *die Entwicklungshilfe*
le politicien *der Politiker*
profiter de *Nutzen ziehen aus,* (*be*)*nützen*
l'occasion (*f*) *die Gelegenheit*
distribuer *verteilen*
l'étranger (*m*) *das Ausland*
au lieu de *anstatt*
utiliser qch *etw. verwenden, benützen*
régler un problème *ein Problem lösen*
national, -e, -aux *national, innerstaatlich*
la contrepartie *die Gegenleistung*
en contrepartie de *als Gegenleistung für*
le point de vue *der Standpunkt*
orienter qch sur *etw.* (*aus-*) *richten auf*
le présent *die Gegenwart*
il faut *man muß* (= *es ist nötig*)
voir *sehen*
loin *weit*
faire qch de qn *aus jdm etw. machen*
moins *weniger*
développer *entwickeln*
le partenaire *der Partner*
commercial, -e, -aux *Handels-*
puissant *stark*
plus puissant *stärker*
aura *wird haben*
pour *als*
la conséquence *die Folge*
les échanges (*m/pl.*) *der Warenaustausch*
l'accroissement (*m*) *der Anstieg*
le commerce *der Handel*
extérieur, -e *Außen-*
encourager *fördern*
l'économie (*f*) *die Wirtschaft*
la prospérité *der Wohlstand*
le gros bonnet *das hohe Tier*
objectif, -ve *objektiv*
il y aura *es wird geben*
l'industriel (*m*) *der Industrielle*
particulièrement *besonders*
la stimulation *die Anregung*
en *davon*
bénéficier *profitieren*
tu seras *du wirst sein*
l'optimiste (*m*) *der Optimist*
jusqu'à *bis* (*zu*)
la fin *das Ende*
hein? *nicht* (*wahr*)?
tu dois (*von* devoir, *konj. wie* recevoir) *du mußt*
admettre *zugeben*
l'augmentation (*f*) *die Erhöhung*
le Marché commun *der Gemeinsame Markt*
élever *anheben*
le niveau de vie *der Lebensstandard*
les coûts (*m*) *die Kosten*
raisonnable *vernünftig*
expliquer *erklären*
ne ... plus rien *nichts mehr*
il est temps *es ist Zeit*
retourner *zurückkehren*
le boulot *die Arbeit* (*fam.*)
convaincre *überzeugen*
l'utilité (*f*) *der Nutzen*
têtu *dickköpfig*
le réaliste *der Realist*

Grammatik

Futur **12B₁**

	expliquer	**servir**	**convaincre**	**recevoir**
j(e) tu il/elle/on nous vous ils/elles	expliquer**ai** expliquer**as** expliquer**a** expliquer**ons** expliquer**ez** expliquer**ont**	servir**ai** servir**as** servir**a** servir**ons** servir**ez** servir**ont**	convaincr**ai** convaincr**as** convaincr**a** convaincr**ons** convaincr**ez** convaincr**ont**	recevr**ai** recevr**as** recevr**a** recevr**ons** recevr**ez** recevr**ont**

a) Das Futur wird durch Anhängen einer Endung gebildet, die der Präsensform von **avoir** (bzw. deren Endung) entspricht. Die Endungen des Futurs sind für alle Verben — auch die unregelmäßigen — gleich.

b) Bei den Verben auf **-er** und **-ir** wird die Futurendung an den Infinitiv angehängt.

c) Bei den Verben auf **-re** wird die Futurendung ebenfalls an den Infinitiv angehängt, wobei jedoch das Schluß-**e** des Infinitivs entfällt.

d) Bei den Verben auf **-oir** wird das Futur gebildet aus dem Infinitiv-Stamm + r + Futurendung.

e)

a v o i r		ê t r e	
j' aurai tu auras il/elle/on aura	nous aurons vous aurez ils/elles auront	je serai tu seras il/elle/on sera	nous serons vous serez ils/elles seront

f) Zum Gebrauch: Das Futur wird im Französischen konsequenter gebraucht als im Deutschen; z. B.:

Morgen erkläre ich dir das Problem.	Demain je t'expliquerai le problème. ou: Demain je vais t'expliquer le problème.
Im Deutschen häufig das Präsens für nahe Zukunft.	Im Französischen **muß** dafür das Futur oder *futur proche* stehen.

Die Relativpronomen *qui* und *que* **12B₂**

Nominativ = **qui** (wer oder was?)	Akkusativ = **que** (wen oder was?)
un contremaître **qui** aime parler politique	le voyage **que** le président effectuera
Une femme **qui** aime parler politique	la conséquence **que** cela aura
Les produits **qui** sont exportés	les produits **que** nous exportons
Le commerce **qui** augmente	Le produit **qu'**il a acheté

Qui und **que** sind unveränderliche Relativpronomen, die sowohl für Personen als auch für Sachen im Singular und Plural verwendet werden. **Que** wird vor Vokalen apostrophiert, **qui** nicht.
Zu beachten: In französischen Relativsätzen steht im allgemeinen kein Komma.

Adjektive auf *-al* **12B₃**

männl. Sing.	weibl. Sing.	männl. Plur.	weibl. Plur.
national commercial	nationale commerciale	nationaux [o] commerciaux	nationales commerciales

Adjektive auf *-if* **12B₄**

männl. Sing.	weibl. Sing.	männl. Plur.	weibl. Plur.
vif [vif] objectif	vive [vi:v] objective	vifs [vif] objectifs	vives [vi:v] objectives

Verschiedenes **12B₅**

a) *parler* **de** *qch* = **von** etw. (Bestimmtem) sprechen
parler qch = **über** ein allgemeines Thema sprechen

b) *aimer faire qch:* Wie im Deutschen bei den Verben *können*, *wollen* usw. gibt es auch im Französischen den Infinitiv-Anschluß ohne Präposition.

c) *Nous allons tous bien.* [tus] = alle (ohne folgendes Substantiv)
Tous les problèmes [tu] = alle (mit folgendem Substantiv)

d) **République** wird groß geschrieben, wenn ein bestimmtes Land gemeint ist.
Etat wird groß geschrieben, wenn es „Staat" bedeutet; **état** klein geschrieben bedeutet „Zustand".

Übungen **12C**

a) *Setzen Sie vor folgende Sätze „La semaine prochaine" und die Sätze selbst ins Futur:*

1. Le président de la République effectue un voyage en Afrique. 2. Ce voyage est utile. 3. Un contremaître et un agent de maîtrise se rencontrent dans un bistro. 4. Je t'explique le problème des exportations. 5. Gaston reçoit une lettre de Monsieur Denier. 6. Mon mari répond à la lettre. 7. Une vive discussion s'engage. 8. Je parle de l'aide au développement. 9. Je te convaincs de l'utilité de ce voyage. 10. Marcel Gardé est à Paris. 11. Nous sommes en vacances. 12. Nous avons une belle voiture.

b) *Setzen Sie folgende Sätze aus dem „futur proche" ins Futur:*

1. Nous allons arriver à midi à Deauville. 2. Si tu manges cela, tu vas te sentir malade. 3. Monsieur Denier n'est pas là? — Alors, je vais attendre. 4. Les échanges vont augmenter. 5. Le président de la République va régler les problèmes nationaux. 6. Nous allons profiter de ce voyage. 7. La semaine prochaine, une grève va éclater. 8. Vous allez prendre contact avec la direction? 9. Je vais t'expliquer la situation. 10. Vous allez recevoir ma réponse ce soir. 11. Une discussion va s'engager.

c) 1. *Setzen Sie die Singularformen in die entsprechende Person des Plurals und umgekehrt:*

nous commanderons, tu demanderas, je répondrai, ils prépareront, elle sortira, il ouvrira, vous partirez, elles trouveront, nous mangerons, tu continueras, elle mentira, elles recevront, j'étudierai, il offrira, nous ouvrirons.

2. *Setzen Sie die Futurformen aus Übung c/1 ins „futur proche".*

d) *Setzen Sie „qui" oder „que" ein:*

1. Le voyage ... le président de la République effectuera sera utile. 2. L'agent de maîtrise ... j'ai trouvé travaille bien. 3. C'est une histoire ... me fait peur. 4. Je parle des conséquences ... ce voyage aura. 5. Je n'aime pas les personnes ... parlent toujours politique. 6. Les exportations ... sont effectuées par Monsieur Gardé augmentent sans cesse. 7. Marguerite Leloir est une femme ... aime parler politique. 8. L'analyse ... il effectue pour Monsieur Leloir sera sans doute intéressante. 9. La direction ... a pris contact avec les grévistes est étonnée. 10. Le foulard ... j'ai acheté est très élégant.

e) *Übersetzungsübung:*

1. Wir werden zunächst die nationalen Probleme lösen und dann von der Entwicklungshilfe sprechen. 2. Er spricht gerne über Autos. 3. Unsere Handelspartner brauchen Entwicklungshilfe. 4. Ein guter Teil unserer Exporte geht nach Afrika. 5. Wir interessieren uns für alle Probleme des Handels. 6. Der französische Staatspräsident wird die Gelegenheit benützen, (um) eine Reise zu unternehmen. 7. Wir exportieren viele Erzeugnisse nach Afrika. 8. Ich werde immer (ein) Realist bleiben. 9. Der Warenaustausch wird unseren Wohlstand anheben. 10. Sie werden mich nicht vom Nutzen dieser Diskussion überzeugen. 11. Du mußt (doch) zugeben, daß Gaston dickköpfig ist. 12. Wir werden von einer Erhöhung der Exporte profitieren.

Leçon treize

Les sports **13A**

A la fin de l'année scolaire, Monsieur Chaval, le plus âgé des professeurs d'éducation physique du collège Louis-Philippe, fait, devant les membres du conseil des parents d'élèves, un rapport sur la situation du sport au collège:

«Mesdames et Messieurs,

Au cours de l'année passée, l'athlétisme a évolué de manière très satisfaisante grâce à l'acquisition du nouveau terrain de sport, rue du quatorze juillet. La récente fête sportive municipale est la preuve concluante d'une meilleure préparation physique de nos élèves. Je me permets de vous rappeler que nous avons remporté onze des seize épreuves disputées. Il faut citer avant tout nos exploits au 100 mètres et dans le saut en hauteur, où nous avons gagné les trois premières places. Julien Leclerc, le meilleur de nos sprinters, a fait les 100 mètres en 10 secondes 9/10. On peut dire que c'est là un résultat sensationnel. Dans le saut en longueur, nous avons gagné la première, la troisième et la quatrième places; et la deuxième place de notre équipe de football représente aussi une belle performance.

Quant à la natation, je ne peux malheureusement mentionner aucune amélioration de la situation. Tant que la municipalité ne fera pas construire une piscine dans notre quartier, la situation restera inchangée.

Maintenant, je voudrais dire quelques mots au sujet des sports d'hiver. En février dernier, nous avons fait pour la première fois l'essai de passer une semaine dans les Alpes avec les classes du deuxième cycle. Malheureusement, le séjour de nos cent soixante-dix élèves a été mal organisé. Mais presque tous les élèves veulent continuer à faire du ski. C'est pour cette raison que nous voulons répéter cet essai. J'ai demandé à mon jeune collègue, Monsieur Barotti, de se rendre à Grenoble pour s'occuper personnellement de l'organisation du séjour. J'espère que les prochaines vacances seront alors mieux organisées.

Mesdames, Messieurs, je vous remercie de votre attention. Si vous désirez poser des questions concernant les sports dans notre collège, je suis à votre entière disposition.»

le sport *der Sport*
l'année scolaire (*f*) *das Schuljahr*
âgé *alt*
le plus âgé *der älteste*
le professeur d'éducation physique *der Turnlehrer*
le collège *das* (*städtische*) *Gymnasium*
le membre *das Mitglied*
le conseil des parents d'élèves *der Elternbeirat*
le rapport *der Bericht*
Mesdames et Messieurs, *Meine Damen und Herren!*
au cours de *im Lauf* (+ *Gen.*)
l'année passée (*f*) *das vergangene Jahr*
l'athlétisme (*m*) *die Leichtathletik*
évoluer *sich entwickeln*
de manière satisfaisante *zur Zufriedenheit*
grâce à *dank* (+ *Gen.*)
l'acquisition (*f*) *der Erwerb*
nouveau (*Veränderlichkeit wie* beau) *neu*
le terrain de sport *der Sportplatz*
quatorze *vierzehn*
juillet *Juli*
récent, -e *kürzlich*
sportif, -ve *Sport-*
municipal, -e *städtisch, Stadt-*
la preuve *der Beweis*
concluant, -e *schlüssig*
meilleur, -e *besser, -er, -e, -es*
la préparation *die Vorbereitung*
physique *körperlich*
l'élève (*m*) *der Schüler*
je me permets de ... *ich erlaube mir ... zu*
rappeler qch à qn *jdn an etw. erinnern*
remporter qch *etw. gewinnen, davontragen*
onze *elf*
seize *sechzehn*
l'épreuve (*f*) *der Wettkampf*
disputer *austragen*
citer *nennen*
avant tout *vor allem*
le mètre *der Meter*
en *auf*
le saut en hauteur *der Hochsprung*
gagner *gewinnen*
premier, -ère *erster, -e, -es*
la place *der Platz*
le sprinter *der Sprinter*
dix *zehn*
la seconde *die Sekunde*
9/10 (= neuf dixièmes) *neun Zehntel*
c'est là *dies ist*
sensationnel, -le *sensationell*
le saut en longueur *der Weitsprung*
troisième *dritter, -e, -es*
quatrième *vierter, -e, -es*
deuxième *zweiter, -e, -es*
l'équipe (*f*) de football *die Fußballmannschaft*
la performance *die* (*sportliche*) *Leistung*
quant à ... *was ... anbetrifft*
la natation *der Schwimmsport*
malheureusement *leider*
mentionner *erwähnen*
l'amélioration (*f*) *die Verbesserung*
la municipalité *die Stadt* (*-verwaltung*)
fera (=*Futur von* faire) *wird lassen*
construire *bauen*
la piscine *das Schwimmbad*
le quartier *das* (*Stadt-*) *Viertel*
je voudrais *ich möchte*
le mot *das Wort*
au sujet de *in Bezug auf*
le sport d'hiver *der Wintersport*
en février dernier *im letzten Februar*
pour la première fois *zum ersten Mal*
l'essai (*m*) *der Versuch*
passer *verbringen*
les Alpes *die Alpen*
la classe *die Klasse*
le deuxième cycle *etwa: die Oberstufe*
le séjour *der Aufenthalt*
cent soixante-dix *einhundertsechzig*
organiser *organisieren*
ils veulent *sie wollen*
faire du ski *Ski fahren*
c'est pour cette raison *aus diesem Grund*
nous voulons *wir wollen*
répéter *wiederholen*
jeune *jung*
le collègue *der Kollege*
s'occuper de qch *sich um etw. kümmern*
personnellement *persönlich*
l'organisation (*f*) *die Organisation*
espérer *hoffen*
prochain, -e *nächster, -e, -es*
remercier qn de qch *jdm für etw. danken*
concernant *betreffend*
entier, -ère *vollständig*
la disposition *die Verfügung*

Grammatik

Die Grundzahlen bis 100 **13B$_1$**

1 un	[œ̃], une [yn]	14 quatorze	[katɔrz]	70 soixante-dix
2 deux	[dø]	15 quinze	[kɛ̃:z]	71 soixante et onze
3 trois	[trwa]	16 seize	[sɛ:z]	72 soixante-douze
4 quatre	[katr]	17 dix-sept	[disɛt]	79 soixante-dix-neuf
5 cinq	[sɛ̃k]	18 dix-huit	[dizɥit]	80 quatre-vingts
6 six	[sis]	19 dix-neuf	[diznœf]	81 quatre-vingt-un
7 sept	[sɛt]	20 vingt	[vɛ̃]	82 quatre-vingt-deux
8 huit	[ɥit]	21 vingt et un	[vɛ̃teœ̃]	89 quatre-vingt-neuf
9 neuf	[nœf]	22 vingt-deux	[vɛ̃tdø]	90 quatre-vingt-dix
10 dix	[dis]	30 trente	[trɑ̃t]	91 quatre-vingt-onze
11 onze	[ɔ̃:z]	40 quarante	[karɑ̃t]	92 quatre-vingt-douze
12 douze	[du:z]	50 cinquante	[sɛ̃kɑ̃t]	99 quatre-vingt-dix-neuf
13 treize	[trɛ:z]	60 soixante	[swasɑ̃t]	100 cent [sɑ̃]

Bei **cinq**, **six**, **huit** und **dix** ist der Endkonsonant

— **stumm**, wenn ein Substantiv folgt, das mit Konsonant beginnt, z. B.: *dix personnes*

— **hörbar**, wenn kein Substantiv folgt oder wenn ein Substantiv folgt, das mit Vokal beginnt. Im letzteren Fall wird das **x** von **six** und **dix** stimmhaft [z] hinübergebunden.
z. B.: *cinq enfants* [sɛ̃kɑ̃fɑ̃], *dix élèves* [dizelɛ:v]

Bei **deux** und **trois** wird der Endkonsonant stimmhaft [z] zu einem folgenden Wort hinübergebunden, wenn dieses mit einem Vokal beginnt. Ansonsten ist der Endkonsonant nicht hörbar.
Quatre-vingts verliert sein **s**, wenn eine weitere Zahl folgt.

Die Ordnungszahlen **13B$_2$**

1er	le premier	4^{e}	le/la quatrième
1re	la première	17^{e}	le/la dix-septième
2^{e}	le/la deuxième	23^{e}	le/la vingt-troisième
3^{e}	le/la troisième	71^{e}	le/la soixante et onzième

Nur der/die 1. hat eine männliche und eine weibliche Form. Die übrigen Ordnungszahlen hängen einfach **-ième** an. Dabei entfällt ein eventuell vorhandenes Endungs-**e** der Grundzahlen. Bei 5e = **cinquième** wird ein **u** eingeschoben.
In Ziffern ausgedrückt erhält die Ordnungszahl als Kennzeichen den hochgestellten letzten Buchstaben (bzw. beim 1. = $1^{\text{er}}/1^{\text{re}}$).
Auch die Bruchzahlen werden mit der Form der Ordnungszahlen gebildet, z. B.: *neuf dixièmes*.

Die Steigerung des Adjektivs **13B₃**

	Positiv	Komparativ	Superlativ
regelmäßige St. nach „oben“	âgé	plus âgé (que)	le plus âgé
regelmäßige St. nach „unten“	âgé	moins âgé (que)	le moins âgé
unregelm. St. bei **bon**	bon	meilleur (que)	le meilleur

Der Superlativ bedeutet „der älteste“ oder „am ältesten“.

Natürlich können alle Formen auch weiblich sein und im Plural stehen: *Elle est* **la** *plus âgé***e**. *Ils sont* **les** *moins âgé***s**.

Wird der Komparativ weitergeführt, so erfolgt der Anschluß mit **que** (deutsch „als“): *Gérard est plus âgé que Jacques.*

Die Steigerung des Adverbs **13B₄**

	Positiv	Komparativ	Superlativ
regelmäßige St. nach „oben“	mal	plus mal (que)	le plus mal
regelmäßige St. nach „unten“	mal	moins mal (que)	le moins mal
unregelm. St. bei **bien**	bien	mieux (que)	le mieux

Der Komparativ-Anschluß erfolgt auch hier mit **que** = „als“: *Les prochaines vacances seront mieux organisées* **que** *les premières.*

Präsens und Partizip Perfekt des unregelmäßigen Verbs **13B₅**

vouloir = **wollen**

je	veux	nous	voulons
tu	veux	vous	voulez
il/elle/on	veut	ils/elles	veulent
Part. Perf. voulu, e			

Verschiedenes **13B₆**

a) *L'athlétisme a évolué.* = Die Leichtathletik hat **sich** entwickelt; **évoluer** ist im Gegensatz zu der deutschen Übersetzung nicht reflexiv.

b) *de manière satisfaisante* = wörtlich: auf zufriedenstellende Weise. **de manière** + Adjektiv (weibl. Form) dient im Französischen oft als Umschreibung für ein Adverb.

c) *rappeler qch à qn* = jdn an etw. erinnern (= jdm etw. ins Gedächtnis rufen). Zu beachten ist also die unterschiedliche Konstruktion. z. B.: *Je lui rappelle les vacances.* = Ich erinnere ihn an die Ferien.
Rappeler wird wie **appeler** (siehe Kap. $4C_2$) konjugiert.
remercier qn de qch = jdm für etw. danken; ebenfalls unterschiedliche Konstruktion: *Je le remercie de l'argent.* = Ich danke ihm für das Geld.

d) Adjektive auf **-el** verdoppeln in der weiblichen Form das Endungs-**l**, ohne daß sich die Aussprache dabei ändert: *sensationnel, sensationnelle.* Adjektive auf **-er** [e] haben im allgemeinen die weibliche Form auf **-ère** [ɛːr]: *dernier* [dɛrnje], *dernière* [dɛrnjɛːr].

e) **Espérer** erhält in den **stammbetonten** Formen **è** [ɛ]: *j'espère.*

f) *collège* [kɔlɛːʒ] — *collègue* [kɔlɛg]
u nach **g** wird im allgemeinen nicht gesprochen. Es dient nur dazu, den **g**-Laut [g] zu erhalten.

g) *la première, la troisième et la quatrième place***s**.
Im Französischen steht hier das Substantiv im Plural.

Übungen 13C

a) *Lesen Sie folgende Zahlen laut:*

7, 5, 2, 9, 6, 3, 8, 4, 11, 20, 50, 70, 90, 60, 40, 80, 30, 100, 21, 32, 43, 54, 65, 76, 87, 98, 61, 71, 81, 91.

b) *Lesen Sie folgende Begriffe laut:*

six élèves, huit personnes, dix enfants, six femmes, cinq cigarettes, huit foulards, cinq écharpes, dix feuilles, trois élèves, deux femmes, huit jours, deux enfants, trois poissons.

c) *Lesen Sie folgende Begriffe laut:*

la 3e place, le 2e mot, le 5e enfant, la 7e cigarette, le 1er poisson, la 12e maison, la 2e tranche, le 1er dîner, le 18e document, la 23e minute, la 68e femme.

d) *Steigern Sie folgende Sätze nach dem Muster:*

Monsieur Durand est âgé, Monsieur Leloir est plus âgé que Monsieur Durand, Monsieur Leclerc est le plus âgé.
1. Mon foulard est élégant, ton foulard ..., le foulard de Catherine .... 2. Madame Durand est nerveuse, Mademoiselle Durand ..., Monsieur Durand .... 3. La robe rouge est jolie, la robe verte ..., la robe bleue .... 4. La performance de Julien est sensationnelle, l'exploit de Gérard ..., le saut en longueur de Claudine .... 5. La viande est bonne, le poisson ..., les sardines .... 6. Jacques avance lentement, Julien ..., Yves .... 7. Marie-Louise travaille bien, Marguerite ..., Eve ....

e) *A. Setzen Sie die entsprechende Form von „vouloir" ein:*

1. Je ... organiser les vacances. 2. Vous ... ouvrir le tiroir? 3. Nous ... regarder la revue automobile. 4. Marguerite et Eve ... allumer une cigarette. 5. Jacques ... apporter le hors-d'œuvre. 6. Tu ... essayer la robe? 7. Les Bériot ... passer les vacances au bord de la mer.

B. Setzen Sie die entsprechende Form von „pouvoir" ein:

1. Mon mari ne ... pas acheter la maison. 2. Je ne ... pas augmenter ton argent de poche. 3. Ma femme et moi, nous ... prendre contact avec la direction. 4. Vous ... me faire une ordonnance? 5. La direction ... arrêter l'usine. 6. Nous ... effectuer le voyage en Afrique. 7. Gaston ne ... pas trouver la lettre.

f) *Übersetzen Sie alle in den Sätzen vorkommenden Adverbien mit „de manière + Adjektiv":*

1. Herr Durand hat das Problem elegant gelöst. 2. Der Handel entwickelt sich sensationell. 3. Fräulein Bériot arbeitet zufriedenstellend (mit: *satisfaisant*). 4. Herr Meyer hat dem Arbeiter objektiv geantwortet. 5. Ich werde die Dinge objektiv erklären.

g) *Übersetzungsübung:*

1. Am Ende des Schuljahres gibt Herr Chaval immer einen Bericht über die Fußballmannschaft. 2. Ich danke dir für deinen Brief. 3. Der Handel mit den afrikanischen Staaten hat sich gut entwickelt. 4. Herr Müller erinnert mich jeden Tag an den Brief. 5. Wir werden Herrn Barotti bitten, sich nach Paris zu begeben. 6. Ich will nach Paris fahren. 7. Im Lauf der kommenden Woche werden wir euer Taschengeld erhöhen. 8. Die Mitglieder des Elternbeirats danken Herrn Chaval für seine Aufmerksamkeit. 9. Wir hoffen, daß diese Ferien besser organisiert sein werden. 10. Leider ist Herr Müller nicht zu Ihrer Verfügung. 11. Herr Chaval ist älter als sein Kollege. 12. Der Hochsprung von Julien ist eine sehr gute Leistung. 13. Hans ist besser vorbereitet als Julien, aber weniger gut als Yves. 14. Der Aufenthalt im Juni ist besser organisiert gewesen als der Aufenthalt im Februar. 15. Julien Leclerc ist mein bester Schüler.

Leçon quatorze

Salut, mon vieux! 14A

Albert Nodier roule sur l'autoroute Nice—Marseille lorsqu'il voit le panneau: «Saint-Raphaël 14 km». Le nom de cette ville lui rappelle qu'un camarade d'études y habite. Monsieur Nodier décide de quitter l'autoroute et de passer par Saint-Raphaël pour rendre visite à son camarade.

Au centre de la ville, il gare sa voiture pour prendre un café et consulter l'annuaire du téléphone:

— Medan, Médard, Médelin ... voilà! Médelon, Georges, 85, boulevard Saint-Exupéry.

Monsieur Nodier paie son café et demande au garçon:

— Dites, est-ce que vous avez un plan de la ville?

— Non, Monsieur. Où voulez-vous aller? Je connais la ville comme ma poche.

— Le boulevard Saint-Exupéry, c'est loin d'ici?

— Mais non. Voulez-vous aller à pied ou en voiture? C'est à un quart d'heure à pied.

— Alors, je vais à pied.

— Est-ce que vous connaissez un peu la ville?

— Non, pas du tout.

— Alors, regardez. Voyez-vous cette tour là-bas? C'est l'église «Notre Dame de la Victoire». Vous allez jusqu'à cette église. Puis vous tournez à droite et montez la rue Jean Aicard. Au bout de la rue, vous tournez de nouveau à droite et peu après à gauche. C'est l'avenue Paul Doumer. Vous traversez le chemin de fer et tombez juste sur le boulevard de Nice qui vous mène directement au boulevard Saint-Exupéry.

— Ah, c'est compliqué. Pouvez-vous répéter, s'il vous plaît?

Le garçon répète encore une fois, Monsieur Nodier lui donne un bon pourboire, et grâce à la description détaillée du garçon, il arrive bientôt chez son ami.

— Salut, mon vieux. Tu me reconnais?

— Mais oui! Albert, vieux pote. D'où viens-tu? Entre. Tu es seul? Ta femme n'est pas venue avec toi?

— Non, je viens de Nice. Je fais un voyage d'affaires.

— Tu as bonne mine. Tu vas donc bien? Et ta famille, comment va-t-elle?

— Très bien.
— Et tes jumeaux, ils poussent?
— Et comment! Ils m'arrivent déjà à l'épaule.
La conversation continue ainsi, jusqu'au moment où Monsieur Nodier, au grand regret de son ami, doit repartir.

mon vieux *mein Lieber* (*wörtlich: mein Alter*)
rouler *fahren*
l'autoroute (*f*) *die Autobahn*
Nice *Nizza*
le panneau *das Schild*
km (= kilomètres) *km* (= *Kilometer*)
le camarade *der Kamerad*
les études (*f*) *das Studium*
y *da, dort*
passer par *fahren durch*
rendre visite à qn *jdn besuchen*
le centre *das Zentrum*
garer *abstellen, parken*
consulter qch *nachschlagen in etw.*
l'annuaire (*m*) du téléphone *das Telefonbuch*
Saint-Exupéry *franz. Flieger und Schriftsteller* (*1900—1944*)
le plan de la ville *der Stadtplan*
connaître *kennen*
connaître qch comme sa poche *etw. wie seine Westentasche kennen*
à pied *zu Fuß*
en voiture *mit dem Wagen*
c'est à ... *das ist ...* (+ *Zeit- oder Streckenangabe*)
pas du tout *überhaupt nicht*
la tour *der Turm*
l'église (*f*) *die Kirche*
Notre Dame de la Victoire *zur siegreichen Mutter Gottes*
tourner à *sich wenden nach*
monter *hinaufgehen*
Jean *Johann, Hans*
au bout de *am Ende von*
de nouveau *erneut, wieder*
peu après *kurz danach*
l'avenue (*f*) *die Avenue, die Straße*
traverser *überqueren*
le chemin de fer *die Eisenbahn*
tomber sur *treffen auf*
juste *gerade*(*wegs*)
mener *führen*
directement *direkt*
compliqué, -e *kompliziert*
une fois *einmal*
le pourboire *das Trinkgeld*
la description *die Beschreibung*
détaillé, -e *detailliert*
arriver à *gelangen zu*
bientôt *bald*
l'ami (*m*) *der Freund*
reconnaître *wiedererkennen*
vieux pote *altes Haus*
d'où *woher*
venir *kommen*
seul, -e *allein*
venu, -e *gekommen*
avoir bonne mine *gut* (*gesund*) *aussehen*
les jumeaux (*m*) *die* (*männlichen oder gemischten*) *Zwillinge*
pousser *wachsen*
arriver *hier: reichen*
l'épaule (*f*) *die Schulter*
arriver à l'épaule *an die Schulter reichen*
la conversation *die Unterhaltung*
ainsi *so, derart*
au moment où *zum Zeitpunkt, da* (*als*)
au grand regret de *zum großen Bedauern von*
repartir *wieder abreisen*

Grammatik

Die Frageform **14B₁**

Tu vas bien? Ils poussent? On quitte l'autoroute?	**Frage nur durch den Tonfall** Wortfolge des Aussagesatzes (vgl. Kap. 2C4). Umgangssprachlich sehr geläufige Form. Sie ist **nicht** möglich nach Fragewörtern. (*comment*, *où*, *quand*, etc.)

Est-ce que le garçon a un plan? Est-ce qu'il va à Paris? Où est-ce que vous allez?	**Frage mit „est-ce que"** Wortfolge des Aussagesatzes (vgl. Kap. 5C4). In allen Sprachebenen sehr geläufig.
Pouvez-vous répéter? Voyez-vous la tour? Où voulez-vous aller? Ne voyez-vous pas l'église? Comment va-t-elle? A-t-il une voiture?	**Einfache Frage mit Inversion** Pronomen als Subjekt, Satzstellung wie im Deutschen (Bindestrich nicht vergessen!). Verneinung: Verb + Pron. zwischen **ne ... pas.** 3. Pers. Sing.: Nach Endungs-Vokal wird ein **t** eingeschoben.
Ta famille comment va-t-elle? Ton ami où est-il? Le président dépense-t-il beaucoup d'argent?	**Absolute Frage mit Inversion** Substantiv als Subjekt, das nach dem Verb als Personalpron. wiederholt wird. Gehört mehr einer gehobenen Sprachebene an.

Präsens und Partizip Perfekt der unregelmäßigen Verben

venir = **kommen,** *voir* = **sehen,** *connaître* = **kennen** **14B2**

	venir	voir	connaître
je tu il/elle/on nous vous ils/elles	viens viens vient venons venez viennent	vois vois voit voyons voyez voient	connais connais connaît connaissons connaissez connaissent
Part. Perf.	venu, e	vu, e	connu, e
ebenso	revenir = *zurückkommen* tenir = *halten*	revoir = *wiedersehen*	reconnaître = *wiedererkennen*

Verschiedenes **14B3**

a) *visiter qch* = etw. besuchen (eine Stadt, ein Museum usw.)
rendre visite à qn = jdn besuchen

b) *tourner qch* = etw. drehen
tourner à = sich wenden nach, abbiegen (rechts oder links)
se tourner vers = sich (jdm oder etw.) zuwenden

c) *mener* und *répéter:* In den stammbetonten Formen mit **è** [ɛ] (vgl. *acheter*, Kap. 9C5).

a) *Bilden Sie aus den Aussagesätzen die möglichen drei Frageformen:*
1. Vous regardez l'église. 2. Il est venu avec toi. 3. Nous quittons l'autoroute. 4. Il décide de rendre visite à son ami. 5. Vous donnez une description détaillée. 6. Elle a une voiture rouge.

b) *Welche Fragen (mit „est-ce que") sind folgenden Antworten vorausgegangen?*
1. Je vais à Marseille. 2. Oui, nous allons tous bien. 3. Oui, je vais entrer dans le restaurant. 4. Non, l'église n'est pas loin d'ici. 5. Oui, l'analyse de marché sera finie ce soir. 6. Oui, je veux poser une question. 7. Elle va bien. 8. Non, Jean est venu avec sa femme. 9. Oui, Monsieur Nodier quitte l'autoroute. 10. Je viens de Nice. 11. Oui, le supermarché est bon marché. 12. Oui, Monsieur Nodier rend visite à son ami.

c) *Verwandeln Sie die Fragen mit „est-ce que" in Fragen mit Inversion:*
1. Est-ce qu'il est malade? 2. Est-ce que vous avez mal au ventre? 3. Est-ce que tu as envie de vomir? 4. Où est-ce que vous allez? 5. Est-ce que le président de la République dépense beaucoup d'argent? 6. Est-ce que le président est objectif? 7. Est-ce que vous pouvez retourner demain? 8. Comment est-ce qu'elles vont? 9. Est-ce qu'elle se rendra en Afrique? 10. Est-ce que le docteur Chazal arrivera après-demain?

d) 1. *Konjugieren Sie nachstehende Verben im Präsens nach folgendem Muster:* Je viens, tu fais, il trouve, elle reçoit, nous finissons, vous allez, ils sortent, elles viennent; je fais, tu trouves usw.

I	II	III
venir	dire	tenir
faire	rentrer	sentir
trouver	entendre	pouvoir
recevoir	ouvrir	offrir
finir	prendre	vouloir
aller	commander	voir
sortir	connaître	partir

Die drei Gruppen sollen nicht auf einmal gemacht werden. Diese Übung ist vor allem für die ständige Wiederholung gedacht.

2. *Geben Sie von allen Verben der Übung d/1 die Partizip Perfekt-Formen an.*

e) *Beantworten Sie die Fragen nach folgendem Muster:*
Vous connaissez la ville? — Oui, je connais la ville.
1. Est-ce que vous venez de Paris? 2. Prenez-vous du café? 3. Allez-vous répéter? 4. Voyez-vous cette tour là-bas? 5- Est-ce que vous allez à Nice? 6. Vous faites un voyage d'affaires? 7. Vous dites cela à votre femme? 8. Est-ce que vous rentrez d'un voyage? 9. Vous vous sentez malade? 10. Est-ce que vous êtes en vacances?

f) *Übersetzungsübung:*

1. Herr Nodier besucht den Louvre in Paris. Aber er besucht auch seinen Freund. 2. Bitte, wiederholen Sie die Beschreibung! 3. Wollen Sie zu Fuß nach Nizza gehen? 4. Ich kenne die Stadt nicht. Wo ist die Avenue Jean Aicard, bitte? 5. Wenn Sie sich erst nach links und dann nach rechts wenden, kommen Sie bald zu Ihrem Freund. 6. Servus, altes Haus. Du siehst gut aus. 7. Mein Sohn reicht mir schon bis an die Schulter. 8. Herr Bériot betritt das Zimmer, als es Herr Nodier verläßt. 9. Herr Nodier, sind Sie alleine? 10. Woher kommen Herr und Frau Bériot? Sie kommen direkt aus Paris.

Leçon quinze

Ma chère maman, . . . **15A**

Ma chère maman, Bordeaux, le 5 mai

Il y a trois jours, tante Hélène était de passage à Bordeaux. Elle a profité de cette occasion pour me rendre visite au collège. J'étais très heureux de la revoir.

Elle m'a dit que tu attendais avec impatience de mes nouvelles. Tu sais, nous avons eu tant de travail les deux dernières semaines que je n'ai pas eu le temps de t'écrire. De plus, le dernier week-end était consacré à un voyage d'études que je vais te raconter brièvement: Nous sommes partis en autocar samedi de bonne heure, en direction de Périgueux, où nous sommes arrivés vers une heure. Nous sommes descendus à l'auberge de jeunesse de Périgueux, et après le déjeuner, nous sommes allés aux Eyzies pour visiter quelques grottes préhistoriques et le musée de la préhistoire. Nous étions très impressionnés par les dessins et peintures sur les murs des grottes. Sais-tu que ces œuvres ont de quinze mille à soixante mille ans? Les hommes préhistoriques (à mon avis, on a tort de les appeler «primitifs») possédaient déjà une habileté étonnante dans le dessin et la peinture. Le soir, nous sommes rentrés très fatigués à l'auberge de jeunesse, de sorte que nous sommes allés au lit relativement tôt.

Dimanche matin, nous avons fait une promenade dans les environs de Périgueux. C'est un coin très joli. A deux heures, nous sommes repartis, et nous sommes arrivés le soir à Bordeaux. Je voulais t'écrire dimanche soir après le dîner, mais j'étais trop fatigué. J'espère que tu ne seras pas trop fâchée de mon silence. Je vais t'écrire de nouveau le week-end prochain.

Je t'embrasse bien fort.
Philippe

P. S. Nous ne savons pas encore quand les vacances de la Pentecôte commenceront exactement.

cher, chère *lieb, teuer*
le *den*
mai *Mai*
il y a *vor (zeitlich)*
la tante *die Tante*
Hélène *Helene*
être de passage *auf der Durchreise sein*
heureux, -se (de) *froh (darüber . . . zu)*
l'impatience *(f) die Ungeduld*
tu attends de mes nouvelles *du erwartest Nachricht von mir*
tu sais, . . . *weißt du, . . .*
tant de *soviel*
le temps (de) *die Zeit (zu)*
écrire *schreiben*
de plus *außerdem*
consacrer *widmen*
le voyage d'études *die Studienreise*
brièvement *kurz*
l'autocar *(m) der Reisebus*
en autocar *mit dem Bus*
de bonne heure *früh (am Morgen)*
en direction de *in Richtung*
Périgueux *Hauptstadt des westfranzösischen Départements „Dordogne"*
descendre *absteigen*
l'auberge *(f)* de jeunesse *die Jugendherberge*
Les Eyzies *Ort im Département „Dordogne"*
la grotte *die Höhle*
préhistorique *vorgeschichtlich*
le musée *das Museum*
la préhistoire *die Vorgeschichte*
impressionner *beeindrucken*
le dessin *die Zeichnung*
la peinture *das Gemälde, die Malerei*
sur *an*
le mur *die Mauer*
l'œuvre *(f) das Werk*
de . . . à *von . . . bis, zwischen . . . und*
l'an *(m) das Jahr*
l'homme *(m) der Mensch*
à mon avis *meiner Ansicht nach*
avoir tort (de) *unrecht haben (zu)*
primitif, -ve *primitiv*
posséder *besitzen*
l'habileté *(f) die Geschicklichkeit*
étonnant, -e *erstaunlich*
rentrer *nach Hause kommen*
fatigué, -e *müde*
de sorte que *so, daß*
relativement *relativ*
tôt *früh*
le matin *der Morgen, am Morgen*
dimanche matin *am Sonntagmorgen*
la promenade *der Spaziergang*
les environs *(m) die Umgebung*
le coin *die Ecke*
fâché, -e (de) *erbost (über)*
le silence *das Schweigen*
embrasser qn *jdn küssen*
fort *sehr*
je t'embrasse bien fort *etwa: viele liebe Grüße*
nous savons *wir wissen*
la Pentecôte *Pfingsten*
exactement *genau*

Grammatik

Imperfekt **15B1**

Formen des Imperfekts				
j'	av**ais**	nous	av**ions**	**Imperfekt-Endungen**
tu	av**ais**	vous	av**iez**	Sie sind für alle Verben — auch die
il/elle/on	av**ait**	ils/elles	av**aient**	unregelmäßigen — gleich.

nous **voulons** → je **voulais** tu **voulais** il **voulait** nous **voulions** vous **vouliez** ils **voulaient**	**Imperfekt-Stamm** Er läßt sich vom Stamm der 1. Person Plural Präsens (Indikativ) ableiten. Ausnahme: *nous sommes → j'étais tu étais, etc.*
Gebrauch von Imperfekt und Perfekt (*passé composé*)	
Imperfekt	Perfekt
Nous **étions** très étonnés. Je **voulais** t'écrire. Ils **possédaient** de l'habileté.	Nous **sommes partis** en autocar. Elle **a profité** de l'occasion. Nous **sommes rentrés** tôt.
Ausdruck von: Zustand, Eigenschaft. Der Vorgang ist zu dem Zeitpunkt in der Vergangenheit, von dem gesprochen wird, nicht abgeschlossen. Frage: Was war?	Ausdruck von: Handlung, Geschehen. Der Vorgang kann zu dem Zeitpunkt in der Vergangenheit, von dem gesprochen wird, abgeschlossen sein. Frage: Was geschah?
Zeitenfolge	
Elle m'a dit que tu attendais de mes nouvelles.	Eine Vergangenheitsform im ersten Satz bedingt eine Vergangenheitsform im zweiten Satz. (Kein Konjunktiv!)

Präsens und Partizip Perfekt des unregelmäßigen Verbs **15B₂**
savoir = **wissen**

je	sais	nous	savons
tu	sais	vous	savez
il/elle/on	sait	ils/elles	savent
Part. Perf. su, e			

an/année **15B₃**

an	année
J'ai 22 ans. = *Ich bin 22 Jahre alt.*	l'année passée = *im vergangenen Jahr* l'année scolaire = *das Schuljahr*
neutrale Zeitangabe	Betonung des Zeitraums, des Zeitablaufs

Verschiedenes 15B4

a) *cher* [ʃɛːr] } Gleiche Aussprache, unterschiedliche Schreibweise.
chère [ʃɛːr] }

b) *Bordeaux, le 5 mai* = Bordeaux, den 5. Mai
Zur Angabe des Datums wird im Französischen die Grundzahl verwendet. (Ausnahme: *le* 1er)

c) *de mes nouvelles* = Nachricht von mir
de tes nouvelles = Nachricht von dir usw.

d) *posséder:* Wie **espérer** mit **è** [ɛ] in den stammbetonten Formen.

Übungen 15C

a) 1. *Bilden Sie die 1. Person Singular und Plural Imperfekt folgender Verben: (An die Ableitung des Stammes denken!)*
prendre, finir, aller, ouvrir, recevoir, donner, dire, faire, trouver, attendre, sortir, venir, souffrir, savoir, vouloir, tenir, partir, pouvoir, connaître, voir
2. *Setzen Sie ins Imperfekt:*
nous trouvons, il veut, elle finit, vous espérez, elles reçoivent, vous entendez, ils donnent, elle prend, j'ouvre, vous offrez, je veux, tu es, nous sommes, je connais, il va, ils perdent, vous venez

b) *Beantworten Sie die Sätze nach folgendem Muster:*
Tu possèdes une voiture? — Je possédais une voiture.
1. Tu as une maison? 2. Tu es malade? 3. Tu veux aller en France? 4. Tu aimes parler politique? 5. Tu connais Jean Lebrun? 6. Tu vas toujours au bistro? 7. Tu finis en général le travail? 8. Tu es un bon sprinter? 9. Tu aimes aller à pied? 10. Tu es à ma disposition?

c) *Gleiche Übung nach folgendem Muster:*
Ce magasin de modes est bon marché? — Il était bon marché.
1. Le docteur Chazal arrive toujours à temps? 2. Monsieur Bériot a toujours faim? 3. Nos élèves sont mieux préparés? 4. Monsieur Lebrun est professeur au collège? 5. Madame Bériot s'occupe toujours du séjour? 6. Monsieur Denier donne en général un bon pourboire? 7. Votre équipe de football est bien préparée? 8. La serviette est dans le tiroir? 9. Votre fils travaille beaucoup? 10. Votre fille fume?

d) *Gleiche Übung nach folgendem Muster:*
Vous voulez répéter cet essai? — Nous voulions répéter cet essai.
1. Vous avez un plan de la ville? 2. Vous habitez rue Racine? 3. Vous êtes pressés? 4. Vous aimez parler politique? 5. Vous avez une maison? 6. Vous voulez aller en ville? 7. Vous êtes à sa disposition? 8. Vous avez toujours peur? 9. Vous êtes bien préparés? 10. Vous travaillez beaucoup?

e) *Setzen Sie das (auf das Subjekt bezogene) Possessivpronomen ein:*

1. Est-ce que tu as donné de ... nouvelles? 2. Nous allons bientôt donner de ... nouvelles. 3. Tes amis ont donné de ... nouvelles? 4. Quand est-ce que vous allez donner de ... nouvelles? 5. J'ai déjà donné de ... nouvelles.

f) *Übersetzungsübung:*

1. Im vergangenen Jahr haben wir eine Studienreise nach Périgueux gemacht. 2. Lieber Hans, wann wirst Du endlich Nachricht von Dir geben? 3. Paris, den 12. Juni. Liebe Helene! Das letzte Wochenende war einer Studienreise gewidmet. 4. Die vorgeschichtlichen Menschen besaßen eine erstaunliche Geschicklichkeit. 5. Unser Aufenthalt in Périgueux war sehr ermüdend. 6. Leider habe ich keine Zeit, dir zu antworten. 7. Vor einer Woche war Tante Eva in Bordeaux. Ich war sehr froh, sie wiederzusehen. 8. Herr Bériot hat leider soviel Arbeit, daß er nicht kommen kann. 9. Christine und Eva waren sehr glücklich in Périgueux. 10. Die Malereien waren besser als die Zeichnungen. 11. Am Montagmorgen haben wir einen Spaziergang in der Umgebung von Paris gemacht. 12. Wir hoffen, daß ihr nicht zu erbost seid.

Leçon seize

A l'auto-école **16A**

Madame Annot s'est enfin décidée à passer le permis de conduire. Un mardi matin, elle prend sa première leçon de conduite. Le moniteur lui ouvre la portière gauche et elle s'installe derrière le volant.

— Vous n'avez jamais conduit, Madame?

— Non. L'été dernier, mon mari a essayé de m'apprendre à conduire sur un petit chemin de campagne. Mais comme il n'est pas patient, il s'est fâché aussitôt de ma maladresse. Nous avons abandonné l'essai avant même de commencer à rouler.

— Mais vous connaissez la fonction des trois pédales?

— Non, j'ai tout oublié.

— Regardez. A gauche, vous avez l'embrayage, au milieu le frein et à droite l'accélérateur.

— Bien.

— Ensuite: Ce grand levier-ci, c'est le changement de vitesse. Et ce petit levier-là sert à actionner les clignotants. Maintenant les boutons, de droite à gauche: l'essuie-glace et le lave-glace, les phares et l'aérateur.

Le moniteur explique ensuite à Madame Annot comment on met le moteur en marche.

— Maintenant, appuyez sur l'embrayage, passez la première vitesse, lâchez doucement l'embrayage et appuyez en même temps légèrement sur l'accélérateur.

La voiture commence à rouler. Au premier carrefour, le moniteur freine brusquement.

— Attention! N'avez-vous pas vu ces piétons?

— Non, je ne les ai pas vus. J'ai regardé ce panneau-là et je me suis dit que . . .

— D'accord, mais n'oubliez jamais de regarder la route devant vous.

Madame Annot fait de son mieux pour respecter les instructions du moniteur. Mais au bout de quelques minutes, il doit intervenir de nouveau.

— Avez-vous oublié les instructions que je vous ai données tout à l'heure?

— Pourquoi? J'ai bien regardé la route devant moi.

— Oui, mais regardez aussi les voitures qui circulent devant vous. Vous n'avez pas vu que les feux stop de cette Peugeot se sont allumés?

— Si, je l'ai vu. Mais je me suis demandé si . . .

— Ne vous demandez rien, freinez!

Le moniteur soupire et demande à Madame Annot de redémarrer. Elle essaie, mais la voiture fait quelques bonds en avant et s'arrête.

— Quelle vitesse avez-vous passée?

— Attendez . . . , c'est la troisième.

— N'est-ce pas? Alors, passez la première et ça ira sûrement mieux!

— D'accord. — Je m'excuse. Je suis très maladroite.

— Mais non, c'est tout à fait normal. La première leçon est toujours la plus difficile.

l'auto-école (*f*) *die Fahrschule*
se décider à *sich entschließen zu*
passer *machen, ablegen*
un mardi matin *an einem Dienstag morgen*
la leçon *die Lektion*
la leçon de conduite *die Fahrstunde*
le moniteur *der Fahrlehrer*
la portière *die Fahrzeugtür*
s'installer *sich niederlassen*
derrière *hinter*
le volant *das Lenkrad*
conduire (*ein Fahrzeug*) *lenken*
l'été (*m*) *der Sommer*
l'été dernier *im vergangenen Sommer*
apprendre *lernen, beibringen*

un chemin de campagne *ein Feldweg*
comme *da, weil*
patient, -e *geduldig*
se fâcher *sich ärgern, böse werden*
aussitôt *sogleich*
la maladresse *die Ungeschicklichkeit*
abandonner *aufgeben*
avant même (de) *noch bevor*
la fonction *die Funktion*
la pédale *das Pedal*
l'embrayage (*m*) *die Kupplung*
au milieu *in der Mitte*
le frein *die Bremse*
l'accélérateur (*m*) *das Gaspedal*
le levier *der Hebel*
-ci *hier*
le changement de vitesse *die Gangschaltung*
la vitesse *der Gang*
-là *da*
actionner *betätigen*
le clignotant *der Blinker*
le bouton *der Knopf*
de droite à gauche *von rechts nach links*
l'essuie-glace (*m*) *der Scheibenwischer*
le lave-glace *die Scheibenwaschanlage*
le phare *der Scheinwerfer*
l'aérateur (*m*) *die Lüftung*
mettre en marche *in Gang setzen*
le moteur *der Motor*
appuyer sur qch *etw. (nieder)drücken*
passer une vitesse *einen Gang einlegen*
lâcher *loslassen*
en même temps *gleichzeitig*
légèrement *leicht*
le carrefour *die Kreuzung*
freiner *bremsen*
brusquement *hart, unerwartet*
attention! *Vorsicht!*
le piéton *der Fußgänger*
la route *die Straße*
faire de son mieux *sein Bestes tun*
respecter *beachten*
l'instruction (*f*) *die Anweisung*
intervenir *eingreifen*
tout à l'heure *vorhin*
pourquoi *warum*
circuler *verkehren, fahren*
le feu stop *das Bremslicht*
la Peugeot *der Peugeot*
s'allumer *aufleuchten*
soupirer *seufzen*
redémarrer *wieder anfahren*
le bond *der Satz, der Sprung*
en avant *nach vorne*
quel, -le *welcher, -e, -es*
n'est-ce pas? *nicht wahr?*
passer la première *den ersten Gang einlegen*
ça ira *es wird gehen*
s'excuser *sich entschuldigen, um Verzeihung bitten*
maladroit, -e *ungeschickt*
tout à fait *vollkommen*
normal, -e *normal*
difficile *schwierig*

Grammatik

Veränderlichkeit des Partizips Perfekt — 16B₁

Mit **être** konjugiert	
La portière est ouverte. **Mme Annot** est arrivée. **Les voitures** sont arrêtées.	Partizip veränderlich wie Adjektiv. Beziehungswort ist das Subjekt. (Siehe auch Kap. $6C_4$.)
Mit **avoir** konjugiert	
a) **Ohne** *vorangehendes direktes Objekt* Mme A. a arrêté la voiture. Elle a oublié de regarder la route. Nous n'avons jamais conduit.	 Partizip unveränderlich. (Siehe auch Kap. $6C_4$.)

b) **Mit** *vorangehendem direktem Objekt* Les piétons? Je **les** ai vus. **Les instructions que** je vous ai données. **Quelle vitesse** avez-vous passée?	Direktes Objekt (= ohne Präp.) **vor** dem Partizip ist Bezugswort. Es kann sein: — Personalpronomen — Substantiv + Relativpronomen — Fragewort + Substantiv
Reflexive Verben ausnahmslos mit **être** konjugiert; das Partizip wird jedoch behandelt wie bei den mit **avoir** verbundenen Verben, d. h.:	
a) **se (s')** = *Akkusativ* Elle **s'**est installée derrière le volant. Elle **s'**est décidée à ... Les feux stop **se** sont allumés.	Ist **se** Akkusativ = direktes Objekt (wen oder was?), so ist es Bezugswort für das Partizip. Z. B.: *installer* **qch** = etw. einrichten → **s'***installer* *allumer* **qch** = etw. anzünden → **s'***allumer* *décider* **qn** = jdn veranlassen → **se** *décider*
b) **se (s')** = *Dativ* Elle s'est demandé si ... Elle s'est dit que ...	Ist **se** Dativ = indirektes Objekt (wem?), so ist das Partizip unveränderlich. Z. B.: *demander* **à qn** = jdn fragen → **se** *demander* *dire qch* **à qn** = jdm sagen → **se** *dire*

Präsens und Partizip Perfekt der unregelmäßigen Verben **16B₂**
mettre = **setzen, legen, stellen und** *conduire* = **lenken**

	mettre	conduire
je	mets	conduis
tu	mets	conduis
il/elle/on	met	conduit
nous	mettons	conduisons
vous	mettez	conduisez
ils/elles	mettent	conduisent
Part. Perf.	mis, -e [mi/mi:z]	conduit, -e [kɔ̃dɥi/kɔ̃dɥit]

Das Fragewort *quel* **$16B_3$**

quel levier ...? quelle vitesse ...? quels boutons ...? quelles voitures ...?	**Quel** ist Frageadjektiv, also mit vier Formen, je nach Geschlecht und Zahl des dazugehörigen Substantivs.

Verschiedenes **$16B_4$**

a) *décider de faire qch* = beschließen etw. zu tun
se décider à faire qch = sich entschließen etw. zu tun
décider qn à faire qch = jdn veranlassen etw. zu tun

b) *avant même de commencer* = noch bevor wir begannen (beginnen, beginnen werden), vor dem Beginn
Diese Infinitivkonstruktion ist im Deutschen nicht möglich. Sie muß je nach dem Zusammenhang verschieden übersetzt werden.

c) *le feu* = 1. das Feuer, 2. die Leuchte
Zu beachten: Plural mit x (das nicht hörbar ist).

d) *la Peugeot* = der Peugeot
PKW-Bezeichnungen sind im Französischen weiblich (von: **la** *voiture*).

Übungen **16C**

a) *Beantworten Sie (mündlich und schriftlich) die Fragen nach folgendem Muster:*
Avez-vous vu les piétons? — Oui, je les ai vus.
1. Avez-vous arrêté la voiture? 2. Avez-vous oublié le permis de conduire? 3. Avez-vous ouvert la portière? 4. Avez-vous passé la première vitesse? 5. Avez-vous tapé la lettre? 6. Avez-vous pris le vin? 7. Avez-vous conduit la voiture? 8. Avez-vous appelé la serveuse? 9. Avez-vous reçu la réponse? 10. Avez-vous trouvé les robes?

b) *Gleiche Übung nach folgendem Muster:*
Est-ce que tu as arrêté la voiture? — Oui, je l'ai arrêtée.
1. Est-ce que tu as actionné les clignotants? 2. Est-ce que tu as fini le travail? 3. Est-ce que tu as vu les revues? 4. Est-ce que tu as pris la lettre? 5. Est-ce que tu as regardé la voiture? 6. Est-ce que tu as entendu le moniteur? 7. Est-ce que tu as ouvert les fenêtres? 8. Est-ce que tu as commandé les apéritifs? 9. Est-ce que tu as mis la voiture en marche? 10. Est-ce que tu as lâché les boutons?

c) *Beantworten Sie die Fragen nach folgendem Muster:*

Madame Annot s'installe derrière le volant? — Elle s'est déjà installée derrière le volant.

1. Eve ouvre la fenêtre? 2. Eve et Yves entrent dans l'hôtel? 3. Jacques prend la cigarette? 4. Les Denier arrivent à Paris? 5. Les phares s'allument? 6. Monsieur Bériot paie la facture? 7. Madame Annot regarde le panneau? 8. Monsieur et Madame Bériot s'installent à Paris? 9. Marguerite et Christine mangent avec appétit? 10. Vos amis vont à Paris?

d) *Beantworten Sie die Fragen nach folgendem Muster:*

Je passe la première vitesse? — Oui, passez la première vitesse.

1. Je conduis la voiture? 2. Je redémarre? 3. J'appuie sur l'accélérateur? 4. Je demande au moniteur? 5. J'attends Madame Annot? 6. Je mets le moteur en marche? 7. Je fais le lit? 8. Je prends cent francs? 9. Je tourne à gauche? 10. J'ouvre la fenêtre?

e) *Gleiche Übung nach dem Muster:*

Madame Annot, ouvrez la fenêtre. — J'ai déjà ouvert la fenêtre.

1. Mme Annot, installez-vous derrière le volant. 2. Mme Annot, arrêtez la voiture. 3. Mme Annot, appuyez sur le frein. 4. Mme Annot, entrez dans la chambre. 5. Mme Annot, allez à gauche. 6. Mme Annot, regardez le panneau. 7. Mme Annot, prenez la cigarette. 8. Mme Annot, passez la première vitesse. 9. Mme Annot, prenez la valise. 10. Mme Annot, freinez.

f) *Übersetzungsübung:*

Madame Annot nimmt hinter dem Lenkrad ihres Wagens (von ihrem Wagen) Platz und setzt den Motor in Gang. Sie drückt das linke Pedal, legt den dritten Gang ein und läßt das linke Pedal langsam los. Der Wagen macht einige Sätze und bleibt stehen. Madame Annot fragt sich, warum der Wagen stehenbleibt. Schließlich bemerkt sie, daß sie den dritten Gang eingelegt hat. Sie legt den ersten ein. Sie seufzt und macht einen zweiten Versuch. Nun beginnt der Wagen zu fahren (rollen). Madame Annot ist sehr glücklich.

Leçon dix-sept

L'interrogatoire **17A**

j = juge d'instruction d = détenu

j — Quel est votre nom?
d — Je m'appelle Yves Doriez.
j — Quelle est votre profession?
d — Je suis mécanicien.
j — Quel âge avez-vous?
d — J'ai 32 ans.
j — Eh bien, vous avez volé une Simca.
d — Oui.
j — Où avez-vous volé cette voiture?
d — Rue des Capucines.
j — Quand l'avez-vous volée?
d — Le 29 janvier, vers 10 heures du matin.
j — Comment avez-vous volé la voiture?
d — J'ai crocheté la portière gauche.
j — Avec quoi?
d — Avec un rossignol.
j — Qui est-ce qui vous l'a donné?
d — Je l'ai bricolé moi-même.
j — Où est-ce que vous avez appris à faire un rossignol?
d — C'est Marcel qui m'a appris.
j — Qui?
d — Marcel, mon frère.
j — Qu'est-ce qu'il fait votre frère? Est-ce qu'il vole aussi des voitures?
d — Non, il ne peut pas. Il est en prison.
j — Aha . . . Mais revenons à nos moutons! Vous vous êtes donc mis au volant de la voiture. Qu'est-ce qui est arrivé alors?
d — J'ai passé la première pour démarrer, mais à ce moment-là, je l'ai vu arriver.
j — Qui avez-vous vu arriver?
d — L'agent de police.
j — Et il vous a arrêté.
d — Oui.
j — Pourquoi est-ce qu'il vous a arrêté?

d — On m'a vu.
j — Qui vous a vu?
d — Je ne sais pas.
j — Une dernière question pour terminer: Pourquoi avez-vous commis ce délit?
d — Je ne sais pas.
j — Vous ne savez pas? Moi, je vais vous dire pourquoi vous ne le savez pas. Vous travaillez pour un gang. Pour qui travaillez-vous?
d — Je ne le dirai pas.
j — Ecoutez: Je sais beaucoup de choses que vous ne savez pas encore. Je répète ma question: Pour qui est-ce que vous travaillez?
d — ———
j — Vous avez l'air pensif. A quoi ou à qui pensez-vous?
d — A rien.
j — Comme vous voulez. Est-ce que vous avez quelque chose à ajouter?
d — Non.
j — Alors, l'interrogatoire est terminé.

l'interrogatoire (*m*) *das Verhör*
le juge *der Richter*
le juge d'instruction *der Untersuchungsrichter*
le détenu *der Häftling*
la profession *der Beruf*
le mécanicien *der Mechaniker*
l'âge (*m*) *das Alter*
j'ai 32 ans *ich bin 32 Jahre alt*
la date de naissance *das Geburtsdatum*
eh bien *nun, also*
voler *stehlen*
la Simca *der Simca*
rue des Capucines *in der Rue des Capucines*
janvier *Januar*
crocheter *aufbrechen*
quoi . . .? *was . . .?*
le rossignol *der Dietrich*
qui est-ce qui . . .? *wer. . .?*
bricoler *basteln*
même *selbst*
qui . . .? *wer . . .?*
le frère *der Bruder*
qu'est-ce que . . .? *was . . .?*
la prison *das Gefängnis*
en prison *im Gefängnis*
le mouton *das Schaf*
Revenons à nos moutons! *Zurück zur Sache!*
se mettre au volant *sich ans Steuer setzen*
qu'est-ce qui . . .? *was . . .?*
arriver *geschehen*
alors *dann*
démarrer *losfahren*
à ce moment-là *in diesem Augenblick*
vu *gesehen*
qui . . .? *wen . . .?*
l'agent de police (*m*) *der Polizist*
arrêter *verhaften*
commettre (*konj. wie* mettre) *begehen*
le délit *die Straftat*
le gang *die (Verbrecher-) Bande*
avoir l'air de (+ *Adj.*) (*Adj.* +) *aussehen*
pensif, -ve *nachdenklich*
penser à qch (à qn) *an etw. (jdn) denken*
ajouter *hinzufügen*

Grammatik

Fragewörter **17B₁**

einfache Form	umschriebene Form	Frage
	Frage nach Personen	
Qui vous a vu?	**Qui est-ce qui** vous a vu?	Wer? (Nominativ)
Qui avez-vous vu?	**Qui est-ce que** vous avez vu?	Wen? (Akkusativ)
A qui pensez-vous?	**A qui est-ce que** vous pensez?	An wen? (mit Präposition)
De qui parlez-vous?	**De qui est-ce que** vous parlez?	Von wem? (mit Präposition)
Pour qui travaillez-vous?	**Pour qui est-ce que** vous travaillez?	Für wen? (mit Präposition)
	Frage nach Sachen	
— — —	**Qu'est-ce qui** est arrivé?	(Wer oder) was? (Nom.)
Que fait-il?	**Qu'est-ce qu'**il fait?	(Wen oder) was? (Akk.)
A quoi pensez-vous?	**A quoi est-ce que** vous pensez?	Woran? (mit Präposition)
De quoi parlez-vous?	**De quoi est-ce que** vous parlez?	Wovon? (mit Präposition)
Avec quoi l'avez-vous fait?	**Avec quoi est-ce que** vous l'avez fait?	Womit? (mit Präposition)
	Andere Fragewörter	
Où avez-vous volé la voiture?	**Où est-ce que** vous avez volé la voiture?	Wo?
Quand l'avez-vous volée?	**Quand est-ce que** vous l'avez volée?	Wann?
Comment l'avez-vous volée?	**Comment est-ce que** vous l'avez volée?	Wie?
Pourquoi l'avez-vous volée?	**Pourquoi est-ce que** vous l'avez volée?	Warum?

Adjektivisches Fragewort *quel*		
französ. Wendung	deutsche Entsprechung	Bemerkung
Quel est votre nom?	Wie heißen Sie?	**Quel** kommt in einigen Wendungen vor, die im Deutschen mit „wie“ wiedergegeben werden. Bitte gut einprägen!
Quel âge avez-vous?	Wie alt sind Sie?	
Quelle heure est-il?	Wie spät ist es?	
Quelle est sa taille?	Wie groß ist er (sie, es)?	

Zu beachten:

In der einfachen Frage nach der Person ist der Nominativ (wer?) vom Akkusativ (wen?) nur durch die Wortfolge unterschieden.
Que wird vor Vokalen apostrophiert, **qui** nicht. (Vergl. **que** und **qui** als Relativpronomen, Kap. $12B_2$.)
In der umschriebenen Form entfällt jeweils die Inversion. Die Frage wird durch **est-ce** wiedergegeben.
In der Frage nach Sachen gibt es im Nominativ (wer oder was?) nur die umschriebene Form.
Auch in der Frage mit Inversion steht das Objekt-Personalpronomen **vor** dem Verb bzw. Hilfsverb.
Où zusammen mit **être** erlaubt nur die einfache Form (mit Inversion). Z. B.: *Où est Marguerite?*

Verschiedenes **$17B_2$**

a) **le** 29 *janvier* = **am** 29. Januar
Zu beachten:
— Zur Angabe des Datums steht im Französischen keine Präposition, nur der Artikel.
— Im Französischen werden im Datum nicht die Ordnungszahlen, sondern die Grundzahlen verwendet. Einzige Ausnahme: *le 1*^{er} (*le premier*).

b) *à 10 heures du matin* = um 10 Uhr morgens
à 6 heures du soir = um 6 Uhr abends
à 3 heures de l'après-midi = um 3 Uhr nachmittags

c) *C'est Marcel qui m'a appris.* = Marcel hat **es** mir beigebracht.
In der Umgangssprache fällt in gewissen Wendungen oft ein Pronomen aus.

a) *Bilden Sie Fragen nach dem Muster:*

On vous demande. — Qui est-ce qui nous demande?
1. On vous voit. 2. On vous appelle. 3. On vous arrête. 4. On vous attend. 5. On vous téléphone. 6. On vous presse. 7. On vous invite.

b) *Gleiche Übung nach folgendem Muster:*

Cela ne va pas. — Qu'est-ce qui ne va pas?
1. Cela les impressionne. 2. C'est compliqué. 3. C'est vrai. 4. C'est urgent. 5. Cela lui coûtera beaucoup d'argent. 6. C'est difficile. 7. C'est insuffisant.

c) *Bilden Sie zuerst schriftlich, dann mündlich Fragen mit „est-ce que" nach folgenden Mustern:*

Le juge interrompt *le détenu.* — Qui est-ce qu'il interrompt?
Le détenu a volé *une voiture.* — Qu'est-ce qu'il a volé?
(Gefragt wird also immer nach der *kursiv* gedruckten Satzaussage.)
1. Le juge demande *au détenu.* 2. L'agent de police arrête *Yves Doriez.* 3. Le détenu a bricolé *un rossignol.* 4. Le détenu a travaillé *pour son frère.* 5. Le détenu a travaillé *avec un rossignol.* 6. Le détenu pense *à l'agent de police.* 7. L'agent de police pense *au détenu.* 8. L'agent de police a vu *Yves Doriez.* 9. Yves Doriez a commis *un délit.* 10. L'agent de police arrête *Yves Doriez.* 11. Yves Doriez a raconté *une histoire.* 12. Le détenu pense *à son frère.* 13. Le juge termine *l'interrogatoire.* 14. Le juge sait *beaucoup de choses.* 15. Le détenu connaît *l'agent de police.* (Diese Übung sollte möglichst oft wiederholt werden!)

d) *Bilden Sie Fragen mit „est-ce que" nach folgenden Mustern:*

Il a volé une voiture *parce qu'il travaille pour un gang.* — Pourquoi est-ce qu'il a volé une voiture?
Elle est rentrée *à 10 heures.* — Quand est-ce qu'elle est rentrée?
1. Monsieur Bériot est allé *à Paris.* 2. Le détenu a commis le délit *rue des Capucines.* 3. Jean Bériot est venu *parce qu'il a voulu voir son frère.* 4. Jean Doriez a ouvert la voiture *avec un rossignol.* 5. Jacques va venir *à 10 heures.* 6. Marguerite est *à Paris.* 7. Mon frère rentrera *demain.*

e) *Verwandeln Sie die einfache Frage in die umschriebene Form nach dem Muster:*

Qui est venu? — Qui est-ce qui est venu?
1. Qu'avez-vous dit? 2. Pour qui a-t-il volé la voiture? 3. Qui avez-vous rencontré? 4. A quoi pense-t-il? 5. Que vois-tu? 6. De qui parlez-vous? 7. De quoi parle-t-il? 8. Avec quoi a-t-il crocheté la portière? 9. Qui as-tu vu? 10. Qui est malade?

f) *Umgekehrte Übung nach folgendem Muster:*

Qui est-ce que vous voyez? — Qui voyez-vous?

1. De qui est-ce que tu as reçu la lettre? 2. Qu'est-ce que vous avez trouvé? 3. De quoi est-ce qu'elle parle? 4. Qu'est-ce que tu as crocheté? 5. Pour qui est-ce qu'il a acheté les cigarettes? 6. Avec quoi est-ce qu'il a crocheté la portière? 7. Qu'est-ce qu'il veut? 8. De qui est-ce qu'elle a reçu le coup de téléphone? 9. A qui est-ce qu'elle pense? 10. Qu'est-ce que vous dites?

g) *Bilden Sie Fragen mit Inversion nach folgenden Mustern:*

Mon ami parle *de la voiture.* — De quoi parle-t-il?
Jacques a rencontré *son ami.* — Qui a-t-il rencontré?

1. Eve téléphone *à sa tante.* 2. Monsieur Denier regarde *une revue automobile.* 3. Monsieur Durand regarde *sa voiture.* 4. Cette femme a fait cela *pour ses enfants.* 5. Jacques a rencontré ses amis *à Bordeaux.* 6. Marguerite allume *une cigarette.* 7. Elle a fait cela *pour Philippe.* 8. Elle a fait cela *avec un rossignol.* 9. Jean parle *de ses vacances.* 10. Il retournera *bientôt.* 11. Il est venu *à 11 heures.* 12. Les agents de police ont arrêté *Jean Doriez.* 13. Avec un rossignol, on peut ouvrir *toutes les portes.* 14. Elles sont venues *à 11 heures.* 15. Elle a rencontré cette femme *au restaurant.*

h) *Übersetzungsübungen:*

A: Übersetzen Sie mit Inversion:

1. Wovon spricht er? 2. Was sagt sie? 3. Für wen spricht er? 4. Womit haben Sie die Autotür geöffnet? 5. Wo hast du Hans gesehen? 6. Welches Buch wollen Sie kaufen? 7. Woran denken Sie? 8. Welchen Wagen besitzen Sie? 9. Wem haben Sie die Geschichte erzählt? 10. Was sagt er?

B: Übersetzen Sie mit der umschriebenen Form:

1. Wer hat dies getan? 2. Wem hat Jean Doriez den Wagen gestohlen? 3. Wovon redet Frau Müller? 4. Wann kommt Ihr (*futur proche*)? 5. Wie heißen Sie? 6. Wann kommen Sie? 7. Woran denkt der Polizist? 8. Warum hat der Dieb den Wagen gestohlen? 9. Wer verhaftet den Dieb? 10. Wen sehen Sie?

Leçon dix-huit

Les Brun et la télévision 18A

Madame Brun a préparé le petit déjeuner. Elle est encore seule à table, en robe de chambre et un peu décoiffée. Elle commence à rouspéter:

— Antoine, viens donc. Tu dois partir dans un quart d'heure. Les enfants, venez à table!

Peu après, son mari et ses enfants arrivent un à un. Tous sont de mauvaise humeur.

Paulette: Ah! comme je suis fatiguée!

Mme Brun: C'est la maudite télé. On aurait mieux fait d'aller se coucher.

M. Brun: Tu as raison. Si toutes les émissions étaient aussi mauvaises que le film d'hier soir, je vendrais le poste avec plaisir.

Mme Brun: A mon avis, quatre-vingts pour-cent des émissions sont mauvaises.

M. Brun: Au moins! C'est une honte. Si on réalisait moins d'émissions, mais de meilleure qualité, on tirerait un certain profit de la télé; mais comme ça, on sacrifie les soirées pour rien.

Paulette: Si vous vendiez la télé, vous ne seriez pas contents non plus. Vous auriez toujours l'impression de manquer quelque chose d'important.

Mme Brun: Tu crois? — Moi, je serais d'accord pour essayer de vivre sans télé, disons d'abord pour une semaine.

Paulette: Une semaine sans télé? Tu plaisantes. Si vous exigiez ça de moi, je passerais la moitié du temps chez Fred.

M. Brun: Moi aussi, je suis contre. Je ne veux pas renoncer au journal télévisé. Mais j'aimerais sélectionner un peu les émissions. Il est insensé de regarder tout. D'accord?

Mme Brun: D'accord.

Robert: Mais moi, je veux voir le singe Toto.

Eric: Et moi, je veux voir le concert de jazz ce soir.

Paulette: Ça ne va pas parce que je dois regarder «la vie des abeilles» sur la troisième chaîne. On parlera de ce film demain à l'école.

Monsieur Brun, rouge de colère: Ecoutez, ne croyez pas que nous allons nous laisser tyranniser de la sorte par nos enfants. Ce soir, on ne regardera pas la télé. Un point, c'est tout!

la télé(vision) *das Fernsehen*
le petit déjeuner *das Frühstück*
la robe de chambre *der Morgenrock*
décoiffé, -e *unfrisiert*
rouspéter *schimpfen*
Antoine *Anton*
un à un *einer nach dem andern*
l'humeur (*f*) *die Laune*
mauvais, -e *schlecht*
être de mauvaise humeur *schlecht gelaunt sein*
comme *wie*
maudit, -e *verflucht*
on aurait mieux fait de *man hätte besser daran getan ... zu*
se coucher *sich niederlegen, zu Bett gehen*
aller se coucher *zu Bett gehen*
avoir raison *recht haben*
l'émission (*f*) *die Sendung*
toutes les émissions *alle Sendungen*
aussi ... que (*eben*)*so ... wie*
le film *der Film*
je vendrais *ich würde verkaufen*
le poste *der Fernsehempfänger*
le plaisir *die Freude, das Vergnügen*
avec plaisir *gerne*
le pour-cent *das Prozent*
au moins *wenigstens*
la honte *die Schande*
réaliser *verwirklichen*
la qualité *die Qualität*
tirer *ziehen*
le profit *der Nutzen, der Profit*
sacrifier *opfern*
la soirée *der Abend*
vendre *verkaufen*
vous seriez *ihr wärt*
content, -e *zufrieden*
non plus *auch nicht*
vous auriez *ihr hättet*
l'impression (*f*) *der Eindruck*
manquer qch *etw. versäumen*
important, -e *wichtig*
tu crois? *glaubst du?*
je serais *ich wäre*
être d'accord pour *einverstanden sein ... zu*
vivre *leben*
plaisanter *scherzen*
exiger *verlangen*
la moitié *die Hälfte*
contre *dagegen*
renoncer à *verzichten auf*
le journal télévisé *die Tagesschau*
sélectionner *auswählen, aussuchen*
insensé, -e *unsinnig*
le singe *der Affe*
le concert *das Konzert*
le jazz *der Jazz*
parce que *weil*
l'abeille (*f*) *die Biene*
la chaîne *der Kanal* (*beim Fernsehen*)
la colère *der Zorn*
croyez *glaubt*
tyranniser *tyrannisieren*
de la sorte *derart*
le point *der Punkt*
un point, c'est tout! *und damit basta!*

Grammatik

Konditional

$18B_1$

	aimer	**servir**	**vendre**	**recevoir**
j(e)	aimer**ais**	servir**ais**	vendr**ais**	recevr**ais**
tu	aimer**ais**	servir**ais**	vendr**ais**	recevr**ais**
il/elle/on	aimer**ait**	servir**ait**	vendr**ait**	recevr**ait**
nous	aimer**ions**	servir**ions**	vendr**ions**	recevr**ions**
vous	aimer**iez**	servir**iez**	vendr**iez**	recevr**iez**
ils/elles	aimer**aient**	servir**aient**	vendr**aient**	recevr**aient**

Wie das Futur wird auch der Konditional durch Anhängen einer Endung gebildet. Die **Endungen** sind die gleichen wie die des Imperfekts (Kap. $15B_1$). Sie sind für alle Verben — auch die unregelmäßigen — gleich. Für die Bildung des Konditional**stammes** gilt das beim Futur Gesagte (Kap. $12B_1$, Futur, Bemerkungen b—d).

avoir		être	
j' aurais	nous aurions	je serais	nous serions
tu aurais	vous auriez	tu serais	vous seriez
il aurait	ils auraient	il serait	ils seraient
Konditionalsatz mit **si** = „wenn"			
Si on **réalisait** moins d'émissions, on **tirerait** profit de la télé. Si vous **exigiez** ça de moi, je **passerais** la moitié du temps chez Fred.		Das Verb des **si**-Satzes steht nie im Konditional (und nie im Futur). Statt Konditional: Imperfekt (statt Futur : Präsens)	

Präsens und Partizip Perfekt des unregelmäßigen Verbs **18B₂**
croire = **glauben**

je	crois	nous	croyons
tu	crois	vous	croyez
il/elle/on	croit	ils/elles	croient
Part. Perf. cru, e			

Das unbestimmte Pronomen *tout* **18B₃**

tout le profit **toute la** famille	*der ganze Profit* *die ganze Familie*	Statt best. Art. auch Demonstrativ- oder Possessivpronomen z. B.: *tout notre profit* *toutes ces femmes*
tous les amis **toutes les** femmes	*alle Freunde* *alle Frauen*	
Tous [tus] sont venus. **Toutes** sont venues.	*Alle sind gekommen.* *Alle sind gekommen.*	(Männer) (Frauen)
Vous avez **tout?** [tu]	*Habt ihr alles?*	
Je suis **tout** étonné.	*Ich bin ganz erstaunt.*	*tout* = Adverb

soir/soirée **18B₄**

soir	soirée
dimanche soir *am Sonntag abend*	on sacrifie la soirée *man opfert den Abend*
neutrale Zeitangabe	Betonung des Zeitraums, des Zeitablaufs

(Vergl. *an/année*, Kap. 15B₃.)

a) *Je serais d'accord pour essayer de vivre sans télé.*
Deutsch meist persönlich formuliert: Ich wäre damit einverstanden, wenn **wir** versuchten, ohne Fernsehen zu leben.

b) *Vous ne seriez pas contents non plus.*
Die Verstärkung **non plus** (= auch nicht) steht meist am Ende des Satzes.

Übungen 18C

a) *Setzen Sie vor folgende Sätze „S'il était utile," (= Wenn es nützlich wäre) und die Sätze selbst in den Konditional:*

1. Il vend sa voiture. 2. Nous regardons cette émission. 3. Elle est d'accord pour vivre sans télé. 4. Ils sacrifient leur soirée. 5. Je pars dans un quart d'heure. 6. Elles vendent leur poste. 7. On se couche. 8. On réalise moins d'émissions. 9. Je freine la voiture. 10. Nous passons la soirée chez Fred.

b) *Setzen Sie folgende Sätze in den Konditional nach folgendem Muster:*

Si vous exigez ça de moi, je passerai la soirée chez Fred. → Si vous exigiez ça de moi, je passerais la soirée chez Fred.
1. Si tu pars à deux heures, tu arriveras en même temps que ton ami. 2. Si tu vends la télé, tu ne seras pas content. 3. Si vous volez la voiture, on vous arrêtera. 4. Si je passe par Saint-Raphaël, mon ami sera très content. 5. Si nous tournons à droite, nous traverserons le chemin de fer. 6. Si vous actionnez ce grand levier-là, la voiture commencera à rouler. 7. Si Monsieur Brun vend la télé, Paulette sera de mauvaise humeur. 8. Si Eric vend la voiture, Paulette ne sera pas contente. 9. Si Monsieur Brun finit l'analyse de marché ce soir, nous taperons la réponse demain. 10. Si on sacrifie la soirée, ce sera pour rien.

c) *Setzen Sie die Singularformen in die entsprechende Person im Plural und umgekehrt:*

tu aimerais, je recevrais, nous trouverions, elle vendrait, ils serviraient, vous devriez, je réaliserais, il aimerait, nous serions, elles tireraient, tu aurais, vous mentiriez, il finirait, elle demanderait, je préparerais.

d) *Bilden Sie Sätze nach folgendem Muster:*

Tu vends la maison? — Non? — Tu devrais vendre la maison.
1. Il achète la voiture? 2. Vous préparez le déjeuner? 3. Madame Brun tourne à droite? 4. Votre mari regarde la télé? 5. Tu sors à trois heures? 6. Monsieur et Madame Brun finissent leur café? 7. Paulette passe par Saint-Raphaël? 8. La secrétaire téléphone à Monsieur Brun? 9. Vous regardez le singe Toto? 10. Il renonce au journal télévisé?

e) *Bilden Sie Sätze nach folgendem Muster:*

Vous n'êtes pas contents? — Jacques ... — Jacques n'est pas content non plus.

1. Il n'a pas raison? — Paulette ... 2. Tu ne regardes pas la télé? — Moi, je ... 3. Madame Brun n'aime pas ce film? — Son mari ... 4. Eric et Robert ne vendent pas la télé? — Monsieur Brun ... 5. Vous ne tournez pas à gauche? — Nous, nous ... 6. Maman n'est pas prête? — Papa ... 7. Tu n'es pas fatiguée? — Moi, je ... 8. Les Brun ne rentrent pas? — Les Bériot ... 9. Marguerite n'est pas secrétaire? — Paulette ... 10. Tu ne regardes pas le singe Toto? — Yves ...

f) *Übersetzungsübung:*

1. Die ganze Familie betrachtet ein Jazzkonzert. Alle sind zufrieden. 2. Alle unsere Freunde haben (das) Fernsehen. Ich sehe (betrachte) alle Sendungen. 3. Haben Sie alles gesehen? — Ja, alles. 4. Der Film (von) gestern abend war schlecht. Ich wäre besser zu Bett gegangen. 5. Wenn wir mehr Sendungen ansähen (betrachteten), hätten wir einen gewissen Nutzen. 6. Unserer Ansicht nach sind alle Sendungen schlecht. 7. Robert, Sie lassen sich von Ihren Kindern tyrannisieren. Ich ließe mich nicht derart tyrannisieren. 8. Kinder, kommt doch endlich! Das Frühstück ist fertig (bereit). 9. Herr Brun ist schlechter Laune. Seine Frau und seine Kinder auch. 10. Ich wäre einverstanden damit, das Fernsehgerät zu verkaufen.

Leçon dix-neuf

Chez l'agent immobilier **19A**

— Vous cherchez un trois pièces? — Alors, notre offre la plus avantageuse concerne des maisons-appartements à Bellefontaine, au nord de Paris. Regardez, ce sont celles sur ces photos-là. Il y a deux types différents. Type un: rez-de-chaussée avec entrée, salle de séjour, cuisine, w.-c., débarras, plus un petit jardin; premier étage avec deux chambres et salle de bains. Ce type comprend 106 m², plus 25 m² de jardin. Le prix est de 315.300 francs. Type deux: rez-de-chaussée avec entrée, débarras, placard et garage; premier étage avec deux chambres, salle de bains, w.-c.; deuxième étage avec cuisine, w.-c., salle de séjour prolongée par une vaste loggia. Ce type a 125 m², plus 25 m² de jardin. Il coûte 330.500 francs. Regardez encore une fois les photos: celle-ci représente le type un et celle-là le type deux.
— Est-ce que les prix sont définitifs?
— Oui, ces prix sont fermes et définitifs.
— Et plus près de Paris, vous n'avez rien?
— Si, bien sûr. Regardez ce plan-là. Pas celui de gauche, mais celui du milieu: salle de séjour, 2 chambres, cuisine, salle de bains, w.-c., 95 m². Les pièces d'habitation sont pourvues d'une moquette et de papier peint. C'est un appartement au 4e étage d'un immeuble de 12 étages, dans la banlieue parisienne, à 10 minutes de la gare du Nord. Prix: 325.000 francs. Autre offre très avantageuse: au sud de Paris, près de Choisy-le-Roi, des deux, trois et quatre pièces de grand standing dans un village-satellite ultramoderne avec centre commercial, banque, service médical, etc. Vous pouvez visiter sur place notre appartement-témoin tous les jours de 14 heures à 19 heures. Prenez cette brochure. Elle contient tous les renseignements sur ce projet.
— Ce sont ces plans-là?
— Non, ça, ce sont les quatre pièces. Regardez ceux qui se trouvent à la page douze de la brochure.
— Ah oui, très bien. Nous allons visiter demain l'appartement-témoin. Cela nous intéresse. — Dites, Monsieur, la maison sur cette photo, au-dessus de votre bureau, vous la vendez aussi?
— Bien sûr. Mais elle coûte plus de deux millions de francs, à cause du jardin. Il a 3.000 m².

— Ah, ce n'est pas pour nous. — Alors, on reviendra demain ou après-demain. Au revoir.
— Au revoir, Madame, au revoir, Monsieur. Et merci pour votre visite.

l'agent immobilier (*m*) *der Immobilienhändler*
chercher *suchen*
la pièce *das Zimmer*
un (appartement à) trois pièces *eine Dreizimmerwohnung*
avantageux, -se *günstig*
concerner *betreffen*
la maison-appartement *das Reihenhaus*
le nord *der Norden*
celles *die(jenigen)*
la photo *das Photo*
il y a *es gibt*
le type *der Typ*
le rez-de-chaussée *das Erdgeschoß*
l'entrée (*f*) *die Diele*
la salle de séjour *das Wohnzimmer*
la cuisine *die Küche*
le w.-c. *das WC*
le débarras *der Abstellraum*
plus [plys] *dazu, außerdem*
le jardin *der Garten*
l'étage (*m*) *das Stockwerk*
la chambre *das Zimmer* (*mit Bett, also: Schlafzimmer, Kinderzimmer usw.*)
la salle de bains *das Bad(ezimmer)*
comprendre *umfassen*
m^2 (= mètre carré) m^2 (= *Quadratmeter*)
le placard *der Einbauschrank*
le garage *die Garage*
prolonger *verlängern*
vaste *weit, geräumig*
la loggia *die Loggia*
celle *die(se)* (*hier: dieses*)
définitif, -ve *endgültig*
ferme *fest*
le plan *der Plan*
celui de gauche *der* (*oder den*) *links*
celui du milieu *der* (*oder den*) *in der Mitte*
la pièce d'habitation *der Wohnraum*
pourvu, -e (de) *ausgestattet* (*mit*)
la moquette *der Teppichboden*
le papier peint *die Tapete*
l'appartement (*m*) *das Appartement, die Wohnung*
l'immeuble (*m*) *das Gebäude, das* (*große*) *Wohnhaus*
la banlieue *die* (*nähere*) *Umgebung*
parisien, -ne *von Paris*
la gare du Nord *der Nordbahnhof*
le sud *der Süden*
le standing *der Komfort, der Luxus*
le village-satellite *die Satellitenstadt*
ultramoderne *supermodern*
le centre commercial *das Einkaufszentrum*
la banque *die Bank*
le service médical *der Ärztedienst*
etc. *usw.*
sur place *an Ort und Stelle*
l'appartement-témoin (*m*) *die Musterwohnung*
la brochure *die Broschüre*
contenir (*konj. wie* tenir) *enthalten*
le renseignement *die Information*
le projet *das Projekt*
ceux *die(jenigen)*
la page *die Seite* (*eines Buches*)
intéresser *interessieren*
au-dessus de *über*
plus de *mehr als, über*
le million *die Million*
à cause de *wegen*
la visite *der Besuch*

Grammatik

Das substantivische Demonstrativpronomen **$19B_1$**

Form		
Regardez ce plan.	— **Celui**-ci ?	— Non, celui-là.
Regardez cette maison.	— **Celle**-ci ?	— Non, celle-là.
Regardez ces plans.	— **Ceux**-ci ?	— Non, ceux-là.
Regardez ces maisons.	— **Celles**-ci ?	— Non, celles-là.

Gebrauch	
Die substantivischen Demonstrativpronomen stehen im Französischen nie ohne Ergänzung. Eine solche kann sein:	
celui-**ci** celle-**là**	**-ci** (hier) oder **-là** (da, dort)
ceux **de gauche** celle **du milieu**	eine präpositionale Ergänzung
celui **qui se trouve** ... celles **qui se trouvent** ...	ein Relativsatz

Zahlen über 100 **$19B_2$**

100	cent [sɑ̃]	5.000	cinq mille
101	cent un [sɑ̃ œ̃]	7.370	sept mille trois cent soixante-dix
150	cent cinquante	10.000	dix mille
199	cent quatre-vingt-dix-neuf	324.000	trois cent vingt-quatre mille
200	deux cents	1.000.000	un million [miljɔ̃]
225	deux cent vingt-cinq	2.000.000	deux millions
1.000	mille [mil]	5.374.288	cinq millions trois cent soixante-quatorze mille deux cent quatre-vingt-huit
1.001	mille un		
1.300	mille trois cents (ou: treize cents)		

Cent im Plural: — mit **s**, wenn keine weitere Zahl folgt;
— ohne **s**, wenn eine weitere Zahl folgt. (Siehe Kap. $9C_5$, Verschiedenes, b.)

Bindestrich nur zwischen Einern und Zehnern.

Mille hat nie ein **s**.

Million ist kein Zahlwort, sondern ein Substantiv. Als solches erhält es im Plural immer ein **s**. Außerdem steht vor nachfolgendem Substantiv **de**: *deux millions* **de** *francs.*

plus 19B_3

[ply] = mehr	Je **ne** me rappelle **plus.**	Verneinung
	Yves est **plus** âgé **que** Jean. Cela coûte **plus de** 2 millions.	Steigerung: — *normal mit* **que** — vor Zahlen mit **de**
[plys] = plus	105 m² **plus** 25 m² de jardin.	**s** (stimmlos) hörbar

Verschiedenes 19B_4

a) *Notre offre la plus avantageuse* = Unser günstigstes Angebot

Beim Superlativ muß, wenn das Adjektiv nach dem Substantiv steht, vor **plus** der Artikel gesetzt werden.

b) *premier étage* [prəmjɛːretaːʒ]

Vor Vokal Aussprache wie bei der weiblichen Form.

Übungen 19C

a) *Bilden Sie Antworten nach dem Muster:*

Est-ce que c'est votre maison? — Non, c'est celle de mon frère.

1. Est-ce que c'est votre jardin? 2. Est-ce que ce sont vos photos? 3. Est-ce que c'est votre voiture? 4. Est-ce que c'est votre appartement? 5. Est-ce que ce sont vos plans? 6. Est-ce que ce sont vos immeubles? 7. Est-ce que ce sont vos brochures? 8. Est-ce que c'est votre garage? 9. Est-ce que c'est votre valise? 10. Est-ce que c'est votre journal?

b) *Gleiche Übung nach folgendem Muster:*

C'est ta valise? — Non, c'est celle de ma femme.

1. C'est ta brosse à dents? 2. Ce sont tes stylos à bille? 3. C'est ton portefeuille? 4. C'est ton panier? 5. Ce sont tes cigarettes? 6. C'est ton argent? 7. Ce sont tes affaires? 8. C'est ta lettre? 9. C'est ton programme? 10. Ce sont tes documents?

c) *Bilden Sie Sätze nach dem Muster:*

A: Voyez-vous cette voiture rouge? — B: Celle de droite? — A: Non, celle de gauche.

1. Connaissez-vous ce foulard vert? 2. Connais-tu ce mécanicien-là? 3. Voyez-vous ce petit levier? 4. Prends la valise, s'il te plaît. 5. Regardez ce piéton-là. 6. Connais-tu cet agent de police? 7. Connaissez-vous cette femme-là? 8. Prenez l'autocar, là-bas. 9. Regardez cette tour-là. 10. Connais-tu ce restaurant-là?

d) *Lesen Sie laut folgende Zahlen:*

1. 151, 367, 822, 619, 703, 328, 433, 999, 112, 387, 582, 219, 479, 951, 612, 666, 391, 571, 269, 456, 111, 222, 333, 444, 555, 669, 880
2. 3467, 1288, 9791, 6355, 4001, 1761, 6171, 8302, 2014, 4444, 7372, 3716, 5948, 9998, 7309, 4087, 1324, 4657, 9172, 5766, 3309
3. 3.265.305, 15.766.381, 1.628.571, 111.725.961, 19.318.005, 117.000.000, 312.499.867, 17.117.718, 2.506.357, 67.450.350

e) *Übersetzungsübung:*

1. Dieses Haus kostet über 800.000 Francs. 2. Kennen Sie unser günstigstes Angebot? 3. Mein Vater ist älter als sein Bruder. 4. Dieses Wohnzimmer hat 25 m^2 plus eine Loggia mit (von) 6 m^2. 5. Unser Haus hat ein Wohnzimmer, zwei Schlafzimmer, eine Küche, zwei WCs, ein Bad und zwei Garagen. 6. Unser Wohnzimmer befindet sich im zweiten Stock. 7. Sehen Sie diesen Plan hier (an). — Den hier? — Nein, den da. 8. Alle Wohnräume sind mit (einem) Teppichboden ausgestattet. 9. Welche Photos zeigen (stellen dar) das Appartement vom Typ 2? — Die linken (= Die links). 10. Was wünschen Sie? — Ich suche eine Dreizimmerwohnung in der Nähe von Paris.

Leçon vingt

Übungs- und Testlektion

1. a) *Antworten Sie nach folgendem Muster:*

Vous voyez la maison? — Oui, je la vois.
1. Vous voulez cette voiture? 2. Vous prenez cette valise? 3. Vous connaissez la situation? 4. Vous faites la réponse? 5. Vous finissez les analyses? 6. Vous sentez la douleur? 7. Vous essayez la robe? 8. Vous appelez Monsieur Denier? 9. Vous achetez cet appartement? 10. Vous conduisez la voiture?

b) *Antworten Sie nach folgendem Muster:*

Madame Bériot est secrétaire chez Monsieur Brun? — Elle était secrétaire chez Monsieur Brun.
1. Monsieur Denier connaît la situation? 2. Vos enfants travaillent beaucoup? 3. Mademoiselle Marguerite est malade? 4. Les Annot ont une voiture? 5. Eve est bien préparée? 6. Robert reçoit chaque jour une lettre? 7. Les Bériot aiment parler politique? 8. Monsieur et Madame Annot veulent acheter la maison? 9. Les Denier croient cette histoire? 10. Yves veut aller à pied?

c) *Setzen Sie vor folgende Sätze „Vendredi prochain" und die Sätze selbst ins Futur:*

1. Madame Annot a sa première leçon au volant d'une voiture. 2. Les Brun regardent la télévision. 3. Monsieur Chaval parle aux membres du conseil des parents d'élèves. 4. Monsieur Bériot finit l'analyse de marché. 5. Mon avocat reçoit une lettre. 6. Je te convaincs de l'utilité de ce voyage. 7. L'analyse de marché est finie. 8. Nous visitons l'appartement-témoin. 9. La salle de séjour est pourvue d'une moquette. 10. Je travaille chez Philippe.

d) *Setzen Sie vor folgende Sätze „S'il était utile" und die Sätze selbst in den Konditional:*

1. Je passe la soirée chez Yves. 2. Il visite l'appartement-témoin. 3. Je vends la télévision. 4. Nous passons par Saint-Raphaël. 5. Elles sortent bientôt. 6. Je tape la réponse. 7. Je conduis la voiture. 8. Nous finissons le travail demain. 9. Nous l'arrêtons. 10. Il ouvre la fenêtre.

e) *Beantworten Sie mündlich und schriftlich die Fragen nach folgendem Muster:*

As-tu cherché la valise? — Oui, je l'ai cherchée.
1. As-tu acheté la maison? 2. As-tu ouvert la portière? 3. As-tu fait ton travail? 4. As-tu pris la voiture? 5. As-tu trouvé les lettres? 6. As-tu conduit la voiture? 7. As-tu mis la voiture en marche? 8. As-tu appelé Madame Bériot? 9. As-tu commandé le vin? 10. As-tu regardé les appartements?

2. a) *Setzen Sie „qui" oder „que (qu')" ein:*

1. Je connais la maison ... Monsieur Bériot veut acheter. 2. L'appartement ... est représenté sur cette photo est celui ... nous avons voulu acheter l'année dernière. 3. La voiture ... il a volée a coûté 10.000 francs. 4. Les robes ... vous avez achetées sont très belles. 5. L'émission ... j'ai vue hier soir était mauvaise. 6. Nous n'aimons pas les personnes ... parlent toujours politique. 7. C'est une situation ... me fait peur.

b) *Bilden Sie Fragen nach den Mustern:*

Monsieur Annot a acheté *un appartement.* — Qu'est-ce qu'il a acheté?
Madame Annot connaît *l'agent de police.* — Qui est-ce qu'elle connaît?
1. Yves visitera bientôt *la maison.* 2. L'agent de police a arrêté *Monsieur Annot.* 3. Madame Brun pense *à son frère.* 4. Paul connaît *le détenu.* 5. Eve a vu *les grottes préhistoriques.* 6. Monsieur Bériot travaille *pour son frère.* 7. Yves Doriez a crocheté la portière *avec un rossignol.* 8. Madame Bériot est arrivée *avec Marguerite.* 9. Robert a vu *une voiture rouge.* 10. Monsieur Annot pense *à sa femme.* 11. Robert et Yves parlent *de leurs vacances.* 12. L'agent de police connaît *une histoire.*

c) *Bilden Sie Antworten nach dem Muster:*

Est-ce que c'est votre femme? — Non, c'est celle de mon ami.

1. Est-ce que c'est votre portefeuille? 2. Est-ce que c'est votre appartement? 3. Est-ce que ce sont vos valises? 4. Est-ce que c'est votre rossignol? 5. Est-ce que ce sont vos enfants? 6. Est-ce que ce sont vos bouteilles? 7. Est-ce que c'est votre collègue?

3. a) *Steigern Sie folgende Sätze:*

1. Yves travaille bien, Christine ..., Marguerite.... 2. Notre jardin est joli, le jardin de nos amis ..., celui du professeur Chaval .... 3. Jean avance lentement, Jacques ..., Yves .... 4. L'apéritif est bon, le vin ..., les hors-d'œuvre .... 5. Ma robe est élégante, la robe de Marguerite ..., celle de Madame Chaval ....

b) *Geben Sie die weibliche Form folgender Adjektive an:*

élégant, bleu, petit, grand, joli, rouge, beau, nerveux, doux, lent, moyen, étonné, aucun, bon, frais, léger, certain, national, vif, meilleur, âgé, objectif, commercial, cher, parisien.

c) *Bilden Sie die Adverbien aus folgenden Adjektiven:*

brusque, léger, doux, vif, frais, lent, joli, objectif, certain

4. a) *Bilden Sie Antworten nach dem Muster:*

Votre mari aime le jambon? — Oui, il prendra volontiers du jambon.

1. Votre mari aime les olives? 2. Votre mari aime le vin? 3. Votre mari aime la salade? 4. Votre mari aime le pain? 5. Votre mari aime les salades variées? 6. Votre mari aime le fromage? 7. Votre mari aime les haricots? 8. Votre mari aime les hors-d'œuvre? 9. Votre mari aime les sardines à l'huile? 10. Votre mari aime la viande?

b) *Füllen Sie — wenn nötig — die Lücken:*

1. J'ai ... envie de parler politique. 2. Madame Annot a acheté ... vin. 3. Vous n'avez pas beaucoup ... appétit. 4. Je suis sans ... appétit, mais j'ai ... faim. 5. Moi, je n'ai pas ... argent. Lui, il a toujours ... argent. 6. Mon mari aime certains ... poissons. 7. Prenez ... sucre et ... lait. 8. Ne fais pas ... histoires. 9. Ma femme n'a pas ... douleurs. 10. J'ai acheté un peu ... pain.

5. a) *Lesen und schreiben Sie (in Buchstaben) folgende Zahlen:*

9, 13, 27, 38, 59, 67, 88, 925, 366, 7812, 9516, 12.418, 2.224.908, 17.228.668, 128.979.888

b) *Bilden Sie Antworten nach dem Muster:*

Quelle place est-ce qu'il a gagnée? (3). — Il a gagné la troisième place.

1. Quelles places est-ce que nos élèves ont gagnées? (4 et 5). 2. Quelle

place est-ce que Jean Leclerc a gagnée? (1). 3. Quelle place est-ce que notre équipe de football a gagnée? (2). 4. Quelle place est-ce que Jean a gagnée? (12). 5. Quelle place est-ce que Monsieur Chaval a gagnée? (17).

6. *Übersetzungsübungen:*

a) 1. Herr Bériot und seine Frau sind krank. Sie haben viel gegessen. 2. Die Entwicklungshilfe macht aus den weniger entwickelten Staaten stärkere Handelspartner. 3. Der dritte Platz von Yves Doriez ist eine schöne Leistung. 4. Kennen Sie die Stadt? — Ja, ich kenne sie wie meine Westentasche. 5. Die vorgeschichtlichen Menschen besaßen schon eine erstaunliche Fertigkeit im Zeichnen und Malen. 6. Dieser große Hebel hier ist der Schalthebel. Dieser kleine Hebel da dient dazu, die Blinkleuchten zu betätigen. 7. Ich weiß viele Dinge, die Sie nicht wissen. 8. Es ist eine Schande: Mindestens vierzig Prozent aller Sendungen sind schlecht. Ich werde mein Fernsehgerät verkaufen. 9. Wenn die Sendungen nicht so gut wären, würde ich mein Fernsehgerät verkaufen. 10. Mein Appartement hat zwei Stockwerke: Im ersten Stock sind (gibt es) ein Wohnzimmer, eine Küche und ein WC. Im zweiten Stock sind (gibt es) zwei Schlafzimmer, das Bad und ein Abstellraum.

b) — Wie heißen Sie?
— Ich heiße Eve Brun.
— Welchen Beruf haben Sie?
— Ich bin Sekretärin.
— Wie alt sind Sie?
— Ich bin 55 Jahre alt.
— Für wen arbeiten Sie?
— Ich arbeite für Herrn Bériot.
— Und Sie haben Geld gestohlen?
— Nein.
— Woran denken Sie?
— An nichts.
— Haben Sie etwas hinzuzufügen?
— Nein.
— Dann ist das Verhör beendet.

Leçon vingt et un

Les prévisions météorologiques **21A**

Evolution probable du temps en France entre le 12 octobre à 0 heure et le 13 octobre à 24 heures:

Une zone de haute pression régnant à l'ouest de la péninsule Ibérique, un courant d'air doux se dirigera de l'océan Atlantique à l'Europe occidentale et centrale. La perturbation se trouvant depuis samedi sur les îles Britanniques traversera une grande partie de la France en apportant des pluies abondantes.

Mardi matin, le temps sera encore frais du bassin Aquitain aux Alpes et à la Méditerranée, avec des éclaircies et des brouillards assez persistants à l'Est. Sur ces régions, les nuages deviendront plus abondants dans la journée, les éclaircies restant plus importantes sur le pourtour de la Méditerranée, où les vents faibliront.

Un temps plus doux s'établira dès le matin sur le reste de la France, le ciel restant cependant très nuageux à couvert. On notera des pluies localisées des Vosges et du nord des Alpes au nord du Massif central (neige en moyenne montagne), ainsi que de la Bretagne à la frontière belge. Le soir, ces pluies s'étendront surtout des Landes aux Vosges et au Jura, tandis que le temps deviendra plus variable avec des averses de la Bretagne à la frontière belge. Les vents, de sud-ouest à ouest, se renforceront; ils deviendront assez forts à forts sur les côtes de la Manche et de la mer du Nord.

Le 12 octobre à 7 heures, la pression atmosphérique était à Paris de 1.029,9 millibars, soit 772,5 millimètres de mercure.

les prévisions météorologiques *die Wettervorhersage*
l'évolution (*f*) *die Entwicklung*
probable *wahrscheinlich*
le temps *das Wetter*
entre *zwischen*
octobre (*m*) *Oktober*
0 (zéro) *0 (null)*
la zone *die Zone*
haut, -e *hoch*
la pression *der Druck*
régner *herrschen, regieren*
l'ouest (*m*) *der Westen*
la péninsule Ibérique *die Iberische Halbinsel*
le courant d'air *der Luftstrom*
doux, douce *warm, mild*
se diriger de ... à *sich bewegen von ... nach*
l'océan Atlantique (*m*) *der Atlantische Ozean*
l'Europe (*f*) *Europa*
occidental, -e, -aux *westlich, West-*
central, -e, -aux *Mittel-, Zentral-*
la perturbation *die Störung*
les îles Britanniques (*f*) *die Britischen Inseln*
la pluie *der Regen, der Regenschauer*
abonder *reichlich vorhanden sein*
abondant, -e *reichlich, stark*
le bassin Aquitain *das Aquitanische Becken* (= *Nordwestfrankreich*)
la Méditerranée *das Mittelmeer*
l'éclaircie (*f*) *die Aufheiterung*
le brouillard *der Nebel*
persister *lang anhalten*
persistant, -e *lang anhaltend*
l'est (*m*) *der Osten*
le nuage *die Wolke*
devenir (*konj. wie* venir) *werden* (*Entwicklung*)
la journée *der Tag(esablauf)*
importer *wichtig sein*

important, -e *wichtig, erheblich*
le pourtour *der Umfang, der Rand*
le vent *der Wind*
faiblir *schwächer werden, nachlassen*
(s') établir *(sich) einstellen, (sich) einrichten*
dès *(schon) von ... ab*
le reste *der Rest*
le ciel *der Himmel*
cependant *jedoch*
nuageux, -se *wolkig, bedeckt*
couvrir *bedecken*
noter *bemerken, notieren*
localisé *örtlich*
les Vosges *(f) die Vogesen*
Le Massif central *das Zentralmassiv*
la neige *der Schnee*
la montagne *das Gebirge*
ainsi que *sowie (= und)*
la Bretagne *die Bretagne*
la frontière *die Grenze*
belge *belgisch*
les Landes *(f) die Landes (Landschaft in Südwestfrankreich)*
le Jura *der Jura*
tandis que *während (jedoch)*
variable *wechselhaft, veränderlich*
l'averse *(f) der Regenschauer*
le sud-ouest *der Südwesten*
(se) renforcer *(sich) verstärken*
fort *stark*
la côte *die Küste*
la Manche *der Ärmelkanal*
la mer du Nord *die Nordsee*
la pression atmosphérique *der Luftdruck*
être de *betragen*
le millibar *das Millibar*
soit *das heißt, das ist, das sind*
le millimètre *der Millimeter*
le mercure *das Quecksilber, hier: die Quecksilbersäule*

Grammatik

Partizip Präsens (*participe présent*) und Gerundium (*gérondif*) **21 B₁**

Form des Partizips Präsens	
Ableitungsform: 1. Pers. Plur. Präsens	Partizip Präsens
rester : nous **restons**	**restant**
finir : nous **finissons**	**finissant**
prendre : nous **prenons**	**prenant**
recevoir: nous **recevons**	**recevant**

Der Stamm des Partizips Präsens entspricht (wie der Imperfekt-Stamm, siehe $15B_1$) meist dem Stamm der 1. Person Plural Präsens (Indikativ). Die Endung ist immer **-ant.**

Avoir und **être** haben das Partizip Präsens **ayant** und **étant.**

Gebrauch des Partizips Präsens		
1. Partizip Präsens als **Verb** = **unveränderlich**		
französisch	deutsch	Verwendung
a) Une zone de haute pression **régnant** à l'ouest de ...	Da im Westen ... eine Hochdruckzone herrscht ...	zur Angabe des Grundes
b) La perturbation **se trouvant** (= qui se trouve) sur les îles Britanniques ...	Die Störung, **die sich** über den Britischen Inseln **befindet** ...	anstelle eines Relativsatzes
c) Un temps plus doux s'établira, le ciel **restant** nuageux.	Das Wetter wird wärmer, **wobei** der Himmel (jedoch) bedeckt **bleibt**.	zum Ausdruck der Gleichzeitigkeit
2. Partizip Präsens als **Adjektiv** = **veränderlich**		
des pluies abondantes des brouillards persistants des éclaircies importantes	starke Regenfälle lang andauernder Nebel längere Aufheiterungen	als reines Adjektiv
3. Gerundium = **en** + Partizip Präsens = **unveränderlich**		
La perturbation traversera la France **en apportant** des pluies.	Die Störung wird Frankreich überqueren **und dabei** Regenfälle **mitbringen**.	betonte Gleichzeitigkeit

Das Partizip Präsens als **Verb** ist praktisch von allen Verben ableitbar.

Das Partizip Präsens als **Adjektiv** existiert nur von einer begrenzten Anzahl von Verben. Diese Formen werden im Wörterbuch als Adjektive aufgeführt.

Das Partizip Präsens als Verb und das Gerundium werden besonders in der Sprache der Verwaltung, in Berichten usw. verwendet. Im gesprochenen Französisch sind diese Formen seltener.

Zur Großschreibung geographischer Begriffe — $21B_2$

1. Substantiv mit großem Anfangsbuchstaben	
l'**E**urope centrale l'**E**urope occidentale	Der Eigenname wird durch das Substantiv wiedergegeben.
2. Adjektiv mit großem Anfangsbuchstaben	
les îles **B**ritanniques la péninsule **I**bérique l'océan **A**tlantique	Der Eigenname wird durch das Adjektiv wiedergegeben, das eine Gegend bezeichnet.
3. Länderadjektiv mit kleinem Anfangsbuchstaben	
la frontière **b**elge	Das Adjektiv bezeichnet keine Gegend.
4. Himmelsrichtungen	
la mer du **N**ord la France de l'**E**st le vent du **n**ord au **n**ord des Alpes au sud du Massif central	**Groß** wenn eine Gegend bezeichnet wird und keine Ergänzung folgt. **Klein** wenn die Himmelsrichtung bezeichnet wird oder eine Gegend angesprochen wird und eine Ergänzung folgt.

Verschiedenes — $21B_3$

a) **(de)venir**: Zu beachten ist der unregelmäßige Futur- und Konditional-Stamm **(de)viendr-**

d)

jour	journée
cinq jours = fünf Tage	*dans la journée* = im Lauf des Tages
neutrale Zeitangabe	Betonung des Zeitraums, des Zeitablaufs

vergl. an/année: $15B_3$.
soir/soirée: $18B_4$.

c) **régner** wird konjugiert wie **répéter** (vgl. $9C_5$ und $14B_3$).

Übungen — 21C

a) *Bilden Sie das Partizip Präsens von:*

chercher, aller, pouvoir, tenir, sentir, prendre, attendre, être, dire, ouvrir, vouloir, venir, répéter, connaître, mettre, conduire, croire, donner, avoir

b) *Bilden Sie aus den Relativsätzen Partizip-Präsens-Konstruktionen nach dem Muster:*

La zone de haute pression qui règne à l'Ouest établira un temps plus doux en France. — La zone de haute pression régnant à l'Ouest établira un temps plus doux en France.

1. Une perturbation qui traverse les îles Britanniques apportera des pluies abondantes. 2. Le temps plus doux qui s'établit dès le matin en France ne durera pas longtemps. 3. Les échanges qui augmentent chaque année encouragent l'économie nationale. 4. Le président de la République qui effectue ce voyage pour la première fois ne retournera que demain soir. 5. Le vent qui est assez faible apportera quand même quelques éclaircissements. 6. Les négociations qui n'ont apporté aucun résultat ont été arrêtées à midi.

c) *Bestimmen Sie die Funktion des Partizips Präsens in den folgenden Sätzen (Grund, relativ, Gleichzeitigkeit) und übersetzen Sie die Sätze ins Deutsche:*

1. Recevant chaque semaine une offre de stylos à bille publicitaires, Monsieur Levier répond enfin qu'on n'a pas besoin de publicité. 2. Un lundi matin, une grève éclate dans une entreprise parisienne, les ouvriers restant cependant à leur poste de travail. 3. Les ouvriers étant retournés au travail reçoivent une prime de vacances. 4. Ignorant les intentions des ouvriers, les directeurs passent des jours désagréables. 5. Le ciel restant nuageux, le temps sera assez frais. 6. Les nuages se trouvant à l'ouest de la France traverseront le Massif central cet après-midi.

d) *Geben Sie jeweils an, ob das Partizips Präsens ein Adjektiv oder ein Verb ist und verändern Sie wenn nötig die Wörter:*

1. La zone de haute pression persistant... sur l'Europe centrale, le temps doux durera. 2. La zone de haute pression persistant... fait durer le beau temps en Europe. 3. Les pluies abondant... des deux derniers jours ont interrompu le travail. 4. Les pluies abondant... ces deux jours, l'eau est suffisant... maintenant. 5. Les hommes préhistoriques possédaient une habileté étonnant... dans le dessin.

e) *Wiederholungsübung zum Futur: Setzen Sie vor folgende Sätze „demain" und die Sätze selbst ins Futur:*

1. Un courant d'air doux se dirige des Vosges aux Alpes. 2. Les vents se renforcent. 3. Mes parents viennent chez moi. 4. L'autocar traverse le Massif central. 5. Les vents deviennent très forts. 6. Une zone de haute pression s'établit au sud de la France. 7. Le temps reste toujours frais. 8. Le temps devient variable et il y a des averses. 9. Les pluies s'étendent des Alpes aux Vosges. 10. Une perturbation traverse l'Europe occidentale.

f) *Übersetzungsübung:*

Die Hochdruckzone, die sich im Westen der Britischen Inseln befindet, wird morgen den Ärmelkanal überqueren und einen milderen Luftstrom nach Frankreich bringen. Gleichzeitig wird der Wind aus westlicher Richtung schwächer werden. Von den Vogesen bis zum Mittelmeer wird es zu örtlichen Regenschauern kommen (mit *noter*), die gegen Abend nachlassen werden (= schwächer werden).
Heute morgen um acht Uhr betrug der Luftdruck 1035 Millibar, das sind etwa 775 Millimeter Quecksilbersäule.

Leçon vingt-deux

Ah, ces prix! 22A

A la station d'autobus, Monsieur Vernier rencontre son voisin. Celui-ci est en train de lire le journal.
— Bonjour, Monsieur Caracol.
— Ah, Monsieur Vernier, bonjour!
— Je viens de lire que les tarifs postaux vont augmenter à partir du premier septembre. Qu'est-ce que vous en pensez?
— J'ai entendu la nouvelle hier soir à la radio. Je suis étonné qu'ils aient décidé cette augmentation avant les élections. Ça va coûter pas mal de voix au parti gouvernemental.
— Naturellement. Et je doute que ce soit la dernière augmentation avant les élections.
— Mais qu'est-ce qui pourrait augmenter encore? L'eau coûte déjà plus cher, le courant a augmenté au printemps ...
— Je crains que les tarifs de la S. N. C. F. soient majorés bientôt. Et je suis sûr que cette augmentation dépassera 10%.
— Vous croyez? Mais il est peu probable que cette hausse intervienne avant la fin de l'année, n'est-ce pas? Parce que j'ai l'intention de faire un voyage en Allemagne au mois de novembre.
— Qui sait! Tout est possible à notre époque.
— Du reste, vous savez que la grève des cheminots ne sera pas terminée samedi comme prévu?
— Oui, je sais. Le ministre des transports a déclaré que cette grève était la plus nuisible et la plus insensée depuis dix ans. Je crois qu'il a raison. Il faudrait que le gouvernement prenne les mesures nécessaires pour obliger les grévistes à reprendre le travail.

— Ce n'est pas si facile que ça. Le gouvernement ne peut pas défendre tout simplement la poursuite de la grève. Ah! voilà mon bus. Il faut que je monte. Alors, au revoir.
— Au revoir et mes amitiés à madame.
Monsieur Vernier monte dans l'autobus tandis que Monsieur Caracol reste à la station en attendant l'arrivée du sien.

la station *die Haltestelle*
l'autobus (*m*) *der Stadtbus*
le voisin *der Nachbar*
lire *lesen*
je viens de lire *ich habe eben gelesen*
le tarif *der Tarif, der Preis*
postal, -e, -aux *Post-*
augmenter *sich erhöhen*
à partir de *von ... ab*
septembre (*m*) *September*
Qu'est-ce que vous en pensez? *Was halten Sie davon? Wie denken Sie darüber?*
la radio *das Radio*
étonné *überrascht*
ils aient (*von* avoir) *sie haben*
avant *vor*
les élections (*f*) *die Wahlen*
pas mal (de) *ziemlich viele*
le parti *die (politische) Partei*
gouvernemental, -e, -aux *Regierungs-*
douter *(be)zweifeln*
soit (*von* être) *ist, sei*
pourrait (*von* pouvoir) *könnte*
coûter cher *teuer sein*
le courant *der (elektrische) Strom*
au printemps *im Frühling*
craindre *fürchten*
la S.N.C.F. (= Société Nationale des Chemins de fer Français) *die (französische) Eisenbahn*
majorer *erhöhen*
dépasser *übersteigen*
intervenir *eintreten*
en Allemagne *in Deutschland*
le mois *der Monat*
au mois de *im Monat*
novembre (*m*) *November*
possible *möglich*
l'époque (*f*) *die Zeit, die Epoche*
du reste *übrigens*
le cheminot *der Eisenbahner*
prévu (*von* prévoir) *vorgesehen*
le ministre des transports *der Verkehrsminister*
nuisible *schädlich*
il faudrait (*von* il faut) *es wäre nötig*
le gouvernement *die Regierung*
prendre *ergreifen*
la mesure *die Maßnahme*
nécessaire *notwendig*
obliger *zwingen*
Ce n'est pas si facile que ça. *So leicht ist (geht) das (auch wieder) nicht!*
défendre *verbieten*
tout simplement *ganz einfach*
la poursuite *die Fortsetzung*
le bus *der Bus*
monter (dans) *einsteigen (in)*
l'amitié (*f*) *die Freundschaft*
mes amitiés à madame *Grüße an Ihre Frau*
l'arrivée (*f*) *die Ankunft*
le sien *der seine*

Grammatik

Der „subjonctif“ (Konjunktiv) **22B₁**

Formen

Il faut que j' attende Il faut que tu attende**s** Il faut qu' il attende Il faut que nous attend**ions** Il faut que vous attend**iez** Il faut qu' ils attend**ent**	**Endungen:** stammbetonte Formen: wie die Verben auf **-er** im Präsens Indikativ endungsbetonte Formen: wie das Imperfekt
venir: ils **viennent** → que je **vienne** que tu **viennes** qu' il **vienne** qu' ils **viennent** nous **venions**→que nous **venions** vous **veniez** que vous **veniez**	**Stamm:** stammbetonte Formen: wie 3. Person Plural Präsens Indikativ endungsbetonte Formen: Stamm und Endung entsprechen meist dem Imperfekt.
avoir: que j' aie, que tu aies, qu' il ait, que nous ayons, que vous ayez, qu' ils aient **être**: que je sois, que tu sois, qu' il soit, que nous soyons, que vous soyez, qu' ils soient	Diese Formen werden auch für den Imperativ verwendet, z. B.: *sois sage!* = sei brav! *n'ayez pas peur!* = habt keine Angst!

Der „subjonctif“ wird fast nur in Nebensätzen gebraucht.

Gebrauch von Indikativ und „subjonctif“ **22B₂**

Indikativ: Modus für Aussagen, die als Tatsache betrachtet werden	Es spielt keine Rolle, ob die Aussage wirklich eine Tatsache ist; sie wird jedenfalls als solche betrachtet.
Je **suis sûr** que l'augmentation **dépassera** 10%. Vous **savez** que la grève **sera** terminée samedi? Le ministre **a déclaré** que cette grève **était** insensée. Je **crois** qu'il **a** raison.	

subjonctif: Modus der persönlichen Auffassung	Gehalt der Aussage:
Je **suis étonné** qu'ils **aient** décidé cela. Je **crains** que les tarifs **soient** majorés.	1. Gefühlsregung
Je **doute** que ce **soit** la dernière augmentation. **Il est peu probable** que la hausse **intervienne** avant les élections.	2. Zweifel, Unsicherheit
Il faut que je **monte.** **Il faudrait** que le gouvernement **prenne** les mesures nécessaires. Le gouvernement **défend** que la grève **soit** continuée.	3. Zwang, Befehl, Wunsch, Erlaubnis, Verbot

Im Indikativ haben Präsens und Futur verschiedene Formen. Der „subjonctif" wird dagegen sowohl für einen Präsensvorgang als auch für einen Futurvorgang verwendet.

Präsens und Partizip Perfekt des unregelmäßigen Verbs *craindre* **22B₃**

je crains tu crains il craint	nous craignons vous craignez ils craignent	Hinweis: Alle anderen Formen (Futur usw.) sind regelmäßig ableitbar. Siehe hierzu die Ableitungstabelle im Anhang (Seite 189)
Part. Perf.	craint, e	

Verschiedenes **22B₄**

a) *Il faut lire le journal.* = Man muß die Zeitung lesen.
Il faut que je monte. = Ich muß einsteigen.

Zu beachten ist auch das unregelmäßige Futur und Konditional: *il faudra, il faudrait*

b) Auch **pouvoir** hat in Futur und Konditional einen unregelmäßigen Stamm: **pourr-**
z. B.: *je pourrai, nous pourrions*

c) *Les prix* **ont** *augmenté.* = Die Preise **sind** gestiegen.
Le gouvernement a augmenté les tarifs. = Die Regierung hat die Tarife erhöht.

d) *coûter cher* = teuer sein
Cher ist dabei adverbial gebraucht und deshalb unveränderlich!

e) In dem Satz: „*Ce n'est pas si facile que ça.*" können alle möglichen Adjektive eingesetzt werden, z. B. *difficile, grand, petit, loin, près.* Dabei ändert sich natürlich der Sinn entsprechend.

a) *Übungen zu den Formen des „subjonctif“*

1. *Bilden Sie die 1. Person Singular des „subjonctif“ folgender Verben über die im Grammatikteil angegebene Ableitung.*
Muster: sortir — ils sortent — que je sorte
chercher, finir, rendre, recevoir, prendre, tenir, répéter, répondre, voir, connaître, dormir, mettre, ouvrir, conduire, regarder, croire, entendre, coûter, craindre, lever, sortir, dire

2. *Bilden Sie die 1. Person Plural des „subjonctif“ der Verben von Übung 1.*
Muster: sortir — nous sortions (= *Imperfekt oder „subjonctif“*)

b) *Lösen Sie die Klammern auf (Präsens Indikativ oder „subjonctif“) und begründen Sie, warum Sie Indikativ oder „subjonctif“ setzen:*

1. Nous savons que Jacques (être) malade. 2. Christine dit qu'elle (être) malade. 3. Monsieur Vernier est fâché que tu ne (être) pas venu. 4. Il est possible que mon frère (venir) demain soir. 5. J'ai remarqué que Madame Caracol (avoir) quitté la maison. 6. Mon frère est surpris que vous ne (être) pas venus. 7. Nous avons appris que Christine et Annik (avoir) l'intention de nous rendre visite. 8. Mon père craint que je ne (finir) jamais mon travail. 9. Je veux que Jean (venir) immédiatement! 10. Il est nécessaire que cette mesure (intervenir) avant la fin de l'année. 11. Vous voyez qu'on vous (avoir) menti. 12. J'ai peur que vous (conduire) trop vite. 13. Je trouve que Robert (être) très intelligent. 14. Madame Vernier pense que vous (devoir) travailler plus. 15. Je comprends que tu ne (pouvoir) pas venir.

c) *A. Formen Sie folgende Sätze um nach dem Muster:*

Tu finis le travail? — Il faut que tu finisses le travail.
1. Jean commence la leçon? 2. Vous reprenez le travail? 3. Tu regardes la revue automobile? 4. Vous cherchez la valise? 5. Monsieur Vernier visite le Louvre? 6. Vous appelez Madame Levier? 7. Tu dors longtemps? 8. Ils ouvrent la fenêtre? 9. Vous tapez la lettre à la machine? 10. Vous êtes sages? 11. Tu retournes au boulot? 12. Vous dormez en ville? 13. Paul achète un paquet de cigarettes? 14. Tu prends la valise? 15. Il conduit la voiture? 16. Nous regardons cette émission? 17. Tu vends ton poste de télévision? 18. Nous passons la soirée chez Fred? 19. Vous crochetez la portière? 20. Tu ranges tes affaires dans la voiture?

B. Formen Sie die Sätze aus Übung A. um nach dem Muster:
Tu finis le travail? — Tu dois finir le travail.

d) *Formen Sie folgende Sätze um nach dem Muster:*

Il viendra? — Il est possible qu'il vienne.

1. Monsieur Levier prendra cette mesure? 2. Votre frère retournera au travail? 3. Elle entrera dans le supermarché? 4. Ton ami appellera Francine? 5. Il achètera la maison? 6. Papa conduira la voiture? 7. Maman attendra l'arrivée du bus? 8. Elle tapera la lettre à la machine? 9. Ils reprendront le travail? 10. L'agent de police arrêtera la voiture?

e) *Formen Sie folgende Sätze um nach dem Muster:*

Vous vendrez la maison? — Il est probable que je vende la maison.

1. Vous viendrez à Paris? 2. Vous arrêterez Jean Doriez? 3. Vous passerez les vacances au bord de la mer? 4. Vous achèterez la viande? 5. Vous téléphonerez à votre ami? 6. Vous répondrez à cette lettre? 7. Vous conduirez la voiture? 8. Vous demanderez à votre jeune collègue? 9. Vous renoncerez à cette émission? 10. Vous regarderez le journal télévisé?

f) *Übersetzungsübung:*

1. Ich bezweifle, daß die Preiserhöhung vor den Wahlen eintritt. 2. Der Verkehrsminister hat erklärt, daß die Regierung die notwendigen Maßnahmen ergreifen wird. 3. Wir fürchten, daß dies nicht die letzte Tariferhöhung sein wird. 4. Die Regierung könnte die Fortsetzung des Streiks verbieten. Aber so leicht geht das auch wieder nicht. 5. Ist dieses Kleid teuer? — Ja, es kostet etwa 500 Francs. 6. Die Preise sind um etwa 5% gestiegen. 7. Ich muß leider die Preise erhöhen. 8. Wir glauben, daß Herr Müller die Tariferhöhungen fürchtet. 9. Wissen Sie, wann der Streik beendet sein wird? 10. Wir bleiben in Paris. Was haltet ihr davon?

Leçon vingt-trois

Messieurs, . . . 23A

Hôtel Mistral

Aix-en-Provence

Francfort, le 3 avril

Messieurs,

Monsieur Gautier, l'un de nos correspondants en France, m'a donné votre adresse. Ayant l'intention de combiner un voyage d'affaires avec un séjour d'études, je cherche une chambre d'hôtel pour ma femme et moi, du 30 mai à la mi-juillet. Je suis disposé à louer une chambre à 2 lits dans votre hôtel, à condition que vous me fassiez un prix spécial tenant compte de la durée exceptionnelle de notre séjour.

Je vous prie de me faire une offre pour une chambre à 2 lits avec salle de bains et toilettes pour la période indiquée. Je tiens à ce que la chambre soit tranquille et nous permette, le cas échéant, de travailler. Si vos conditions me conviennent, je suis prêt à vous payer un acompte. Veuillez m'indiquer dans votre réponse votre compte en banque ou votre compte chèque postal ainsi que l'acompte désiré, afin que je puisse effectuer le virement.

Je vous serais très reconnaissant de bien vouloir m'envoyer en même temps, dans la mesure du possible, des prospectus de la région et m'indiquer les possibilités de location de voitures, de telle sorte que je puisse organiser les détails de notre séjour en Provence.

Dans l'attente d'une prompte réponse de votre part, je vous prie d'agréer, Messieurs, mes salutations distinguées.

Herbert Kühn

Monsieur,

Aix-en-Provence, le 11 avril

Nous avons bien reçu votre lettre du 3 avril et vous en remercions. Ci-joint, vous trouverez toute la documentation qui pourrait vous être utile ainsi que notre prix courant. En général, nous accordons une remise de 20% sur tous nos prix pour les séjours d'au moins 8 semaines. Etant donné nos bonnes relations avec Monsieur Gautier et bien que vous ne restiez que 6 semaines, nous sommes cependant disposés à vous accorder cette réduction. Nous vous réservons donc, à partir du 16 mai, une très belle chambre à 2 lits donnant sur la

cour. Veuillez confirmer cette réservation d'ici le 1er mai au plus tard et virer un acompte de 500 francs à notre compte no 30.788 au Crédit Lyonnais d'Aix-en-Provence.
Tout dévoués à vos ordres, nous vous prions, Monsieur, d'agréer nos meilleures salutations.

Paul Ducroix

P. J.

Francfort *Frankfurt*
avril (*m*) *April*
l'adresse (*f*) *die Anschrift*
le correspondant *der Geschäftsfreund*
combiner *kombinieren, verbinden*
à *bis*
la mi-juillet *Mitte Juli*
être disposé à *bereit sein zu*
louer *mieten*
la chambre à 2 lits *das Zweibettzimmer*
à condition que *vorausgesetzt (daß)*
vous fassiez (*von* faire) *Sie machen*
spécial, -e *Sonder-, Spezial-*
tenir compte de qch *etw. berücksichtigen*
la durée *die Dauer*
exceptionnel, -le *außergewöhnlich*
prier (de) *bitten (zu)*
les toilettes (*f*) *die Toilette*
la période *die Zeit(dauer)*
tenir à ce que *Wert darauf legen, daß*
tranquille *ruhig*
permettre *ermöglichen, erlauben*
le cas échéant *gegebenenfalls*
la condition *die Bedingung*
convenir (*konj. wie* venir) *zusagen, passen*
être prêt à *bereit sein zu*
l'acompte (*m*) *die Anzahlung*
veuillez (*von* vouloir) *wollen Sie bitte*

le compte *das Konto*
le compte en banque *das Bankkonto*
le compte chèque postal *das Postscheckkonto*
afin que *damit*
je puisse (*von* pouvoir) *ich kann*
le virement *die Überweisung*
reconnaissant, -e *dankbar*
je vous serais reconnaissant(e) de bien vouloir... *ich wäre Ihnen dankbar, wenn Sie mir ... würden ...*
envoyer *schicken*
dans la mesure du possible *möglichst* (= *im Maße des Möglichen*)
le prospectus *der Prospekt*
la possibilité *die Möglichkeit*
la location *das Mieten*
de telle sorte que *so daß; derart, daß*
le détail *die Einzelheit*
La Provence *die Provence*
l'attente (*f*) *die Erwartung*
prompt, -e *rasch, umgehend*
de votre part *von Ihnen* (= *von Ihrer Seite*)
agréer *entgegennehmen*
la salutation *der Gruß*
distingué *hervorragend*
Je vous prie d'agréer, Messieurs, mes salutations distinguées. *Hochachtungsvoll*

Nous avons bien reçu votre lettre du ... *Wir danken für Ihren Brief vom ...*
en *dafür*
ci-joint *anbei*
la documentation *die Unterlagen*
le prix courant *die Preisliste*
la remise *der Preisnachlaß*
étant donné *eingedenk*
les relations (*f*) *die Beziehungen*
la réduction *der Preisnachlaß*
bien que *obwohl*
donner sur *hinausgehen auf*
la cour *der Hof*
confirmer *bestätigen*
la réservation *die Reservierung*
d'ici le 1er mai *bis 1. Mai*
au plus tard *spätestens*
virer (à) *überweisen (auf)*
le Crédit Lyonnais *der Crédit Lyonnais* (= *große französische Bank*)
dévoué *ergeben*
tout dévoué à vos ordres *etwa: stets zu Ihren Diensten*
Nous vous prions, Monsieur, d'agréer nos meilleures salutations. *Hochachtungsvoll*
P. J. (= pièces jointes) *Anlagen*

Grammatik

Verben mit unregelmäßigen „subjonctif"-Formen **23B₁**

	aller	faire	pouvoir	savoir	vouloir
que j(e)	aille	fasse	puisse	sache	veuille
que tu	ailles	fasses	puisses	saches	veuilles
qu' il	aille	fasse	puisse	sache	veuille
que nous	allions	fassions	puissions	sachions	voulions
que vous	alliez	fassiez	puissiez	sachiez	vouliez
qu' ils	aillent	fassent	puissent	sachent	veuillent

Der „subjonctif" nach anderen Konjunktionen als *que* **23B₂**

Beispielsatz	Nach diesen Konjunktionen steht der „subjonctif"
Je suis disposé à louer une chambre, **à condition que** vous me **fassiez** un prix spécial.	à condition que = *vorausgesetzt (daß)*
Veuillez m'indiquer votre compte, **afin que (pour que)** je **puisse** effectuer le virement.	pour que / afin que } = *damit*
Veuillez m'envoyer des prospectus, **de telle sorte que (de manière que)** je **puisse** organiser notre séjour.	de (telle) sorte que / de manière que } = *so daß*
Nous vous accordons cette remise, **bien que (quoique)** vous ne **restiez** que 6 semaines.	bien que / quoique } = *obwohl*
Nous resterons **jusqu'à ce que** le travail **soit** terminé.	jusqu'à ce que = *bis*

Verschiedenes **23B₃**

a) Der Redewendung „*tenir à ce que*" (= Wert legen darauf, daß) folgt immer der „subjonctif".

b) **Veuillez** am Satzanfang kommt nur noch in der Handelskorrespondenz und in der Sprache der Verwaltung vor und bedeutet dann „bitte" („wollen Sie bitte").

a) *1. Bilden Sie die 2. Person Singular des „subjonctif" folgender Verben:*
savoir, mettre, recevoir, aller, craindre, dire, pouvoir, sortir, ouvrir, prendre, faire, croire, vouloir, mentir

2. Bilden Sie die 2. Person Plural des „subjonctif" folgender Verben:
commencer, conduire, vouloir, connaître, savoir, permettre, devenir, coûter, aller, pouvoir, trouver, finir, dormir, faire, lever, attendre

b) *Setzen Sie eine passende Konjunktion ein (ggf. gibt es mehrere Möglichkeiten):*
1. J'aimerais une chambre tranquille .... je puisse travailler. 2. On ne nous a pas réservé notre chambre .... nous ayons viré un acompte. 3. Nous vous envoyons ci-joint toute notre documentation .... vous puissiez organiser les détails de votre voyage. 4. Nous vous réserverons une chambre à 2 lits .... vous viriez un acompte. 5. Je chercherai .... je trouve le résultat.

c) *Übersetzungsübung:*
1. Sind Sie bereit, eine Anzahlung zu leisten (zahlen)? 2. Bitte schicken Sie mir einen Prospekt Ihres Hotels, damit ich sehe, ob es mir zusagt. 3. Besteht (gibt es) die Möglichkeit, einen Wagen zu mieten? 4. Wir haben die Absicht, einige Tage in Aix-en-Provence zu verbringen. 5. Du bleibst (Futur), bis deine Arbeit beendet ist! 6. Ich möchte eine Geschäftsreise mit einem Studienaufenthalt verbinden. Ich suche deshalb ein Zweibettzimmer vom 25. September bis 30. Oktober. 7. Meine Frau und ich, wir legen Wert darauf, daß das Zimmer auf die Straße hinausgeht. 8. Bitte geben Sie uns Ihr Bankkonto und Ihr Postscheckkonto an, damit wir die 200 Francs überweisen können. 9. Wenn Ihnen unsere Bedingungen zusagen, sind wir gerne bereit, Ihnen ein Angebot zu unterbreiten (machen). 10. Unser Angebot berücksichtigt die Dauer Ihres Aufenthalts.

d) *Übersetzen Sie:*

Sehr geehrte Herren!

Da ich die Absicht habe (Die Absicht habend), [im Monat Mai] ④ [eine Woche] ② [in Paris] ③ [zu verbringen,] ① bitte ich Sie, mir vom 17. bis 24. Mai ein Zweibettzimmer zu reservieren. Ich bin bereit, eine Anzahlung von 200 Francs zu leisten (bezahlen), sobald (*dès que*) ich Ihre Antwort erhalte (erhalten werde). Bitte bestätigen Sie die Reservierung bis spätestens 1. April und geben Sie gleichzeitig Ihr Bankkonto an, damit ich die Anzahlung überweisen kann.

Hochachtungsvoll

Leçon vingt-quatre

Une conversation téléphonique 24A

Francine Touet entre dans une cabine téléphonique, décroche, introduit un jeton dans l'appareil et compose le numéro 929.72.48. Quelques secondes, puis quelqu'un décroche à l'autre bout:
— Allô?
— C'est le bureau de Monsieur Mataras?
— Oui, Madame.
— Alors, passez-moi Monsieur Mataras, s'il vous plaît.
— Qui est à l'appareil?
— Madame Touet.
— Un instant, s'il vous plaît.
Quelques secondes plus tard:
— Allô, c'est toi, Francine?
— Oui, bonjour Didier. Dis donc: Tu aimerais voir les diapositives de notre voyage en Egypte? J'ai sélectionné les meilleures et on les présentera à quelques amis. Ça t'intéresserait de les voir aussi?
— Bien sûr.
— Pourrais-tu apporter ton projecteur?
— Volontiers. Ça sera quand?
— Samedi soir.
— Ah, c'est bête! Mon frère m'a invité à aller le voir à Dieppe. Je dois y aller ce week-end, car je le lui ai promis depuis des semaines. Mais vous aurez mon projecteur quand même. Je vous l'apporterai demain ou après-demain.
— Tu es très gentil. Alors, à demain ou après-demain.
— Attends! J'ai encore autre chose. Je vous dois toujours un cadeau que je vous avais promis à l'occasion de votre mariage. Est-ce que vous aimeriez des chaises en rotin pour votre balcon?
— On en a déjà, malheureusement.
— Et une cafetière électrique?
— Tu n'as pas de chance. On en a déjà une.
— Alors, je vous ferai cadeau de quelques disques. Vous aimez les disques de jazz moderne, n'est-ce pas? — Je vous en apporterai quelques-uns en même temps que le projecteur.
— Oh, ce serait formidable!
— Et rappelle à ton mari qu'il m'a promis de me montrer les photos de son voyage en Afrique centrale d'il y a deux ans. Il pourrait me les

montrer prochainement en même temps que les photos de votre voyage en Egypte.
— D'accord. Je le lui dirai. Je n'y manquerai pas.
— Allez, au revoir.
— Au revoir, et merci à l'avance pour le projecteur.

la conversation téléphonique *das Telefongespräch*
Francine *Francine*
la cabine téléphonique *die Fernsprechzelle*
décrocher *abheben*
introduire *einführen, einwerfen*
le jeton *die Telefonmarke*
l'appareil (*m*) *der Apparat*
composer *wählen* (= *zusammensetzen*)
le bout *das Ende*
allô? *hallo?*
passez-moi ... *verbinden Sie mich mit ...*
Didier *Didier*
la diapositive *das Dia(positiv)*
l'Egypte (*f*) *Ägypten*
présenter *zeigen, vorführen*
apporter *mitbringen*
le projecteur *der Projektor*
bête *dumm*
aller voir qn *jdn besuchen*
Dieppe *Dieppe* (*Stadt an der französischen Kanalküste*)
y *dorthin*
promettre (*konj. wie* mettre) *versprechen*
gentil, -le *nett*
autre chose *etwas anderes*
devoir *schulden*
le cadeau *das Geschenk*
à l'occasion de *anläßlich*
le mariage *die Hochzeit*
la chaise en rotin *der Korbstuhl*
le balcon *der Balkon*
en (*davon*) *welche*
la cafetière *die Kaffeemaschine*
électrique *elektrisch*
la chance *das Glück*
pas de chance *kein Glück*
en (*davon*) *hier: unübersetzt*
faire cadeau de qch à qn *jdm etw. schenken*
le disque *die Schallplatte*
le jazz moderne *der „modern jazz"*
quelques-uns, -unes *einige*
en même temps que *zusammen mit*
formidable *großartig*
montrer *zeigen*
il y a *vor*
prochainement *in nächster Zeit*
je n'y manquerai pas *ich werde es nicht versäumen*
allez *also*
à l'avance *im voraus*

Grammatik

Zwei Personalpronomen als Objekte **24B₁**

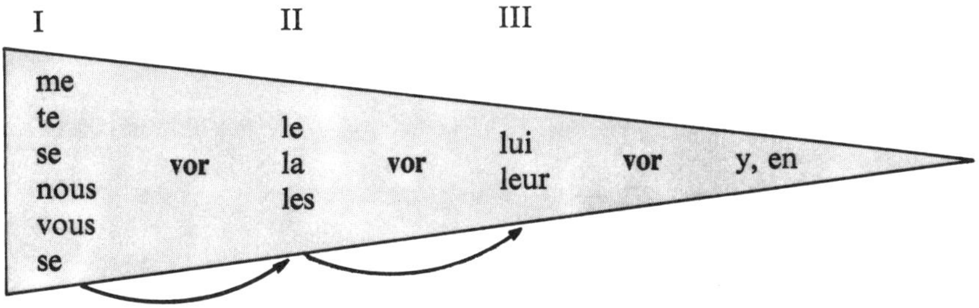

Kombinationen sind nur möglich in Pfeilrichtung und zwar:
Gruppe I mit Gruppe II; Beisp.: *Il* **me le** *donne.*
Gruppe II mit Gruppe III; Beisp.: *Il* **le lui** *donne.*
Y bzw. **en** stehen in Kombinationen immer an zweiter Stelle. Beispiel: *Il* **m'en** *donne une.*

Zur Stellung im Satz:

Wie ein einzelnes Pronomen, so stehen auch zwei Pronomen vor dem Verb oder Hilfsverb:

Il le lui donne.
Il le lui a donné.
Il ne le lui donne pas.
Il ne le lui a pas donné.
Le lui donne-t-il?
Le lui a-t-il donné?
Ne le lui donne-t-il pas?
Ne le lui a-t-il pas donné?
Est-ce qu'il le lui donne?
Est-ce qu'il le lui a donné?

In der Konstruktion: „Verb + Infinitiv" steht ein Pronomen oder eine Pronomenkombination (oder **y** bzw. **en**) **vor** dem **Infinitiv**.

z. B.: *Il m'a invité à aller* **le** *voir.*
Tu aimerais **les** *voir?*
Je ne veux pas **la** *voir.*

Ausnahmen:

Bei *voir* / *faire* / *laisser* / *entendre* } + Infinitiv

steht ein Pronomen oder eine Pronomenkombination vor dem konjugierten Verb.

z. B.: *Il les entend venir.*
Je l'ai vu décrocher.

en **24B$_2$**

J'ai fait un voyage et j'**en** ai profité.	Wir haben **davon** profitiert.
Nous avons reçu votre lettre et vous **en** remercions.	Wir danken Ihnen **dafür**.
Tu aimerais une cafetière? — **J'en** ai déjà une.	Ich habe schon **eine**.
Tu aimerais des chaises en rotin? — J'**en** ai déjà (quelques-unes).	Ich habe schon **welche**.

Futur und Konditional unregelmäßiger Verben **24B3**

croire : je croirai connaître: je connaîtrai conduire : je conduirai dire : je dirai mettre : je mettrai prendre : je prendrai	**regelmäßiger** Futur- und Konditional-Stamm
aller : j' irai faire : je ferai pouvoir : je pourrai savoir : je saurai tenir : je tiendrai venir : je viendrai voir : je verrai vouloir : je voudrai	**unregelmäßiger** Futur- und Konditional-Stamm: Dieser Stamm ist für alle Personen und für Futur und Konditional gleich.

Verschiedenes **24B4**

a) Nach **c'est** steht immer das betonte Personalpronomen: *C'est moi, c'est toi, etc.*

b) *Il y a* = **vor** für vergangene Zeit von der Gegenwart aus betrachtet
avant = **vor** für Zeit in der Zukunft (vom Zeitpunkt aus gesehen, von dem man spricht, d. h., daß der Satz auch in der Vergangenheit stehen kann. Siehe auch im Anhang unter der Präposition **avant,** Seite 196)

Übungen **24C**

a) *Beantworten Sie die Fragen nach dem Muster:*

Est-ce qu'il t'a montré la cafetière? — Oui, il me l'a montrée.
1. Est-ce qu'il t'a donné le journal? 2. Est-ce qu'il t'a vu? 3. Est-ce qu'il t'a promis l'appartement? 4. Est-ce qu'il t'a envoyé la lettre? 5. Est-ce qu'il t'a présenté les diapositives? 6. Est-ce qu'il t'a apporté le projecteur? 7. Est-ce qu'il t'a donné les 10 francs? 8. Est-ce qu'il t'a regardé? 9. Est-ce qu'il t'a invité? 10. Est-ce qu'il t'a cherchée?

b) *Beantworten Sie die Fragen nach dem Muster:*

Est-ce que vous avez invité les Touet? — Non, je ne les ai pas invités.
1. Est-ce que vous avez vu Paul Duriez? 2. Est-ce que vous avez regardé le journal? 3. Est-ce que vous avez entendu la nouvelle? 4. Est-ce que vous avez apporté le projecteur? 5. Est-ce que vous avez acheté la maison? 6. Est-ce que vous avez trouvé votre permis de conduire? 7. Est-ce que

vous avez reçu cette lettre? 8. Est-ce que vous avez fini le travail? 9. Est-ce que vous avez vendu la maison? 10. Est-ce que vous avez invité Jean Touet?

c) *Beantworten Sie die Fragen aus Übung a) mit „Non, . . .“ und die aus Übung b) mit „Oui, . . .“*

d) *Formen Sie folgende Sätze um nach dem Muster:*

Il a donné le journal à son frère. — Il le lui a donné.

1. Jacques a montré les photos à son ami. 2. Monsieur Touet a présenté les diapositives à sa femme. 3. J'ai apporté mon projecteur à mes amis. 4. Jean a promis les disques à ma femme. 5. Ma femme a invité les Touet. 6. Mon mari a raconté la nouvelle à Monsieur Duriez. 7. J'ai rappelé les 100 francs à Paul et Yves. 8. Nous avons donné les disques à nos voisins. 9. Paul Touet a montré la photo à son ami. 10. Nous avons promis le projecteur à nos voisins.

e) *Bilden Sie aus den positiven Lösungen aus Übung d) negative Sätze nach dem Muster:*

Il ne le lui a pas donné.

f) *Ersetzen Sie das Objekt oder die Objekte durch das (bzw. die) Pronomen nach dem Muster:*

Demain, j'irai voir mes amis. — Demain, j'irai les voir.

1. Je ne peux pas payer les 100 francs. 2. Est-ce que tu entends parler Monsieur Touet? 3. Nous avons vu venir votre ami. 4. Est-ce que vous aimeriez voir les photos? 5. Nous pouvons donner les photos à votre frère. 6. Nous faisons réserver la chambre à 2 lits. 7. Est-ce que vous laissez dormir les enfants? 8. Est-ce que vous voulez apporter le projecteur? 9. Je fais appeler le médecin. 10. Je veux appeler le médecin.

g) *Beantworten Sie die Fragen nach den Mustern:*

Vous aimeriez une cafetière électrique? — Malheureusement, on en a déjà une.
Vous aimeriez des assiettes? — Malheureusement, on en a déjà.

1. Vous aimeriez des chaises de camping? 2. Vous aimeriez des disques de jazz moderne? 3. Vous voulez un canot pneumatique? 4. Vous aimeriez un projecteur? 5. Vous voulez des chaises en rotin? 6. Vous voulez une voiture?

h) *1. Bilden Sie die 1. Person Plural Konditional folgender Verben:*

pouvoir, dire, finir, croire, venir, voir, mettre, ouvrir, donner, aller, prendre, perdre, faire, savoir, chercher, connaître, tenir, conduire

2. Bilden Sie die 3. Person Plural Futur folgender Verben:

connaître, ouvrir, offrir, aller, pouvoir, tenir, mettre, prendre, connaître, faire, croire, voir, vouloir, venir

i) *Übersetzungsübung:*

1. Könnten Sie Ihren Projektor mitbringen? — Gern. 2. Herr Mataras hebt ab: Hallo, Yves, bist du es? 3. Mein Bruder hat mich eingeladen, ihn in Paris zu besuchen. 4. Verbinden Sie mich bitte mit Herrn Mataras. 5. Wir haben die besten Photos ausgewählt und werden sie einigen Freunden zeigen. 6. Ich schulde dir noch ein Geschenk. 7. Herr Touet hat eine Reise nach Ägypten und nach Zentralafrika gemacht. 8. Ihr habt kein Glück. Wir haben schon eine elektrische Kaffeemaschine. 9. Möchtet ihr unsere Dias sehen? 10. Wer ist am Apparat? — Herr Touet. — Einen Augenblick bitte.

Leçon vingt-cinq

Au restoroute **25A**

La jauge d'essence de la voiture des Grenelle est presque à zéro. Monsieur Grenelle, montrant du doigt un panneau au bord de l'autoroute, dit à sa femme:
— Restoroute Vallée du Rhône, deux kilomètres. Ouf! Nous l'avons échappé belle! Il est grand temps de faire le plein.
Les Grenelle sont maintenant à la station-service. Monsieur Grenelle descend et dit au pompiste:
— Le plein, s'il vous plaît.
Et, se tournant vers sa femme:
— Tu peux me passer le porte-monnaie? Il est dans la boîte à gants.
Madame Grenelle tend le porte-monnaie à son mari qui attend que le réservoir soit rempli. Puis elle se tourne vers les enfants assis au fond de la voiture:
— Voulez-vous une glace?
Les enfants: Oui, maman.
Madame Grenelle s'adresse à son mari qui est en train de payer:
— Chéri, les enfants voudraient une glace. Donne-leur un peu d'argent, veux-tu?
Monsieur Grenelle: Je voulais justement te proposer de prendre un café au restoroute. Les enfants pourront manger leur glace là-bas.

Madame Grenelle: Bonne idée! Allons-y!
Monsieur Grenelle conduit la voiture au parking et tous descendent.
Madame Grenelle: Couvrez-vous, il fait froid. — Tiens, Marcel, prends ton pull.
Philippe: C'est le mien!
Marcel: Mais non, il est à moi, donne-le-moi!
Madame Grenelle: Fais voir. Philippe a raison. C'est le sien. Donne-le-lui.
Marcel: Et où est le mien?
Madame Grenelle: Là, attrape!
Enfin, toute la famille est prête. On entre et s'assied autour d'une table libre.
Le garçon: Bonjour Messieurs Dames. Vous désirez?
Monsieur Grenelle à sa femme: Tu prends aussi un café crème?
Madame Grenelle: Oui.
Monsieur Grenelle au garçon: Deux cafés crème et un paquet de Gauloises. Et pour les enfants, deux glaces.
Le garçon: A la vanille, au chocolat, à la fraise?
Les enfants: A la vanille!
Peu après, on entend le haut-parleur du restoroute: Le propriétaire de la Simca numéro 2574 GV 75 est prié de se rendre à sa voiture.
Madame Grenelle: 2574? Mais c'est la nôtre!
Monsieur Grenelle se lève et se précipite dehors. Quelques minutes après, il revient, souriant.
Madame Grenelle: Qu'est-ce qu'il y avait?
Monsieur Grenelle: J'avais laissé les phares allumés. Tu sais, je les avais allumés dans le dernier tunnel. Ils ont été bien gentils de me le dire, n'est-ce pas?
Entre-temps, le garçon a apporté les cafés et les glaces. Les parents boivent leur café, les enfants dégustent leur glace, et tous se détendent avant de reprendre la route.

le restoroute *das Rasthaus*
la jauge d'essence *die Benzinuhr*
montrer qch du doigt *mit dem Finger auf etw. zeigen*
au bord de *am Rande (von)*
la vallée du Rhône *das Rhônetal*
Nous l'avons échappé belle. *Da sind wir nochmal davongekommen.*
il est grand temps (de) *es ist höchste Zeit (zu)*
faire le plein *(voll)tanken*
la station-service *die Tankstelle*
descendre *aussteigen*
le pompiste *der Tankwart*
le plein, s'il vous plaît *vollmachen bitte*
passer *hergeben*
le porte-monnaie *die Geldbörse*
la boîte à gants *das Handschuhfach*
tendre *reichen*
le réservoir *der Benzintank*
remplir *füllen*
asseoir *sitzen*
au fond de la voiture *hinten im Wagen*
s'adresser à *sich wenden an*
justement *gerade*
Allons-y *Los! Gehen wir!*
le parking *der Parkplatz*

se couvrir *sich (warm) anziehen*
il fait froid *es ist kalt*
tiens *hier, da*
Marcel *Marcel*
le pull(over) *der Pulli, der Pullover*
le mien *meiner*
être à qn *jdm gehören*
faire voir *herzeigen*
le sien *seiner*
attraper *fangen*
s'asseoir *sich setzen*
autour de *um ... herum*
libre *frei*
Bonjour Messieurs Dames *Guten Tag (Rest meist unübersetzt)*
le café crème *der Kaffee mit Sahne*
un paquet *eine Schachtel*
la vanille *die Vanille*
le chocolat *die Schokolade*
la fraise *die Erdbeere*
peu après *kurz danach*
le haut-parleur *der Lautsprecher*
le propriétaire *der Besitzer*
la Simca *der Simca*
le propriétaire est prié (de) *der Besitzer wird gebeten (zu)*
la nôtre *unserer*
se précipiter *sich stürzen*
dehors *(nach) draußen*
sourire *lächeln*
Qu'est-ce qu'il y avait? *Was war? Was gab's?*
allumer *anzünden, anschalten*
le tunnel *der Tunnel*
les parents (*m*) *die Eltern*
boire *trinken*
déguster *genießen*
se détendre *sich entspannen*
avant de reprendre la route *bevor sie sich wieder auf den Weg machten*

Grammatik

Imperativ mit Pronomen **25B1**

Akkusativ			Dativ			
regarde	— **moi**	*mich*	Montre	— **moi**	la photo.	
regarde	— **toi**	*usw.*	Achète	— **toi**	la maison.	
regarde	— **le**		Montre	— **lui**	la photo.	*ihm*
regarde	— **la**		Montre	— **lui**	la photo.	*ihr*
regarde	— **nous**		Montre	— **nous**	la photo.	
regardez	— **vous**		Achetez	— **vous**	la maison.	
regarde	— **les**		Montre	— **leur**	la photo.	

Auch **y** und **en** stehen im bejahten Imperativ nach dem Verb:

prenez-en = nehmt davon!
allons-y = los!

Im Falle von zwei Pronomen beim bejahten Imperativ steht Akkusativ vor Dativ:

Donne-le-moi. Montre-les-lui.

Im verneinten Imperativ stehen die gleichen Pronomen wie im Aussagesatz und auch an der entsprechenden Stelle wie im Aussagesatz:

Ne me le donne pas. Ne les lui montre pas.

Das substantivische Possessivpronomen 25B₂

un pull	une photo	des pulls	des photos
le mien	la mienne	les miens	les miennes
le tien	la tienne	les tiens	les tiennes
le sien	la sienne	les siens	les siennes
le nôtre	la nôtre	les nôtres	les nôtres
le vôtre	la vôtre	les vôtres	les vôtres
le leur	la leur	les leurs	les leurs

Präsens und Partizip Perfekt der unregelmäßigen Verben *boire* und *s'asseoir* 25B₃

boire	s' asseoir
je bois	je m' assieds [ie]
tu bois	tu t' assieds
il boit	il s' assied
nous buvons	nous nous asseyons
vous buvez	vous vous asseyez
ils boivent	ils s' asseyent
Part. Perf. bu, e	Part. Perf. assis, e

Verschiedenes 25B₄

a) **attendre que** verlangt immer den „subjonctif".
b) *Il fait froid.* = Es ist kalt. Ebenso:
Il fait chaud. = Es ist warm (heiß).

Übungen 25C

a) *Bilden Sie Imperative nach folgenden Mustern:*
C'est ma photo. — Donnez-la-moi.
C'est notre table. — Donnez-la-nous.
1. C'est mon porte-monnaie. 2. C'est notre glace. 3. C'est notre journal. 4. Ce sont mes cigarettes. 5. Ce sont nos pulls. 6. C'est notre valise. 7. C'est ma robe. 8. Ce sont mes photos. 9. Ce sont nos diapositives. 10. C'est notre portefeuille.

b) *Bilden Sie Imperative nach dem Muster:*
Le pull est à Marguerite. — Donne-le-lui.
1. La photo est à ma femme. 2. Les jupes sont à Annik. 3. Le foulard est à Jacques. 4. Les diapositives sont à Didier. 5. Le projecteur est à Monsieur Mataras. 6. Le journal est à moi. 7. Les valises sont à nous. 8. Les cigarettes sont à Yves. 9. Le porte-monnaie est à Madame Touet. 10. Le pull est à moi.

c) *Beantworten Sie die Fragen nach den Mustern:*

C'est ta valise? — Oui, c'est la mienne.
C'est votre robe? — Oui, c'est la nôtre.
1. C'est votre voiture? 2. C'est ton maillot de bain? 3. C'est ton permis de conduire? 4. Ce sont tes cigarettes? 5. C'est votre foulard? 6. C'est ta maison? 7. C'est ton appartement? 8. C'est votre appartement? 9. C'est ta femme? 10. C'est ton fils?

d) *Beantworten Sie die Fragen von Übung c) negativ nach den Mustern:*

Non, ce n'est pas la mienne. Non, ce n'est pas la nôtre.

e) *Übersetzungsübung:*

1. Herr Grenelle will bezahlen. Seine Frau reicht ihm die Geldbörse. 2. Frau Grenelle zeigt mit dem Finger auf ein Schild. 3. Die Kinder möchten (ein) Eis. Bringen Sie ihnen Eis. — Vanille oder Schokolade? — Schokolade bitte. 4. Herr Grenelle stürzt nach draußen. Er hat die Scheinwerfer eingeschaltet gelassen. 5. Herr Grenelle fährt seinen Wagen zur Tankstelle und sagt: „Vollmachen bitte." 6. Es ist höchste Zeit, daß wir tanken. Die Benzinuhr steht schon auf null. 7. Kinder, zieht euch (warm) an, es ist kalt. 8. Das ist mein Pulli. Gib ihn mir! 9. Laß sehen. Marcel hat recht. Es (das) ist sein Pulli. Gib ihn ihm. 10. Die Eltern trinken ihren Kaffee bevor sie sich wieder auf den Weg machen.

Leçon vingt-six

Un accident de la route — 26A

Monsieur Valenot, un médecin, vient d'être témoin d'un accident de la route. Une heure après, il est au commissariat de police pour faire sa déclaration.
Agent de police: Voulez-vous, s'il vous plaît, me faire un rapport sommaire de l'accident.
Monsieur Valenot: Voilà! Je me trouvais au carrefour où l'accident s'est produit; j'attendais au passage des piétons, côté rue de Montélimar, pour traverser. Tout à coup, un jeune homme a commencé à traverser la rue en courant, ce qui était bien imprudent, car il y avait beaucoup de circulation.
— Le signal des piétons était toujours au rouge?
— Oui. C'était au rouge.
— Et le jeune homme dont vous parlez est celui qui a été écrasé après.

— Oui. Il a habilement évité deux voitures qui arrivaient au carrefour à vitesse modérée, mais il n'a pas remarqué une troisième voiture, une Peugeot, qui roulait assez vite derrière les deux autres. Il a été heurté par l'aile avant de la voiture et projeté sur la chaussée.
— Quand est-ce que la Peugeot a freiné?
— C'est un détail dont je ne me souviens pas très bien. Attendez. Je crois avoir remarqué des traces de freinage assez lo gues, mais ça devrait pouvoir se vérifier.
— Oui, mes collègues sont en train de le faire. — Et après?
— Je me suis immédiatement précipité auprès de la victime. Avec l'aide d'un passant, je l'ai allongée sur le trottoir pour lui donner les premiers secours. Ensuite, le monsieur avec qui j'ai allongé le jeune homme sur le trottoir a averti la police et l'ambulance. La police est arrivée la première. J'ai demandé si l'ambulance était en route. L'agent à qui je me suis adressé m'a assuré qu'on l'attendait à l'instant même. Malheureusement, elle n'est venue que dix minutes plus tard.
— Et dans la confusion générale, la Peugeot a fait demi-tour et est partie à toute vitesse. Heureusement qu'on a relevé le numéro.
— C'est moi qui ai noté le numéro. J'ai vu le conducteur remonter dans sa voiture et je me suis douté de son intention.
— Bon. Je vais taper le procès-verbal de votre déclaration et vous l'envoyer pour la signature. Je vous remercie.
— Mais c'est tout naturel. Au revoir, Monsieur!

l'accident (*m*) *der Unfall*
l'accident de la route *der Verkehrsunfall*
il vient d'être témoin *er wurde eben Zeuge*
après *später, danach*
le commissariat *das Kommissariat*
la police *die Polizei*
la déclaration *die Erklärung, die Aussage*
faire un rapport *einen Bericht geben*
sommaire *kurz, summarisch*
se produire *sich ereignen*
le passage *der Übergang*
le côté *die Seite*
côté rue de ... *auf der Seite der ... Straße*
tout à coup *plötzlich*
un jeune homme *ein junger Mann*
en courant *im Laufschritt*
ce qui *was* (*Relativpronomen*)
imprudent, -e *unvorsichtig*
la circulation *der Verkehr*
le signal *das Signal*
être au rouge *auf Rot stehen*
dont *von dem*
écraser *überfahren*
habilement *geschickt*
éviter qch *einer Sache ausweichen*
la vitesse *die Geschwindigkeit*
modéré, -e *mäßig*
la Peugeot *der Peugeot*
vite *schnell*
heurter *stoßen, anfahren*
l'aile (*f*) *der* (*Kot-*)*Flügel*
avant *vorder*
projeter *schleudern*
la chaussée *die Fahrbahn*
dont *an das*
se souvenir (*konj. wie* venir) *sich erinnern*
la trace *die Spur*
les traces de freinage *die Bremsspuren*
long, -ue *lang*
vérifier *überprüfen*
auprès de *zu*
la victime *das Opfer*
l'aide (*f*) *die Hilfe*
le passant *der Passant*
allonger (*hin*)*legen*
le trottoir *der Bürgersteig*
donner *leisten*
le secours *die Hilfe*
les premiers secours *die erste Hilfe*
avec qui *mit dem*
avertir *benachrichtigen*
l'ambulance (*f*) *der Krankenwagen*
arriver la première *als erste eintreffen*

si *ob*
en route *unterwegs*
à qui *an den*
assurer *versichern*
à l'instant même *jeden Augenblick*
la confusion *die Verwirrung*
général, -e *allgemein*
faire demi-tour *wenden, umkehren*
à toute vitesse *mit großer Geschwindigkeit*
heureusement *glücklicherweise*
relever *notieren*
le conducteur *der Fahrer*
remonter *wieder einsteigen*
se douter (de) (*etw.*) *ahnen*
le procès-verbal *das Protokoll*
la signature *die Unterschrift*
naturel, -le *natürlich, selbstverständlich*

Grammatik

Das Relativpronomen

26B₁

dont: für Ergänzungen mit **de** (Personen und Sachen)	
Je parle **de** ce jeune homme. Je me souviens **d'**un détail.	Le jeune homme **dont** je parle ... Le détail **dont** je me souviens ...
qui nach Präpositionen: nur für Personen (für Sachen siehe 27B₁, 2.)	
J'ai allongé le jeune homme **avec** un monsieur. Je me suis adressé **à** un agent.	Le monsieur **avec qui** j'ai allongé le jeune homme ... L'agent **à qui** je me suis adressé...
ce qui/ce que = neutrale Relativpronomen (was)	
ce qui = *Subjekt* (*Nominativ*) ce que = *Objekt* (*Akkusativ*)	Il a traversé la rue **ce qui** était imprudent. Il a traversé la rue **ce que** je trouvais imprudent.
c'est ... **qui** / **c'est** ... **que** = zur Betonung	
c'est ... qui = *Subjekt* (*Nominativ*) *Achtung! Das Verb richtet sich nach der Person!* c'est ... que = *Objekt* (*Akkusativ*)	**C'est** moi **qui ai** averti la police. **C'est** toi **que** je cherche.
où = relatives Adverb	
où = relatives Ortsadverb	Le carrefour **où** l'accident s'est produit ... La rue **où** je l'ai rencontré ...

Zu beachten: Nach **dont** ist die Wortfolge immer: Subjekt — Prädikat — Objekt; z. B.:
Le jeune homme dont je connais les parents ... = Der junge Mann, dessen Eltern ich kenne ...
Zur Wiederholung von **qui** und **que** siehe Kap. 12B₂.

Verschiedenes **$26B_2$**

a) *venir de faire qch* drückt eine nahe Vergangenheit aus. Ins Deutsche meist mit „eben etw. getan haben“ zu übersetzen. Z. B.:
Je viens d'arriver de Paris. = Ich komme eben aus Paris.
Jean vient de sortir. = Hans ist eben weggegangen.

b) *Je crois avoir remarqué* ... = Ich glaube bemerkt **zu** haben ...
An **croire** wird der Infinitiv ohne Präposition angeschlossen.

c) *Ça devrait pouvoir se vérifier.* = Das müßte (doch) überprüft werden können. (Wörtlich: Das müßte sich überprüfen können.)
se vérifier ist dabei eine Art Passiv. (Vergl. im Deutschen z. B.: Die Äpfel verkaufen sich gut.)

Übungen **26C**

a) *Setzen Sie das richtige Relativpronomen ein:*

1. Le voyage ...... je parle a été très intéressant. 2. Je n'aime pas les personnes ...... parlent trop. 3. C'est sa femme ...... est arrivée la première. 4. Je parle de l'accident de la route ...... s'est produit hier. 5. C'est l'ambulance ...... j'ai avertie la première. 6. Madame Valenot est une femme ...... aime parler politique. 7. Le procès-verbal ...... l'agent de police a tapé va être envoyé pour la signature. 8. La voiture ...... j'ai vue était une Peugeot. 9. La voiture ...... j'ai noté le numéro a fait demi-tour. 10. Le jeune homme a fait demi-tour, ... m'a étonné. 11. Je parle des conséquences ...... cet accident aura. 12. C'est un accident ...... je me doutais. 13. Le jeune homme a fait demi-tour, ... je n'avais pas remarqué. 14. C'est mon ami ...... a fait cette déclaration. 15. La Peugeot ...... a écrasé le jeune homme est partie à toute vitesse. 16. L'agent de police ...... est venu le premier a averti l'ambulance. 17. La femme avec ...... il est arrivé à Paris est sa cousine. 18. La voiture ...... j'ai achetée a coûté dix mille francs. 19. L'avocat pour ...... il travaille s'appelle Jacques Duriez. 20. L'accident ...... je me souviens s'est produit dans une confusion générale.

b) *Bilden Sie Relativsätze, indem Sie mit den kursiv gedruckten Wörtern beginnen. Muster:*

Je parle d'un *jeune homme.* Il a été écrasé par une Peugeot. — Le jeune homme dont je parle a été écrasé par une Peugeot.

1. J'ai allongé un *jeune homme* sur le trottoir. Il avait été écrasé par une Simca. 2. J'ai relevé le numéro d'une *voiture.* Elle a écrasé un jeune homme. 3. Je viens de voir un *accident.* Il s'est produit rue de Montélimar. 4. Un *jeune homme* a été écrasé. Il avait d'abord habilement évité deux voitures. 5. Le jeune homme a évité *deux voitures.* Elles roulaient à vitesse modérée.

c) *Verstärken Sie die kursiv gedruckten Wörter durch „c'est ... qui" oder „c'est ... que".*

1. *Une Peugeot* a écrasé un jeune homme. 2. Je tape *le procès-verbal.* 3. Je *vous* cherche. 4. *Nous* avons averti la police. 5. *L'ambulance* est venue la première. 6. J'ai averti *la police.* 7. *Un piéton* a été écrasé.

d) *Übersetzungsübung:*

1. Ich glaube einen Unfall gesehen zu haben. 2. Herr Valenot ist eben in Paris angekommen. 3. Das kann man (= sich) überprüfen. 4. Der junge Mann hat die Straße im Laufschritt überquert. 5. Die Fußgängerampel stand (war) auf Rot. 6. Ich glaube ziemlich lange Bremsspuren bemerkt zu haben. 7. Die Polizei kam als erste. Dann kam der Krankenwagen. 8. Ich habe den Fahrer in seinen Wagen einsteigen sehen. 9. In der allgemeinen Aufregung ist der Peugeot mit großer Geschwindigkeit losgefahren. 10. Der Polizist, an den er sich wandte, überquerte die Straße im Laufschritt.

e) *Übersetzen Sie und achten Sie dabei auf den Wechsel zwischen Perfekt und Imperfekt (siehe Kap. 15B$_1$):*

Gestern war ich Zeuge eines Verkehrsunfalls. Ein junger Mann überquerte die Straße im Laufschritt. Er wich einem Simca, der mit mäßiger Geschwindigkeit fuhr, geschickt aus; aber ein Peugeot, der hinter dem Simca fuhr, erfaßte ihn mit (*par*) dem vorderen Kotflügel und warf ihn auf die Fahrbahn. Mit Hilfe eines Passanten legte ich den jungen Mann auf den Bürgersteig. Nach zwei Minuten kam der Krankenwagen. Die Polizei kam später. Ich gab einen kurzen Bericht von dem Unfall. Der Polizist bat mich, ein Protokoll zu schreiben.

Leçon vingt-sept

Où en est l'égalité des droits ...? 27A

On parle tant de la discrimination de la femme active. Alors, les conditions de travail sont-elles toutes à l'avantage de l'homme et au désavantage de la femme? Pas du tout! Il existe un domaine dans lequel les hommes sont désavantagés: les vêtements.
J'ai mené une enquête auprès de deux cents employés (dont cent femmes et cent hommes) pour connaître les problèmes vestimentaires auxquels ils sont confrontés dans la vie active. Voilà les résultats de cette enquête:
Les femmes auxquelles j'ai soumis mon questionnaire peuvent porter en général n'importe quoi, à condition que ce soit de bon

goût. Elles portent soit une robe unie, soit un tailleur-pantalon, soit une jupe ou un pantalon et un pull. Seules les jeunes filles qui se trouvent en début de carrière ont des problèmes vestimentaires, mais la raison en est leur budget très restreint qui ne permet pas encore l'achat d'une garde-robe complète. Les jeunes employées commencent donc leur carrière en général avec plusieurs chemisiers en jersey lavable et une veste de tricot à porter sur une jupe ou un pantalon. Un imperméable complète généralement le tout. Ainsi, les jeunes filles peuvent attendre les soldes de la mi-décembre pour choisir un manteau d'hiver qui leur permettra de supporter les gelées de janvier et de février. Quant aux accessoires, elles se contentent au début d'un sac à main et d'une paire de souliers pouvant résister à la pluie. La situation vestimentaire des femmes n'est donc difficile qu'en début de carrière. Les hommes, en revanche, n'ont pas autant de liberté en ce qui concerne les vêtements:
Dans les grands magasins, par exemple, les vendeurs sont obligés de porter un costume dont la coupe et les coloris sont conformes à la dernière mode. Dans les banques et les assurances, on est généralement plus traditionnel. Les jeunes employés, pour la plupart desquels la carrière commence au guichet, portent un blazer ou un costume qui ressemble un peu à un uniforme. Les moins jeunes doivent porter un costume élégant, mais pas trop voyant. Ce n'est que dans les bureaux des grandes maisons industrielles, dans lesquels on est plus libéral en ce qui concerne les vêtements, que la chemise blanche est en général suffisante.
Alors, pas d'égalité des droits, mais cette fois au désavantage des hommes!

Où en est ... *Wie steht es mit ...*
l'égalité (*f*) *die Gleichheit*
le droit *das Recht*
l'égalité des droits *die Gleichberechtigung*
la discrimination *die Diskriminierung*
actif, -ve *berufstätig, Berufs-*
l'avantage (*m*) *der Vorteil*
à l'avantage de *zum Vorteil* (+ *Gen.*)
le désavantage *der Nachteil*
au désavantage de *zum Nachteil* (+ *Gen.*)
exister *existieren*
il existe *es gibt*
le domaine *das Gebiet*
lequel *der, welcher* (*Relativpronomen*)
désavantager *benachteiligen*
les vêtements (*m*) *die Kleidung*
mener *durchführen*
l'enquête (*f*) *die Umfrage*
auprès de *bei*
l'employé (*m*) *der Angestellte*
dont *davon*
vestimentaire *Bekleidungs-*
auxquels *denen* (*Relativpronomen*)
confronter (à) *gegenüberstellen*
être confronté à *gegenüberstehen*
soumettre *vorlegen*
le questionnaire *der Fragebogen*
porter *tragen*
n'importe quoi *irgendwas*
de bon goût *geschmackvoll*
soit ... soit *entweder ... oder*
uni, -e *unifarben, einfarbig*
le tailleur *der Anzug*
le pantalon *die Hose*
le tailleur-pantalon *der Hosenrock*

seul, -e *nur*
le début *der Beginn*
en début de *zu Beginn*
la carrière *die Karriere*
la raison en est *der Grund dafür ist*
le budget *die finanziellen Mittel*
restreint, -e *beschränkt*
l'achat (*m*) *der Kauf*
la garde-robe *die Garderobe*
complet, -ète *vollständig*
l'employée (*f*) *die Angestellte*
le chemisier *die Hemdbluse*
en *aus*
le jersey *der Jersey*
lavable *waschbar*
la veste *die Jacke*
la veste de tricot *die Strickjacke*
l'imperméable (*m*) *der Regenmantel*
compléter *vervollständigen*
généralement *im allgemeinen*
le tout *das Ganze*
le solde *der Schlußverkauf*
la mi-décembre *Mitte Dezember*
choisir *wählen*
le manteau *der Mantel*
l'hiver (*m*) *der Winter*
les gelées (*f*) *der Frost*
janvier *Januar*
février *Februar*
les accessoires (*m*) *das Zubehör, die Accessoires*
se contenter de *sich begnügen mit*
au début *am Anfang, zunächst*
le sac à main *die Handtasche*
la paire *das Paar*
le soulier *der Schuh*
résister à qch *einer Sache widerstehen*
en revanche *dagegen*
autant ... que (*eben*)*soviel ... wie*
en ce qui concerne *in Bezug auf, was ... anbetrifft*
le magasin *der Laden*
le grand magasin *das Kaufhaus*
par exemple *zum Beispiel*
le costume *der Anzug*
la coupe *der Schnitt*
le coloris *der Farbton, die Farbe*
conforme (à) *entsprechend* (*einer Sache*)
la mode *die Mode*
l'assurance (*f*) *die Versicherung*
traditionnel, -le *traditionell, traditionsbewußt*
la plupart *die Mehrzahl*
desquels *von welchen* (*Relativpronomen*)
le guichet *der Schalter*
le blazer *der Blazer*
ressembler (à) *ähneln*
l'uniforme (*m*) *die Uniform*
voyant *auffallend*
ce n'est que *nur*
industriel, -le *Industrie-*
libéral *freizügig*
la chemise *das Hemd*
blanc, blanche *weiß*
suffisant, -e *ausreichend*

Grammatik

Das Relativpronomen *lequel* — 27B1

1. Formen

	männlich Singular	weiblich Singular	männlich Plural	weiblich Plural
ohne Präpos.	lequel	laquelle	lesquels	lesquelles
mit „de"	duquel	de laquelle	desquels	desquelles
mit „à"	auquel	à laquelle	auxquels	auxquelles
mit anderen Präpositionen	pour lequel dans lequel	pour laquelle dans laquelle	pour lesquels dans lesquels	pour lesquelles dans lesquelles

Lequel ist ein Relativpronomen, das sich in Geschlecht und Zahl nach dem Bezugswort richtet.

Ohne Präposition wird dieses Relativpronomen im Nominativ und Akkusativ (als Subjekt bzw. Objekt) verwendet. Mit „de" entspricht es dem deutschen Genitiv, mit „à" dem deutschen Dativ.

2. Gebrauch

Lequel **muß** stehen:	
Les problèmes **auxquels** ils sont confrontés ... Dans les bureaux, **dans lesquels** on est ... Les jeunes hommes, **pour la plupart desquels** la carrière commence au guichet, ...	— nach Präpositionen, auf **Sachen** bezogen — als Genitiv (*duquel, de laquelle, desquels* oder *desquelles*) nach Substantiven, vor denen eine Präp. steht
La femme de M. Nodier **laquelle** viendra demain ...	— zur Vermeidung von Unklarheiten; *qui* bezöge sich auf *M. Nodier*
Lequel **kann** stehen:	
Les femmes auxquelles (à qui) ... Les jeunes hommes avec lesquels (avec qui) ...	— nach Präpositionen, auf **Personen** bezogen
Le jeune homme lequel (qui) a dit ... Le jeune homme lequel (que) je vois ... Le jeune homme duquel (dont) je parle ...	— immer statt *qui, que, dont*, wobei es allerdings als schwerfällig gilt und gern vermieden wird

Der französische Relativsatz steht nur dann zwischen Kommas, wenn er untergeordnete Bedeutung hat und wenn der Hauptsatz auch ohne den Relativsatz eine sinnvolle Bedeutung ergibt.

Vergleich **27B$_2$**

Elle est **aussi** grande **que** Paul. Il parle **aussi** bien **que** Jean. Ils ont **autant** de liberté **que** les femmes. Elle n'est pas **(aus)si** grande **que** Paul. Ils n'ont pas **(au)tant** de liberté **que** les femmes.	*aussi ... que* = „ebenso ... wie" steht beim **Adjektiv** und **Adverb.** *autant ... que* = „ebensoviel ... wie" steht beim **Verb.** In der Verneinung steht *si* oder *aussi* bzw. *tant* oder *autant.*

Verschiedenes **27B$_3$**

a) Adjektive auf **-et** bilden die weibliche Form oft auf **-ète**:
complet — complète [kɔ̃plɛ — kɔ̃plɛːt]

b) *il existe un domaine* / *il existe des domaines* } In der Konstruktion „il + Verb" ist dieses Verb immer im Singular zu verwenden.

a) *Setzen Sie das richtige Relativpronomen ein:*

1. Le jeune homme ...... je vous ai parlé hier s'appelle Yves Valenot. 2. Les chemises ...... je pense sont blanches. 3. La jeune femme avec ...... je suis arrivée est ma cousine. 4. Le monsieur avec ...... vous m'avez vu à Paris est mon frère. 5. Marguerite s'est acheté quelques chemisiers et une jupe, ... je trouve suffisant. 6. Dans les banques, dans ...... on est peu libéral, les jeunes hommes portent des costumes ...... ressemblent à des uniformes. 7. Elle a porté une jupe ...... la couleur était bleue. 8. Les jeunes filles pour ...... la carrière commence au guichet portent un tailleur-pantalon ou un pantalon et un pull. 9. La banque ...... je l'ai rencontré se trouve rue de Marseille. 10. Le pantalon ...... j'ai acheté chez Drunod a coûté quatre-vingt-dix francs. 11. Les jeunes hommes ...... la carrière commence au guichet portent des blazers ou des costumes ...... ressemblent un peu à des uniformes. 12. La zone de haute pression ...... règne à l'ouest de la péninsule Ibérique se dirigera de l'océan Atlantique à l'Europe occidentale. 13. Les revendications pour ...... les ouvriers ont arrêté le travail comprennent une prime de vacances. 14. Les disques ...... tu m'as fait cadeau sont très beaux.

b) *Verwandeln Sie jeweils den zweiten Satz in einen Relativsatz nach dem Muster:*

Madame Touet est une très belle femme; je ferais tout pour elle. — Madame Touet est une très belle femme pour qui (pour laquelle) je ferais tout.

1. Monsieur Touet est un homme agréable; je travaille volontiers avec lui. 2. Mon blazer et mon pantalon constituent un uniforme; je vais commencer ma carrière au guichet avec cet uniforme. 3. Mon chemisier est en jersey; ce jersey est lavable. 4. J'ai acheté un imperméable; il complète ma garde-robe. 5. Je possède un manteau d'hiver; ce manteau a coûté 600 francs.

c) *Bilden Sie Vergleiche nach dem Muster:*

Dans les banques, on est traditionnel; dans les assurances aussi. — Dans les assurances, on est aussi traditionnel que dans les banques.

1. Jean travaille bien; Jacques aussi. 2. Mademoiselle Touet parle beaucoup; Mademoiselle Denier aussi. 3. Paul parle bien; Annik aussi. 4. Ta robe bleue est élégante; ta robe rouge aussi. 5. La Peugeot roulait vite; la Simca aussi. 6. Marcel est grand; Jean aussi. 7. Monsieur Touet travaille beaucoup; Monsieur Caracol aussi. 8. Christine est belle; Marguerite aussi. 9. Dans les bureaux, on est libéral en ce qui concerne les vêtements; dans les grands magasins aussi. 10. Le nouveau vendeur est intelligent; Jacques Denier aussi.

d) *Übersetzungsübung:*

1. Der Mantel, mit dem er nach Paris gefahren ist, hat 500 Francs gekostet. 2. Die Farben (= Farbtöne) müssen der letzten Mode entsprechen. 3. Der Mantel, der meine Garderobe vervollständigt, hat 460 Francs gekostet. 4. Hat Fräulein Touet ihre Karriere am Schalter begonnen? 5. Für viele junge Mädchen beginnt das Berufsleben am Schalter. 6. Der Peugeot, der mit großer Geschwindigkeit fuhr, hat einen jungen Mann überfahren. 7. In den Banken ist man nicht sehr freizügig, was die Kleidung anbetrifft. 8. Für den Beginn meines Berufslebens habe ich mir einen Rock, zwei Pullis, einen Hosenanzug und vier Hemdblusen gekauft. 9. Ist die Jacke, die Sie gestern gekauft haben, aus waschbarem Jersey? 10. In den Büros der großen Industriebetriebe, in denen viele junge Männer ihre Karriere beginnen, ist man in bezug auf die Kleidung ziemlich freizügig.

Leçon vingt-huit

En passant la frontière . . . 28A

Le rapide Rome—Paris est arrêté à la frontière franco—italienne. La porte d'un compartiment de première s'ouvre, un douanier regarde à l'intérieur‿et dit:

— Bonjour, Messieurs Dames. Avez-vous quelque chose à déclarer?

La femme et le gros monsieur qui se trouvent dans le compartiment répondent par la négative.

Le douanier regarde les bagages dans les filets, puis demande:

— A qui est cette valise?

La femme répond: A moi.

Le douanier: Voulez-vous l'ouvrir, s'il vous plaît?

Le gros monsieur aide la femme à descendre la valise. La femme l'ouvre. Le douanier examine le contenu, puis dit:

— Ces robes et ces manteaux, vous les avez achetés en Italie?

La femme: Non, ce sont des modèles réalisés à Bordeaux. Je les ai fait présenter à un défilé de mannequins à Rome. Je suis directrice d'un magasin de modes.

Le douanier: Je comprends. Et ces boîtes-là, qu'est-ce qu'elles contiennent?

La femme: Ce sont des jouets. Je les ai achetés pour mes enfants. Ça ne vaut que quelques francs.

Le douanier: Merci, Madame, vous pouvez refermer.

Le douanier se tourne alors vers le gros monsieur, qui tient sa serviette sur les genoux.:
— Qu'est-ce que vous avez dans la serviette?
Le monsieur: Des documents techniques, l'horaire des trains et quelques journaux, c'est tout.
Le douanier: Faites voir, s'il vous plaît.
Le gros monsieur ouvre sa serviette, le douanier jette un coup d'œil sur le contenu, puis:
— Merci, Messieurs Dames, au revoir.
Lorsque le douanier est sorti, le gros monsieur adresse la parole à la directrice du magasin de modes:
— La douane française est la plus désagréable de tous les pays que je connais. Je voyage régulièrement en Espagne, en Italie, en Belgique, en Hollande, en Angleterre et au Danemark, mais au passage des frontières, on n'est pas si pointilleux.
La femme: Oh, je ne trouve pas. Il n'était pas méchant, ce douanier. Il n'a fait que son devoir.
La porte du compartiment s'ouvre de nouveau et le contrôleur demande à voir les billets.
La femme au contrôleur: Nous avons un retard de 30 minutes, n'est-ce pas? Est-ce que je vais rater à Lyon ma correspondance pour Bordeaux?
Le contrôleur consulte l'indicateur des trains et assure à la femme qu'elle ne manquera pas son train pour Bordeaux. La femme, satisfaite, ouvre un journal de mode. Le gros monsieur, un peu déçu que la conversation ne se poursuive pas, se lève et va dans le couloir.

en passant *beim Überschreiten*
le rapide *der Schnellzug*
Rome *Rom*
franco-italien, -ne *französisch-italienisch*
la porte *die Tür*
le compartiment *das Abteil*
de première (classe) *erster Klasse*
le douanier *der Zöllner*
l'intérieur (*m*) *das Innere*
Avez-vous qch à déclarer? *Haben Sie etwas anzumelden (zu verzollen)?*
gros, -se *dick*
répondre par la négative *mit nein antworten*
les bagages (*m*) *das Gepäck*
le filet *das (Gepäck-)Netz*
être à qn *jdm gehören*
aider qn *jdm helfen*
descendre *herunterheben*
examiner *untersuchen, prüfen*
le contenu *der Inhalt*
en Italie *in Italien*
le modèle *das Modell*
réaliser *machen, fertigen*
le défilé de mannequins *die Modenschau*
la directrice *die Direktrice*
comprendre *verstehen*
la boîte *die Schachtel*
le jouet *das Spielzeug*
cela vaut ... (*von* valoir) *das ist ... wert*
refermer *wieder zumachen*
le genou *das Knie*
technique *technisch*
l'horaire (*m*) des trains *der Fahrplan*
adresser *richten*
la parole *das Wort*
la douane *der Zoll*
français, -e *französisch*
le pays *das Land*
voyager *reisen*
régulièrement *regelmäßig*
en Espagne *in (oder: nach) Spanien*
en Belgique *in (oder: nach) Belgien*
en Hollande *in (oder: nach) Holland*
en Angleterre *in (oder: nach) England*
au Danemark *in (oder: nach) Dänemark*

le passage *das Überschreiten*
pointilleux, -se *kleinlich*
méchant, -e *böse*
le devoir *die Pflicht*
le contrôleur *der Schaffner*
demander à voir *zu sehen verlangen*
le billet *die Fahrkarte*
le retard *die Verspätung*
rater *verpassen*
la correspondance (pour) *der Anschluß* (*nach*)
l'indicateur (*m*) des trains *das Kursbuch*
le train (pour) *der Zug* (*nach*)
le journal de mode *das Modejournal*
déçu *enttäuscht*
se poursuivre *sich fortsetzen*
le couloir *der Gang*

Grammatik

Das Substantiv

28B₁

1. Besonderheiten zur Bildung der weiblichen Form		
-teur/-trice	directeur — directrice spectateur — spectatrice auditeur — auditrice	*Direktor, -in/-trice* *Zuschauer, -in* *Zuhörer, -in*
-eur/-euse	vendeur — vendeuse danseur — danseuse	*Verkäufer, -in* *Tänzer, -in*
-er/-ère [e]/[ɛːr]	caissier — caissière boulanger — boulangère	*Kassierer, -in* *Bäcker, -in*
-n/-nne (nasal)/(entnasaliert)	paysan — paysanne gardien — gardienne	*Bauer, Bäuerin* *Wächter, -in*

2. Besonderheiten zur Pluralbildung		
-al/-aux	journal — journaux cheval — chevaux	*Zeitung, -en* *Pferd, -e*
-eau/-eaux	manteau — manteaux	*Mantel, Mäntel*
-eu/-eux	jeu — jeux cheveu — cheveux	*Spiel, -e* *Haar, -e*
-ou/-oux	genou — genoux caillou — cailloux bijou — bijoux	*Knie, —* *Steinchen, —* *Schmuck, —*
aber **-ou/-ous**	clou — clous trou — trous fou — fous cou — cous	*Nagel, Nägel* *Loch, Löcher* *Narr, Narren* *Hals, Hälse*

Ländernamen und Nationalitäten

28B₂

Land	deutsche Übers.	männlicher Einwohner	weiblicher Einwohner
l'Allemagne (f)	Deutschland	l'Allemand	l'Allemande
l'Angleterre (f)	England	l'Anglais	l'Anglaise
la Belgique	Belgien	le Belge	la Belge
le Danemark	Dänemark	le Danois	la Danoise
l'Espagne (f)	Spanien	l'Espagnol	l'Espagnole
les Etats-Unis	die USA	l'Américain	l'Américaine
la France	Frankreich	le Français	la Française
la Hollande	Holland	le Hollandais	la Hollandaise
l'Italie (f)	Italien	l'Italien	l'Italienne
la Russie	Rußland	le Russe	la Russe

a) Die Einwohnernamen mit **kleinen** Anfangsbuchstaben sind die Länderadjektive; z. B.:
un journal allemand = eine deutsche Zeitung
une voiture française = ein französischer Wagen

b) Die männlichen Einwohnernamen mit **kleinen** Anfangsbuchstaben bedeuten die Sprache des Landes; z. B.:
le français = das Französische
l'italien = das Italienische

c) **In** und **nach** heißt bei Ländern: — **en** vor weiblichen Ländernamen
— **au** vor männlichen Ländernamen;
weiblich sind die Ländernamen, die auf **-e** enden.

d) Abweichend vom Deutschen werden im Französischen die Ländernamen mit dem Artikel gebraucht, außer sie stehen nach der Präposition **en**.

Konjugation des unregelmäßigen Verbs *valoir*

28B₃

(vor allem in der 3. Person Singular gebräuchlich)

Präsens	Perfekt	Imperfekt	*passé simple*
cela vaut	a valu	valait	valut
Futur	Konditional	*subjonctif*	
cela vaudra	vaudrait	vaille	

Verschiedenes

28B₄

a) *En passant la frontière* = Beim Überschreiten der Grenze
Die deutsche Konstruktion „bei + Substantiv" wird im Französischen häufig durch ein Gerundium wiedergegeben.

b) *franco-italien* = französisch-italienisch
Werden zwei Länderadjektive kombiniert, so endet das erste auf **-o**.

c) Manche Adjektive auf **-s** verdoppeln in der weiblichen Form das **-s**: *gros* [gro] — *grosse* [grɔs]
Die männliche Pluralform ist bei den Adjektiven auf **-s** gleich der männlichen Singularform.

Übungen 28C

a) *Bilden Sie rasch die weibliche Form von:*

danseur, gardien, spectateur, vendeur, paysan, directeur, caissier, auditeur, boulanger

b) *Bilden Sie rasch die Pluralform von:*

jeu, trou, cheval, caillou, manteau, cheveu, bijou, cou, journal, genou, clou

c) *Vervollständigen Sie die Sätze nach dem Muster:*

Il habite en France. — Mais il n'est pas Français.
1. Il habite aux Etats-Unis. 2. Il habite en Hollande. 3. Il habite en Italie. 4. Ils habitent en Allemagne. 5. Il habite en Espagne. 6. Ils habitent en Belgique. 7. Ils habitent au Danemark. 8. Il habite en Russie. 9. Il habite en Angleterre. 10. Ils habitent en France.

d) *Bilden Sie rasch die weibliche Form von:*

Italien, Danois, Belge, Allemand, Anglais, Espagnol, Russe, Hollandais, Américain, Français

e) *Vervollständigen Sie die Sätze nach dem Muster:*

Elle est Allemande. — Mais elle n'habite pas en Allemagne.
1. Elle est Danoise. 2. Elles sont Américaines. 3. Elle est Hollandaise. 4. Elle est Russe. 5. Elles sont Anglaises. 6. Elle est Française. 7. Elle est Belge. 8. Elle est Espagnole. 9. Elles sont Allemandes. 10. Elle est Italienne.

f) *Bilden Sie Fragen nach folgendem Muster:*

J'irai en Italie. — Vous parlez italien?
1. J'irai en France. 2. Nous irons en Russie. 3. J'irai au Danemark. 4. J'irai en Espagne. 5. Nous irons en Allemagne. 6. Nous irons en Angleterre. 7. J'irai en Hollande.

g) *Übersetzungsübung:*

1. Sind Sie Französin? — Nein, ich bin Belgierin. 2. Der deutsche Zoll ist sehr unangenehm. 3. Ich tue nur meine Pflicht. 4. Haben Sie etwas anzumelden? 5. Haben Sie diesen Koffer in Dänemark gekauft? — Nein, ich

habe ihn in Italien gekauft. 6. Ich habe diese Spielsachen in Rom für meine Kinder gekauft. 7. Im Abteil befinden sich eine Modedirektrice und ein dicker Herr. 8. Im Schnellzug Rom-Paris verlangt der Schaffner die Fahrkarten (zu sehen). 9. Versäume ich in Lyon meinen Anschluß nach Bordeaux? — Ja, denn wir haben eine Stunde Verspätung. 10. Diese Schachteln enthalten Spielsachen.

Leçon vingt-neuf

Monsieur Drunod achète une caravane **29A**

Monsieur et Madame Drunod ont l'intention d'acheter du matériel de camping ou éventuellement une caravane. C'est pourquoi ils se sont rendus à une exposition d'articles de camping. Au bout de trois heures, Madame Drunod fait la moue et dit à son mari:

— Ça fait trois heures que je ne dis rien. Maintenant, j'en ai assez. Il faut que tu te décides.

— Ecoute, chérie, il est difficile de faire son choix sans connaître toutes les possibilités. J'aimerais voir encore cette caravane là-bas. Elle semble être en matière plastique et elle n'est pas excessivement chère.

— Je te dis que j'en ai assez. Il fait froid et il pleut. Mais je te fais une proposition: Je rentre en métro, et toi, tu peux continuer à regarder tout ce que tu veux. Choisis tout seul. Je te fais confiance.

Une dispute s'engage, mais Madame Drunod ne change pas d'avis et son mari continue donc seul la visite. Il se dirige vers la caravane en matière plastique et l'examine de près. Un vendeur s'approche:

— Si vous désirez des renseignements, je suis à votre disposition.

— Merci. Elle est en matière plastique, cette caravane?

— Oui, en CPV. Elle est donc très légère et extrêmement résistante aux intempéries. Cette même caravane a été exposée l'année dernière sur ce terrain de mars à décembre. Vous vous rappellerez peut-être qu'il a fait très mauvais, surtout en automne. Une fois, il y a eu une véritable inondation et quelques caravanes ont littéralement flotté sur l'eau. Pourtant, vous ne verrez aucune trace de ces intempéries. La surface possède le même éclat qu'auparavant. Nous accordons d'ailleurs une garantie de sept ans sur ce modèle, l'équipement intérieur étant exclu, bien sûr.

— C'est un modèle très intéressant. Quel est le délai de livraison?
— Vous pouvez la prendre vous-même dans nos magasins à Saint-Ouen?
— Oui.
— Dans ce cas, il n'y a aucun délai de livraison. Si vous l'achetez aujourd'hui, vous pouvez aller la prendre dès la semaine prochaine à Saint-Ouen.
— Alors, passons à la conclusion du contrat de vente.
— Si vous voulez bien vous rendre dans notre bureau, là-bas.
— Oui, merci, au revoir.
— Au revoir, Monsieur.

la caravane *der Wohnwagen*
le matériel de camping *die Campingausrüstung*
éventuellement *eventuell*
c'est pourquoi *deshalb*
l'exposition (*f*) *die Ausstellung*
les articles (*m*) de camping *die Campingartikel*
faire la moue *schmollen*
suivre qn *jdm folgen*
ça fait *das macht; hier: seit*
assez *genug*
le choix *die Wahl*
faire son choix *seine Wahl treffen*
sembler *scheinen*
la matière plastique *der Kunststoff*
excessivement *übermäßig*
il pleut *es regnet*
la proposition *der Vorschlag*
rentrer *nach Hause fahren*
en *mit*
le métro *die U-Bahn*
la confiance *das Vertrauen*
faire confiance à qn *jdm vertrauen*
la dispute *der Wortwechsel*
changer d'avis *seine Meinung ändern*
de près *genau*
s'approcher *sich nähern*
CPV *PVC*
extrêmement *außerordentlich*
résistant, -e (à) *widerstandsfähig (gegen)*
les intempéries (*f*) *die Unbilden der Witterung*
même *gleich*
exposer *ausstellen*
le terrain *das Gelände*
mars (*m*) *März*
décembre (*m*) *Dezember*
se rappeler qch *sich an etw. erinnern*
il fait mauvais *es ist schlechtes Wetter*
en automne *im Herbst*
il y a *es gibt*
il y a eu *es gab*
véritable *echt*
l'inondation (*f*) *die Überschwemmung*
littéralement *geradezu*
flotter *schwimmen, treiben*
pourtant *dennoch*
la surface *die Oberfläche*
l'éclat (*m*) *der Glanz*
auparavant *früher*
d'ailleurs *übrigens*
la garantie *die Garantie*
l'équipement (*m*) *die Ausrüstung*
intérieur, -e *Innen-*
exclu *ausgenommen*
le délai de livraison *die Lieferfrist*
(aller) prendre qch *etw. abholen*
le magasin *das Lager*
le cas *der Fall*
passer à qch *etw. vornehmen*
la conclusion *der Abschluß*
le contrat de vente *der Kaufvertrag*
si vous voulez bien ... *wollen Sie bitte ...*

Grammatik

Gebrauch von *avoir* und *être* — 29B$_1$

Abweichend vom Deutschen mit **avoir** verbunden:	
J'ai été malade. Nous **avons été** étonnés. Quelques caravanes **ont flotté** sur l'eau. **J'ai marché** trois heures. Nous **avons** beaucoup **nagé** cet été. Il **a couru** à toute vitesse. Il **a sauté** de la chaise.	— das Verb **être** — Verben der Bewegungs**art**, wie: *flotter* = schwimmen, treiben *marcher* = marschieren, gehen *nager* = schwimmen *courir* = laufen *sauter* = springen
Abweichend vom Deutschen mit être verbunden:	
Ils **se sont** rendus à une exposition. La caravane **s'est** trouvée sur ce terrain.	— alle reflexiven Verben

Unpersönliche Verben — 29B$_2$

Il faut que tu te décides. **Il fait** froid. **Il pleut.** **Il faisait** très mauvais. **Il est temps** de partir. **Il neige** depuis 2 heures.	Nur unpersönlich vorkommende Verben (Naturerscheinungen, Zeitangaben sowie **il y a** und **il faut**): *il fait froid/chaud* = es ist kalt/warm (heiß) *il pleut* = es regnet *il neige* = es schneit *il fait beau/mauvais* = es ist schönes (schlechtes) Wetter *il est trois heures* = es ist drei Uhr *il est temps* = es ist Zeit *il y a* = es gibt *il faut* = man muß
Il est difficile de faire son choix. Il est facile de conduire une voiture.	Unpersönlich ist auch die Konstruktion **il** + **être** + Adjektiv.

Zu beachten: Unpersönliche Konstruktionen sind im Französischen viel seltener als im Deutschen und auf feste Wendungen beschränkt. Sätze wie z. B.:

Es wird erwartet, daß ... Es läutet.	übersetzt man mit **on**:	*On attend que ...* *On sonne.*

Besonderheiten zu einigen Verben auf -er **29B₃**

endungsbetont	stammbetont	davon abgeleitet
rappeler nous rappelons vous rappelez je rappelais usw. rappelant	je rappelle tu rappelle il rappelle ils rappellent	je rappellerai je rappellerais nous rappellerons nous rappellerions

Verben mit stummem **e** in der letzten Stammsilbe verwandeln das stumme **e** [ə] in den stammbetonten und davon abgeleiteten Formen in offenes e [ɛ]. Die Schreibung trägt dieser Lautwandlung Rechnung entweder durch Verdoppelung des **l** (*je rappelle*) bzw. des **t** (*je jette*) oder durch Setzung eines *accent grave* (è) (*je lève, nous mènerons, etc.*).

Bei den Verben *espérer*, *répéter*, *posséder*, *régner* werden Futur und Konditional wie die endungsbetonten Formen (mit *accent aigu* = ') geschrieben (z. B.: *nous espérons — j'espérerai*), jedoch wie die stammbetonten Formen gesprochen [ɛ].

Konjugation des unregelmäßigen Verbs ***suivre*** **29B₄**

je	suis	**Perf.:**	j'ai suivi
tu	suis	**Imperf.:**	je suivais
il	suit	*p. simple:*	je suivis
nous	suivons	**Futur:**	je suivrai
vous	suivez	*subjonctif:*	que je suive
ils	suivent		

Die Jahreszeiten **29B₅**

au printemps	=	*im Frühjahr*
en été	=	*im Sommer*
en automne [otɔn]	=	*im Herbst*
en hiver	=	*im Winter*

Verschiedenes **29B₆**

a) *Ça fait trois heures que je ne dis rien.* Bedeutet etwa:
Nun laufe ich seit drei Stunden ohne Murren mit.

b) **sembler** schließt den Infinitiv ohne Präposition an.

c) . . . *l'équipement intérieur étant exclu.* = . . . wobei die Innenausstattung ausgeschlossen ist.
Häufig ist ein Satz mit „wobei" die beste Übersetzung eines Partizips Präsens.

Übungen **29C**

a) *Setzen Sie die Sätze erst mündlich, dann schriftlich ins Perfekt.*

Muster: Monsieur Caracol est malade. — Monsieur Caracol a été malade.
1. Nous nous rendons à une exposition. 2. Mademoiselle Drunod nage deux heures. 3. Nos voisins sont étonnés. 4. Jean a faim. 5. Marguerite saute cinq mètres. 6. Mon frère est à Marseille. 7. Je me rappelle sa proposition. 8. Yves entend une voix. 9. Le voyage d'affaires est agréable. 10. Mademoiselle Drunod entre dans l'hôtel. 11. Madame Duriez s'arrête. 12. Le douanier jette un coup d'œil sur le contenu. 13. Ma serviette se trouve sur mon bureau. 14. Monsieur Caracol arrive à Lyon. 15. La caravane flotte sur l'eau. 16. Monsieur Drunod finit l'analyse de marché. 17. Madame Vernier reçoit une lettre. 18. Mon frère est satisfait. 19. Mon ami se rend à la gare. 20. Nous marchons plus de deux heures.

b) *Bilden Sie von folgenden Verben schriftlich die im Muster angegebenen Formen.*

Muster: rappeler — je rappelle — nous rappelons — je rappellerais — nous rappellerions
répéter, vouloir, acheter, voir, espérer, jeter, savoir, lever, aller, mener, faire, mettre, posséder, venir, prendre, connaître, suivre.

c) *Antworten Sie nach folgendem Muster:*

Monsieur Drunod va bientôt finir l'analyse de marché? — Il a déjà fini l'analyse de marché.
1. Monsieur Duriez va bientôt se rendre à la gare? 2. La voiture va bientôt s'arrêter? 3. Yves va bientôt rentrer? 4. La maison va bientôt être vendue? 5. Madame Caracol va bientôt venir? 6. Marguerite et Christine vont bientôt se rencontrer? 7. Jacques va bientôt retourner?

d) *Übersetzungsübung:*

1. Es regnet seit einigen Stunden und es ist sehr kalt. 2. Es ist nicht leicht, seine Wahl zu treffen, ohne alle Möglichkeiten zu kennen. 3. Im vergangenen Jahr war oft sehr schlechtes Wetter, besonders im Sommer. 4. Dieser Wohnwagen scheint ziemlich teuer zu sein, aber er ist aus Kunststoff, was sehr angenehm ist. 5. Herr und Frau Drunod begeben sich auf eine Camping-Ausstellung. Sie haben die Absicht, einen Wohnwagen zu kau-

fen. 6. Seit einer Stunde schneit es. Nun habe ich genug. 7. Im Herbst gab es eine Überschwemmung. Alle Campingartikel schwammen auf dem Wasser. 8. Im Herbst und im Frühjahr fahre ich gerne nach Italien. Im Sommer ist es zu heiß. 9. Frau Drunod schmollt. Sie will mit der Metro nach Hause fahren. 10. Herr Drunod betrachtet einen Wohnwagen aus Kunststoff.

e) *Übersetzungsübung:*

— Wünschen Sie Auskünfte über (*sur*) diesen Wohnwagen?
— Ja, bitte. Ist er aus Kunststoff?
— Ja, aus PVC. Er ist sehr leicht und wetterfest (= widerstandsfähig gegen die Unbilden der Witterung). Deshalb gewähren wir eine Garantie von fünf Jahren. Es (das) ist wirklich ein sehr interessantes Modell, nicht wahr?
— Ja, ich interessiere mich sehr für dieses Modell. Haben Sie Prospekte? Ich will sie meiner Frau zeigen.
— Natürlich. Wenn Sie bitte in unser Büro dort gehen wollen.
— Ja, danke, auf Wiedersehen.

Leçon trente

Übungs- und Testlektion

1. a) *Bilden Sie das Partizip Präsens von:*

jeter, aller, connaître, dire, ouvrir, faire, acheter, devenir, craindre, donner, pouvoir, venir, sortir, mettre, être, répéter, tenir, avoir, vouloir, prendre, voir

b) *Geben Sie die 1. Person Singular „subjonctif" an von:*

entendre, être, venir, prendre, avoir, pouvoir, déclarer, chercher, vouloir, faire, aller, rappeler, finir, ouvrir, sortir, attendre, savoir, mettre, prendre, tenir, jeter

c) *Geben Sie die 2. Person Plural „subjonctif" an von:*

prendre, trouver, partir, avoir, aller, savoir, tenir, mener, sentir, être, entendre, faire, connaître, examiner, répéter, finir, devenir

d) *Geben Sie die 1. Person Singular und Plural Präsens (Indikativ) an von:*

devenir, craindre, boire, s'asseoir, jeter, répéter, régner, aller, faire, croire, voir, vouloir, lever, suivre, pouvoir, tenir, savoir, espérer

e) *Geben Sie die 3. Person Singular und Plural Futur an von:*

chercher, croire, connaître, faire, savoir, conduire, finir, dire, prendre, tenir, vouloir, savoir, mettre, ouvrir, partir, recevoir, commander, craindre

2. a) *Formen Sie folgende Sätze um nach dem Muster:*

Vous croyez que ce sera la dernière augmentation? — Je doute que ce soit la dernière augmentation.

1. Vous croyez que la hausse interviendra avant les élections? 2. Vous croyez que le gouvernement prendra les mesures nécessaires? 3. Vous croyez que la grève sera continuée? 4. Vous croyez que les tarifs seront majorés? 5. Vous croyez que votre frère viendra demain soir? 6. Vous croyez que Monsieur Duriez quittera la maison? 7. Vous croyez que Jean Caracol regardera cette émission? 8. Vous croyez que Monsieur Durand appellera Mademoiselle Vernier? 9. Vous croyez que les ouvriers reprendront le travail? 10. Vous croyez que l'agent de police arrêtera la voiture?

b) *Beantworten Sie folgende Fragen nach dem Muster:*

Madame Duriez a déjà quitté la maison? — Non, mais elle la quittera la semaine prochaine.

1. Les ouvriers ont déjà repris le travail? 2. Le gouvernement a déjà pris les mesures nécessaires? 3. Les tarifs ont déjà été majorés? 4. Monsieur Vernier a déjà appelé Madame Durand? 5. Jacques a déjà fait le travail? 6. Jean Denier a déjà examiné la caravane? 7. Le directeur a déjà payé les 100 francs? 8. Christine a déjà apporté le projecteur? 9. Madame Denier a déjà invité les Caracol? 10. Monsieur Chassier a déjà vendu la maison?

3. a) *Beantworten Sie folgende Fragen nach dem Muster:*

Est-ce que vous avez acheté la caravane? — Non, je ne l'ai pas achetée.

1. Est-ce que vous avez apporté la cafetière? 2. Est-ce que vous avez vendu la caravane? 3. Est-ce que vous avez trouvé votre journal de mode? 4. Est-ce que vous avez entendu la nouvelle? 5. Est-ce que vous avez vu le douanier? 6. Est-ce que vous avez noté le numéro de la voiture? 7. Est-ce que vous avez remarqué les traces de freinage? 8. Est-ce que vous avez arrêté la voiture? 9. Est-ce que vous avez invité les Touet? 10. Est-ce que vous avez reçu la lettre?

b) *Beantworten Sie folgende Fragen nach dem Muster:*

Jean a montré les photos à sa femme? — Oui, il les lui a montrées.

1. Ta femme a raconté la nouvelle à Monsieur Duriez? 2. Monsieur Chassier a promis la caravane à ses voisins? 3. Monsieur Denier a présenté les diapositives à son ami? 4. Jacques a promis les disques à son frère? 5. Votre frère a donné le journal à son chef? 6. Votre chef a rappelé les 300 francs à Monsieur Chassier? 7. Christine a montré la robe à ses parents? 8. Votre femme a donné les disques à vos voisins?

c) *Beantworten Sie die Fragen von Übung 3. b) mit „nein" nach dem Muster:*

Jean a montré les photos à sa femme? — Non, il ne les lui a pas montrées.

d) *Bilden Sie Imperative nach dem Muster:*

Les photos sont à Didier. — Donnez-les-lui.
1. Les bagages sont à Monsieur Touet. 2. Le porte-monnaie est à Yves. 3. Le pull est à elle. 4. Le projecteur est à Monsieur Caracol. 5. La valise est à la directrice. 6. Les cigarettes sont à Annik. 7. Le manteau est à Monsieur Mataras. 8. Les souliers sont à Jacques. 9. Le journal est à moi. 10. Le foulard est à Christine.

4. a) *Setzen Sie das richtige Relativpronomen ein:*

1. Marguerite a acheté un chemisier ...... je trouve très beau. 2. Les jeunes hommes pour ...... la carrière commence au guichet porteront souvent un blazer. 3. Le foulard ...... j'ai acheté chez Drunod a coûté quarante francs. 4. Les jeunes filles ...... la carrière commence au guichet porteront souvent un tailleur-pantalon. 5. Le jeune homme a traversé la rue en courant, ... était imprudent. 6. C'est Monsieur Mataras ...... je cherche. 7. Le jeune homme ...... il parle a été écrasé par une voiture. 8. La femme avec ...... vous m'avez vu à Marseille est ma cousine. 9. Les jeunes hommes ...... je vous ai parlé hier s'appellent Didier et Jacques. 10. Les souliers pour ...... j'ai payé 125 francs ne résistent pas à la pluie.

b) *Beantworten Sie folgende Fragen nach den Mustern:*

C'est votre caravane? — Oui, c'est la nôtre.
C'est ton porte-monnaie? — Oui, c'est le mien.
1. C'est ta valise? 2. C'est ton foulard? 3. C'est votre voiture? 4. C'est votre maison? 5. C'est ton permis de conduire? 6. Ce sont vos cigarettes? 7. Ce sont tes robes? 8. C'est ta maison? 9. Ce sont vos manteaux? 10. C'est votre journal de mode? 11. C'est ton chemisier? 12. Ce sont vos valises? 13. Ce sont tes jouets? 14. C'est votre horaire des trains?

5. a) *Geben Sie die weibliche Form an von:*

auditeur, vendeur, boulanger, gardien, paysan, spectateur, Danois, Allemand, Belge, Américain, Hollandais, Français, Russe

b) *Geben Sie die Pluralform an von:*

cheval, genou, manteau, journal, école, caillou, cigarette, clou, jeu

c) *Geben Sie die weibliche Form an von:*

bleu, allemand, complet, élégant, blanc, frais, certain, vif, national, italien, joli, grand, objectif, dernier, américain, cher, gros, russe, parisien, bon, nerveux, rouge, anglais, allemand, actif, léger, commercial

d) *Geben Sie die männliche Pluralform an von:*

bon, commercial, actif, élégant, nerveux, bleu, rouge, gros, italien, cher, joli

e) *Vervollständigen Sie die Sätze nach dem Muster:*

J'habite en France. — Alors, vous parlez français?

1. J'habite en Russie. 2. J'habite en Allemagne. 3. J'habite au Danemark. 4. J'habite aux Etats-Unis. 5. J'habite en Angleterre. 6. J'habite en Italie. 7. J'habite en Hollande. 8. J'habite en Espagne.

6. a) *Übersetzen Sie ins Deutsche:*

1. Une perturbation traversant une grande partie de la France, le temps sera frais du bassin Aquitain aux Alpes. 2. Veuillez m'envoyer des prospectus pour que je puisse organiser le séjour. 3. Je suis arrivée à Paris il y a une semaine. 4. Ma femme vient d'arriver de Lyon. 5. Mon frère est parti au printemps. 6. La maison coûte trois cent mille francs, le garage étant exclu.

b) *Übersetzen Sie ins Französische:*

1. Das Wetter wird wärmer, wobei der Himmel jedoch bedeckt bleibt. 2. Bitte schicken Sie mir Prospekte, so daß ich unseren Aufenthalt organisieren kann. 3. Wir gewähren Ihnen einen Nachlaß von 10%, obwohl Sie nur 6 Wochen bleiben. 4. Ich bin bereit, 8 Wochen zu bleiben, unter der Voraussetzung, daß Sie mir einen Sonderpreis anbieten (= machen). 5. Mein Bruder hat mich eingeladen, ihn in Paris zu besuchen. Ich muß am Wochenende hinfahren. 6. Herr Grenelle fährt den Wagen zum Parkplatz und alle steigen aus. 7. Der Polizist, an den ich mich gewandt habe, hat mir versichert, daß man den Krankenwagen jeden Augenblick erwartet. 8. In den Büros der großen Banken ist man im allgemeinen sehr traditionsbewußt. 9. Der Schaffner sieht im Kursbuch nach und er sagt zur Direktrice, daß sie den Zug nach Bordeaux nicht versäumen wird. 10. Dieser Wohnwagen aus PVC ist sehr leicht und wetterfest.

Leçon trente et un

La Révolution **31A**

La Révolution proprement dite se fit au cours de quatre «journées révolutionnaires»:

1°. — La première fut le «Serment du Jeu de Paume» prêté le 20 juin 1789 par les députés du Tiers Etat constitués illégalement en assemblée nationale. Ils jurèrent de ne pas se séparer avant que la France eût reçu une constitution, acte révolutionnaire, contraire au droit du roi de dissoudre l'assemblée. Louis XVI céda et sur son ordre la noblesse et le clergé se fondirent dans l'Assemblée nationale. La Cour, pour arrêter la Révolution, décida le roi à faire venir des troupes près de Paris.

2°. — Ce fut l'occasion de la seconde journée. Le peuple de Paris répliqua le 14 juillet en prenant de force la forteresse royale de la Bastille qu'il démolit aussitôt. La prise de la Bastille fut considérée comme le symbole de la chute de l'ancien régime. Elle eut des conséquences imprévues. Les bourgeois, pour maintenir l'ordre, improvisèrent une garde nationale, formée des habitants armés, qui prit les couleurs bleu, blanc, rouge, devenues bientôt l'emblème de la nation française.

3°. — La crainte du pillage par les «brigands» provoqua une panique, surnommée «la grande peur», qui, partie de Paris, se propagea comme «une commotion électrique» à travers une grande partie de la France. Les paysans, réunis en armes pour repousser les brigands imaginaires, se tournèrent contre les châteaux et se mirent à détruire les registres qui spécifiaient les droits féodaux dus aux seigneurs.

4°. — La dernière journée fut l'œuvre d'une foule parisienne inquiète du manque de blé et irritée par une manifestation d'officiers de la garde royale contre l'Assemblée à Versailles. La foule, soutenue par le général de la garde nationale de Paris, Lafayette, marcha sur Versailles et ramena le roi et sa famille; l'Assemblée suivit. Le gouvernement de la France fut désormais à Paris sous la surveillance du peuple parisien.

Aus: „Histoire Sincère de la Nation Française"
von Charles Seignobos

la Révolution *die französische Revolution*
proprement dit, -e *eigentlich*
se fit (*von* faire) *ereignete sich*
révolutionnaire *revolutionär*
1° (= primo) *erstens*
fut (*von* être) *war*
le Serment du Jeu de Paume *der Ballhausschwur*
prêter serment *einen Schwur leisten*
le député *der Abgeordnete*
le Tiers Etat *der Dritte Stand*
constitué *konstituiert, eingesetzt*
illégalement *illegal*
en *als*
l'assemblée (nationale) (*f*) *die Nationalversammlung*
jurer *schwören*
avant que *bevor*
eût (*von* avoir) *habe*
la constitution *die Verfassung*
l'acte (*m*) *der Akt, die Handlung*
contraire à *im Widerspruch zu*
le roi *der König*
dissoudre *auflösen*
Louis *Ludwig*
céder *nachgeben*
la noblesse *der Adel*
le clergé *der Klerus*
se fondre *sich verschmelzen*
la troupe *die Truppe*
l'occasion (*f*) *der Anlaß*
2° (= secundo) *zweitens*
le/la second(e) *der/die/das zweite*
le peuple *das Volk*
répliquer *erwidern, reagieren*
la force *die Kraft*
de force *mit Gewalt*
la forteresse *die Festung*
royal, -e *königlich*
la Bastille *die Bastille*
démolir *zerstören*
la prise *die Einnahme*
être considéré comme *betrachtet werden als*
le symbole *das Symbol*
la chute *der Sturz*
l'ancien régime (*m*) *das „Ancien Régime" (Regierungsform in Frankreich vor 1789)*
eut (*von* avoir) *hatte*
imprévu, -e *unvorhergesehen*
le bourgeois *der Bürger*
maintenir (*konj. wie* tenir) *aufrechterhalten*
l'ordre (*m*) *die Ordnung*
la garde nationale *die Nationalgarde*
former *bilden*
l'habitant (*m*) *der Einwohner*
armé, -e *bewaffnet*
prit (*von* prendre) *nahm (an)*
la couleur *die Farbe*
l'emblème (*m*) *das Emblem*
la nation *die Nation*
3° (= tertio) *drittens*
la crainte *die Furcht*
le pillage *die Plünderung*
le brigand *der Räuber*
provoquer *verursachen*
la panique *die Panik*
surnommer *nennen*
la commotion électrique *der elektrische Schlag*
à travers *über*
réunir *vereinen*
l'arme (*f*) *die Waffe*
repousser *zurückwerfen*
imaginaire *imaginär, nur in der Einbildung existierend*
se tourner contre *sich wenden gegen*
le château *das Schloß*
se mirent à (*von* mettre) *machten sich daran ... zu*
détruire *zerstören*
le registre *das Register*
spécifier *aufführen*
le droit *die Abgabe*
féodal, -e, -aux *feudal*
dû, due, dus, dues *zustehend*
le seigneur *der (Lehens-) Herr*
la foule *die Menge*
inquiet, -ète *beunruhigt*
le manque *der Mangel*
le blé *das Getreide, der Weizen*
irrité *irritiert, aufgebracht*
la manifestation *die Demonstration*
l'officier (*m*) *der Offizier*
la garde royale *die königliche Garde*
souténir (*konj. wie* tenir) *stützen*
le général *der General*
sur *nach*
ramener *zurückholen*
désormais *von da an*
sous *unter*
la surveillance *die Aufsicht*

Grammatik

Das „passé simple“ 31 B_1

1. Formen

	-er	-re		-ir	-oir
j(e) tu il nous vous ils	décidai décidas décida décidâmes décidâtes décidèrent	entendis entendis entendit entendîmes entendîtes entendirent		démolis démolis démolit démolîmes démolîtes démolirent	reçus reçus reçut reçûmes reçûtes reçurent
	avoir	être	faire	mettre	prendre
j(e) tu il nous vous ils	eus eus eut eûmes eûtes eurent	fus fus fut fûmes fûtes furent	fis fis fit fîmes fîtes firent	mis mis mit mîmes mîtes mirent	pris pris prit prîmes prîtes prirent

2. Gebrauch

passé simple	Imperfekt
Les paysans se **mirent** à détruire les registres →	qui **spécifiaient** les droits féodaux dus aux seigneurs.
Ausdruck von: Handlung, Geschehen. Frage: Was geschah?	Ausdruck von: Zustand, Eigenschaft. Frage: Was war?

Das „passé simple“ gehört fast nur noch der Schriftsprache an. Im gesprochenen Französisch wird es durch das Perfekt ersetzt (siehe auch Kap. $15B_1$, „Gebrauch von Imperfekt und Perfekt“).

Verkürzte Relativsätze

31 B₂

Relativsatz	verkürzter Relativsatz
... les droits féodaux qui étaient dus aux seigneurs. La foule, qui fut soutenue par Lafayette, marcha sur Versailles.	... les droits féodaux dus aux seigneurs. La foule, soutenue par Lafayette, marcha sur Versailles.

Besonders in der Schriftsprache werden Relativsätze mit **être** gerne verkürzt. Die Veränderlichkeit des Partizips Perfekt, das hier die Funktion eines Adjektivs ausübt, bleibt dabei erhalten.

Verschiedenes

31 B₃

a) *Ils jurèrent de ne pas se séparer.*
Bei einer Verneinung, die sich auf einen Infinitiv bezieht, stehen **ne pas** (**ne plus, ne rien** usw.) zusammen **vor** dem Infinitiv.

b) **eût** ist ein „subjonctif"-Imperfekt, das im modernen Französisch selten verwendet wird.
avant que gehört zu den Konjunktionen, nach denen immer der „subjonctif" steht.

c) Der Einschub ..., *acte révolutionnaire*, ... ist eine Apposition.
Diese Konstruktion gehört ebenfalls vor allem der Schriftsprache an.

d) Zur Großschreibung:
— *la Révolution:* Groß, wenn es sich um die französische Revolution von 1789 handelt.
— *la Cour:* Groß, wenn der Königshof gemeint ist.
— *l'Assemblée:* Groß, wenn die französische Nationalversammlung gemeint ist.

e) *Louis XVI* (sprich: *Louis seize*) und *le 20 juin* (sprich: *le vingt juin*): Bei Herrschernamen und Daten wird nicht die Ordnungszahl, sondern die Grundzahl verwendet. Ausnahmen: jeweils der erste:
Napoléon Ier (= *Napoléon premier*), *le 1er juin* (= *le premier juin*).

f) *se propage***a**: Bei den Verben auf **-ger** wird vor allen Endungen, die mit **a** oder **o** beginnen, ein **-e-** eingeschoben, damit das **g** in der Aussprache als [ʒ] erhalten bleibt.
Ebenso erhält das **c** der Verben auf **-cer** in diesen Fällen eine *cédille* (ç).

g) *primo* [primo], *secundo* [sekɔ̃do], *tertio* [tersio] — In Aufzählungen bis 3 gerne verwendete lateinische Ordnungszahlen.

a) *Geben Sie die 3. Person Singular „passé simple" an von:*
avoir, céder, fondre, finir, être, mettre, donner, sortir, quitter, recevoir, faire, visiter, attendre, prendre, partir

b) *Geben Sie die 3. Person Plural „passé simple" an von:*
organiser, prêter, être, partir, former, prendre, avoir, repousser, démolir, ramener, mettre, entendre, faire, recevoir, servir, provoquer

c) *Suchen Sie aus dem Lektionstext alle verkürzten Relativsätze heraus und übersetzen Sie sie einzeln ins Deutsche.*

d) *Verneinen Sie den Infinitiv folgender Sätze nach dem Muster:*
Ils jurèrent de se séparer. — Ils jurèrent de ne pas se séparer.
1. Nous avons décidé d'aller à la mer. 2. Jean commence à avoir peur. 3. Les Durand se sont décidés à vendre leur maison. 4. Je crois avoir ouvert la fenêtre. 5. Monsieur Chassier a décidé de se rendre à Paris.

e) *Übersetzungsübung:*
(*Verben im „passé simple", wenn nichts anderes vermerkt ist.*)
1. Ludwig der XVI gab nach; später beschloß er jedoch, Truppen in die Nähe von Paris kommen zu lassen. 2. Das Volk nahm die Bastille ein und zerstörte sie. Die Folgen waren (Imperfekt) unvorhergesehen. 3. Die Nationalgarde betrachtete (Imperfekt) die Farben Blau, Weiß, Rot als Emblem der französischen Nation. 4. Die Bauern wollten (Imperfekt) die imaginären Räuber zurückwerfen. Dann wandten sie sich gegen die Schlösser und machten sich daran, die Feudalregister zu zerstören. 5. Der letzte revolutionäre Tag war das Werk einer Menge in Paris. 6. Das Volk war (Imperfekt) beunruhigt und irritiert. 7. Die Menge marschierte nach Versailles und holte den König und seine Familie nach Paris (zurück).

Leçon trente-deux

Pilote de guerre **32A**

Sans doute je rêve. Je suis au collège. J'ai quinze ans. Je résous avec patience mon problème de géométrie. Accoudé sur ce bureau noir, je me sers sagement du compas, de la règle, du rapporteur. Je suis studieux et tranquille. Des camarades, auprès de moi, parlent à voix basse. L'un d'eux aligne des chiffres sur un tableau noir. Quelques-uns, moins sérieux, jouent au bridge. De temps à autre je m'enfonce plus loin dans le rêve et jette un coup d'œil par la fenêtre. Une branche d'arbre oscille doucement dans le soleil. Je regarde longtemps. Je suis un élève dissipé. J'éprouve du plaisir à goûter ce soleil, comme à savourer cette odeur enfantine de pupitre, de craie, de tableau noir. Je m'enferme avec tant de joie dans cette enfance bien protégée! Je le sais bien: il y a d'abord l'enfance, le collège, les camarades, puis vient le jour où l'on subit des examens. Où l'on reçoit quelque diplôme. Où l'on franchit, avec un serrement de cœur, un certain porche, au-delà duquel, d'emblée, on est un homme. Alors le pas pèse plus lourd sur la terre. On fait déjà son chemin dans la vie. Les premiers pas de son chemin. On essaiera enfin ses armes sur de véritables adversaires. La règle, l'équerre, le compas, on en usera pour bâtir le monde, ou pour triompher des ennemis. Finis, les jeux!

Aus: „Pilote de guerre" von Antoine de Saint-Exupéry

le pilote *der Pilot*
la guerre *der Krieg*
rêver *träumen*
j'ai quinze ans *ich bin fünfzehn Jahre alt*
résoudre *lösen*
je résous *ich löse*
la patience *die Geduld*
le problème de géométrie *die Geometrieaufgabe*
accoudé *aufgestützt*
se servir de qch *sich einer Sache bedienen*
sagement *brav*
le compas *der Zirkel*
la règle *das Lineal*
le rapporteur *der Winkelmesser*
studieux, -se *fleißig*
auprès de moi *in meiner Nähe*
aligner *aneinanderreihen*
le chiffre *die Zahl*
le tableau noir *die Tafel*
sérieux, -se *ernst*
le bridge *Bridge* (*n*)
de temps à autre *von Zeit zu Zeit*
s'enfoncer dans *sich vertiefen in*
le rêve *der Traum*
par *aus*
la branche *der Zweig*
l'arbre (*m*) *der Baum*
osciller *schwanken*
doucement *leicht*
dissipé *zerstreut*
éprouver *empfinden*
goûter *kosten*
savourer *genießen*
l'odeur (*f*) *der Geruch, der Duft*
enfantin, -e *kindlich*
le pupitre *das Pult*
la craie *die Kreide*
s'enfermer dans *sich einschließen in*
la joie *die Freude*
l'enfance (*f*) *die Kindheit*
protéger *beschützen*
l'on (= on) *man*
subir qch (*konj. wie* finir) *sich einer Sache unterziehen*
l'examen (*m*) *das Examen*
quelque *irgendein*
le diplôme *das Diplom*
franchir (*konj. wie* finir) *überschreiten*
le serrement *die Beklemmung*
le cœur *das Herz*
le porche *die Vorhalle*

au-delà *jenseits*
d'emblée *plötzlich*
le pas *der Schritt*
peser (*konj. wie* mener) *wiegen*

lourd, -e *schwer*
la terre *die Erde*
l'adversaire (*m*) *der Gegner*
user de qch *etw. benützen*
bâtir *bauen*

le monde *die Welt*
triompher de *triumphieren über*
l'ennemi (*m*) *der Feind*

Grammatik

Reflexive Verben

32B₁

a) Zahlreiche Verben werden im Französischen (wie im Deutschen) reflexiv und nicht reflexiv verwendet:

enfoncer	eindrücken	*s'enfoncer*	sich vertiefen
enfermer	einschließen	*s'enfermer*	sich einschließen
servir	(be)dienen	*se servir*	sich bedienen

b) Bei einer Reihe solcher Verben hat die französische reflexive Form im Deutschen eine nicht reflexive Übersetzung:

appeler	(an)rufen	*s' appeler*	heißen
arrêter	anhalten	*s' arrêter*	stehenbleiben
douter (*de*)	zweifeln (an)	*se douter* (*de*)	etw. ahnen
lever	(er)heben	*se lever*	aufstehen
réveiller	aufwecken	*se réveiller*	aufwachen
terminer	beenden	*se terminer*	zu Ende gehen

c) Einige Verben werden im Französischen **nur** reflexiv gebraucht. (Achtung im Perfekt! Das Partizip ist veränderlich!):

Beispiel:	*s' écrier*	ausrufen
Elle s'est souvenue de	*s'efforcer de*	sich bemühen (zu)
ce détail.	*se souvenir de*	sich erinnern

d) Einige Verben werden — abweichend vom Deutschen — **nicht** reflexiv gebraucht. (Achtung! Im Perfekt mit **avoir** verbunden!):

augmenter	sich erhöhen	Beispiele:
bouger	sich bewegen	*Les prix ont augmenté.*
changer	sich ändern	*Jacques a changé.*
tourner	sich drehen	*Ne bouge pas!*

Zum Reflexivpronomen siehe Kap. 9C₁, „Personalpronomen".
Zur Veränderlichkeit des Partizips Perfekt siehe Kap. 16B₁.

Verschiedenes

32B₂

a) **l'on** wird im gehobenen Stil statt **on** besonders nach Vokalen gebraucht: *où l'on, si l'on, etc.*

b) *Le pas pèse plus lourd.*
Das Adjektiv **lourd** steht hier ausnahmsweise als Adverb. Ebenso:

parler haut	= laut sprechen	*sentir bon*	= gut riechen
parler bas	= leise sprechen	*sentir mauvais*	= schlecht riechen
acheter cher	= teuer kaufen	*vendre cher*	= teuer verkaufen

c) Verben auf **-yer** behalten im Futur und Konditional das **i** der stammbetonten Formen in allen Personen:
on essaiera, nous essaierons, etc.

d) *... sur de véritables adversaires:*
Nur **de** ohne Artikel steht bei Substantiven im Plural, denen ein Adjektiv vorangeht.

Übungen 32C

a) *Konjugieren Sie im Präsens:*

1. Je m'enfonce dans le rêve. 2. Je m'enferme dans l'enfance. 3. Je me sers du compas.

b) *Setzen Sie die drei Sätze aus Übung a) ins Perfekt und konjugieren Sie sie durch alle Personen.*

c) *Setzen Sie die Sätze ins Perfekt:*

1. Je m'efforce de résoudre ce problème de géométrie. 2. Christine ne bouge pas. 3. Jean se lève à six heures. 4. Madame Duriez se réveille à neuf heures. 5. Les tarifs augmentent de nouveau. 6. L'agent de police arrête la voiture. 7. Jacques se souvient de notre promenade. 8. Je me doute de l'intention du conducteur. 9. Les vacances se terminent. 10. Yves Durand enfonce la porte.

d) *Übersetzungsübung:*

1. Herr Durand, Sie haben sich sehr (*beaucoup*) geändert! 2. Jean bewegt sich nicht. 3. Sprechen Sie laut, ich habe nicht verstanden. 4. Wie alt sind Sie? — Ich bin 36 Jahre alt. 5. Werfen Sie einen Blick aus dem Fenster. Sehen Sie den roten Wagen? 6. Von Zeit zu Zeit werfe ich einen Blick aus dem Fenster. 7. Man braucht (*Il faut*) Geduld, um eine Geometrieaufgabe zu lösen. 8. Fräulein Drunod reiht an der Tafel Zahlen aneinander. 9. Marcel ist ein zerstreuter Schüler. 10. Herr Durand bedient sich des Zirkels und des Lineals. Er betrachtet die Zahlen an der Tafel.

Leçon trente-trois

Bon pied bon œil **33A**

La portière s'ouvrit. Une jambe raide apparut d'abord, qui cherchait le sol à tâtons, puis une canne, puis les pans d'un manteau de tweed, puis la tête de Lamballe, cheveux coupés à la brosse, courbée pour passer dans la portière sans que la jambe eût à ployer.
Rodrigue traversa en trois enjambées le jardinet qui précède la villa.
«Te voilà!» dit-il.
Les deux hommes s'étreignent. Puis ils se regardent longuement. Il y a deux plis amers aux coins des lèvres de Lamballe. «Que lui est-il arrivé, qu'il ne m'a pas dit?» s'interroge Rodrigue.
«Comment va la vie? demande Lamballe.
— Ça va, ça va», répond Rodrigue.
Lamballe se dirige vers la villa.
«Tu vas m'attendre à la maison, dit Rodrigue. Il faut que j'aille vendre *L'Huma-Dimanche*. Tu vas m'attendre dans ma chambre. Il y a des livres. Et un reste de whisky dans l'armoire, sur la planche du haut, tu trouveras facilement. Je vais me dépêcher. Je serai de retour avant midi.
— Non, dit Lamballe. Je t'accompagne.»
Rodrigue fronce le sourcil.
«Ne t'inquiète pas, poursuit Lamballe. Je marche aussi vite que toi. Je me suis entraîné peu à peu. Je fais de grandes courses dans la montagne.
— Comme tu veux.
— Bien sûr, je ne suis pas membre du Parti . . .
— N'importe qui peut vendre *L'Huma*. Ce n'est pas un sacerdoce . . .»
Il regarde Lamballe qui frissonne dans le vent froid:
«. . . ni, continue-t-il, une œuvre méritoire qui te rapportera des indulgences.
— C'était bien ce que je pensais», dit Lamballe.

Aus: „Bon pied bon œil" von Roger Vailland

le pied *der Fuß*
l'œil (*m*) *das Auge*
avoir bon pied bon œil *auf dem Posten sein*
la jambe *das Bein*
raid, -e *steif*
apparaître (*konj. wie* connaître) *erscheinen*
le sol *der Boden*
à tâtons *tastend*
la canne *der Spazierstock*
le pan *die Stoffbahn*
le tweed *der Tweed*
la tête *der Kopf*
couper *schneiden*
la brosse *die Bürste*
cheveux coupés à la brosse *mit Bürstenhaarschnitt*
courbé *gebeugt*
passer dans *passen in*
ployer *sich abbiegen*
l'enjambée (*f*) der (*große*) *Schritt*
le jardinet *das Gärtchen*

précéder qch *sich vor etw. befinden*
Te voilà! *Da bist du ja!*
étreindre *umarmen*
longuement *lange*
le pli *die Falte*
amer, -ère *bitter*
la lèvre *die Lippe*
les coins des lèvres *die Mundwinkel*
Que lui est-il arrivé? *Was ist ihm zugestoßen?*
interroger *fragen*
Comment va la vie? *Wie geht's?*
à la maison *zu Hause*
L'Huma(nité)-Dimanche (*f*) *Sonntagsausgabe der Humanité* (= *Parteiblatt der kommunistischen Partei Frankreichs*)
le livre *das Buch*
le whisky *der Whisky*
l'armoire (*f*) *der Schrank*
la planche *das Brett*
du haut *oberer, -e, -es*
se dépêcher *sich beeilen*
être de retour *zurück sein*
accompagner *begleiten*
froncer *kraus ziehen*
le sourcil *die Augenbraue*
froncer le(s) sourcil(s) *die Stirn runzeln*
inquiéter *beunruhigen*
entraîner *trainieren*
peu à peu *nach und nach*
la course *die Tour*
n'importe qui *jedermann*
le sacerdoce *das Priesteramt*
frissonner *frösteln*
ni *noch*
méritoire *verdienstvoll*
rapporter *einbringen*
les indulgences (*f*) *der Ablaß*
bien *genau*

Grammatik

Infinitiv-Anschluß **33B₁**

a) Ohne Präposition (reiner Infinitiv) u. a. nach den Verben:		
1. *devoir*	sollen, müssen	*Jean doit partir.*
2. *faire*	(veran)lassen	*Je fais venir mon frère.*
3. *laisser*	(zu)lassen	*Elle laisse venir les enfants.*
4. *pouvoir*	können	*Je ne peux pas venir.*
5. *savoir*	wissen, können	*Il sait parler français.*
6. *vouloir*	wollen	*Nous voulons partir.*
7. *aller*	gehen, werden	*Je vais me dépêcher.*
8. *aimer*	mögen, lieben	*Vous aimez parler politique?*
9. *entendre*	hören	*J'entends parler quelqu'un.*
10. *croire*	glauben	*Il croit avoir entendu une voix.*
11. *préférer*	lieber tun	*Je préfère rester.*
12. *penser*	(ge)denken	*Nous pensons partir demain.*
b) Mit der Präposition **de** u. a. nach folgenden Verben:		
13. *décider de*	beschließen	*Yves décide de rester.*
14. *essayer de*	versuchen	*J'essaierai de me dépêcher.*
15. *permettre de*	erlauben	*Il nous permet de rester.*
16. *proposer de*	vorschlagen	*Je vous propose de parler français.*
17. *regretter de*	bedauern	*Il regrette d'être resté.*
18. *oublier de*	vergessen	*Jean oublie de partir.*
19. *se souvenir de*	sich erinnern	*Je me souviens de l'avoir vue.*
c) Mit der Präposition **à** u. a. nach den Verben:		
20. *commencer à*	beginnen	*Je commence à comprendre.*
21. *se décider à*	sich entschließen	*Il s'est décidé à partir.*
22. *inviter à*	einladen	*Il vous invite à rester.*
23. *se mettre à*	s. daran machen	*Ils se mirent à aligner des chiffres.*
24. *servir*	dienen	*La craie sert à écrire.*

Das „passé simple“ von *apparaître* **33B₂**

j' apparus	nous apparûmes
tu apparus	vous apparûtes
il apparut	ils apparurent
ebenso: connaître = *kennen*	

Verschiedenes **33B₃**

a) **œil** hat den Plural **yeux** [jø].

b) **Parti** wird hier mit großem Anfangsbuchstaben geschrieben, weil eine bestimmte Partei, nämlich die **P. C.** (= *Parti communiste*) gemeint ist.

c) **sans que** gehört zu den Konjunktionen, die immer den „subjonctif“ verlangen.

d) **n'importe qui** = wörtlich: „es ist unwichtig wer“.
Diese Konstruktion ist auch mit anderen Fragepronomen möglich:
n'importe quand = irgendwann
n'importe comment = irgendwie
n'importe quoi = irgendwas
n'importe où = irgendwo

Übungen 33C

a) *Übersetzen Sie die Beispielsätze zum Infinitiv-Anschluß* (*Kap.* 33B₁) *ins Deutsche und stellen Sie fest, in welchen Sätzen*
1. sowohl im Französischen als auch im Deutschen keine Präposition steht;
2. im Französischen abweichend vom Deutschen keine Präposition steht.

b) *Setzen Sie — wo erforderlich — die richtige Präposition ein:*
1. Madame Drunod nous a proposé ... accompagner son mari en France. 2. Les paysans, réunis en armes pour repousser les brigands imaginaires, se mirent ... détruire les registres féodaux. 3. Aimeriez-vous ... rester ou préfereriez-vous ... partir ce soir? 4. Mon frère regrette ... avoir vendu la maison. 5. Je me souviens ... avoir vu Madame Caracol à Paris. 6. Mon ami a entendu ... venir l'agent de police. 7. Est-ce que Madame Chassier s'est décidée ... acheter la voiture? 8. Monsieur Rodrigue nous a invités ... visiter sa villa. 9. Je pense ... faire un voyage en Espagne au mois d'août. 10. Je vais ... essayer ... résoudre ce problème de géométrie.

c) *Antworten Sie nach folgendem Muster:*
Où voulez-vous garer la voiture? — N'importe où.
1. Quand voulez-vous que nous venions? 2. Qui peut faire ce travail? 3. Que voulez-vous que je dise? 4. Comment dois-je résoudre ce problème? 5. Où est-ce que vous irez en juillet?

d) *1. Setzen Sie in den Satz: „Il veut parler politique." statt „veut" die entsprechende Form folgender Verben ein:*

permettre, commencer, proposer, aimer, se mettre, aller, préférer, décider, essayer

2. Gleiche Übung mit dem Satz: „J'ai dû rester." = Ich habe bleiben müssen. Setzen Sie statt „dû" das Partizip Perfekt folgender Verben ein:

pouvoir, se décider, vouloir, préférer, décider, penser, essayer

e) *Übersetzungsübung:*

1. Schließen Sie die Augen! 2. Herr Müller, ich wünsche, daß Sie die Duriez kommen lassen (mit *faire*). 3. Pst, ich höre jemanden sprechen. Ich will lieber (*préférer*) das Zimmer verlassen. 4. Ich werde (*aller*) versuchen, Herrn Durand zu treffen. 5. Haben Sie vergessen, an (*à*) Frau Chassier zu schreiben? 6. Ich gedenke mein Haus zu verkaufen. 7. Wir schlagen Ihnen vor, den Wagen zu kaufen. 8. Wollen Sie französisch sprechen? 9. Hans hat sich entschlossen, das Buch zu kaufen. 10. Ich erinnere mich, Herrn Müller in Paris getroffen zu haben.

f) *Übersetzungsübung:*

Die beiden Freunde umarmen sich. Sie betrachten sich lange. Dann gehen sie auf die Villa zu. Sie überqueren die Straße in fünf großen Schritten. Dann betreten sie das Haus und gehen in Rodrigues Zimmer. Es ist ein Rest Whisky im Schrank. Sie trinken den Whisky. Dann verlassen sie die Villa, um die *Huma* zu verkaufen. Lamballe begleitet Rodrigue, der im kalten Wind fröstelt.

Leçon trente-quatre

L'économie de la France — 34A

L'industrie est aujourd'hui l'activité économique prépondérante, occupant les deux cinquièmes de la population active et fournissant plus de la moitié du produit national brut français. Elle est caractérisée, sur le plan structurel, par la prédominance des petites et moyennes entreprises. Sur le plan géographique, l'industrie est trop concentrée dans un petit nombre de régions, celles où les groupements humains de forte densité résultent de l'ancienneté et de l'importance de l'activité industrielle et commerciale. Sur le plan de la production, l'industrie se caractérise par sa diversité.
Dans l'agriculture domine le faire-valoir direct. Malgré la diminution de ses effectifs (moins du cinquième de la population active) et sa

relativement faible contribution à la formation du produit national (moins du dixième), elle conserve une place importante. La France est un grand producteur de céréales, blé surtout (Beauce, Picardie, Bretagne orientale), et de vin (Languedoc, Bourgogne, Bordelais, Champagne, etc.).
Malgré son actuelle prospérité, de nombreux problèmes se posent à l'économie française, en raison notamment de son intégration progressive dans le Marché commun. L'agriculture est encore insuffisamment productive et compétitive, malgré le développement de la motorisation (1 million de tracteurs) et de la mécanisation. L'industrie juxtapose, à côté de secteurs d'activité modernes, des branches où domine l'entreprise de caractère artisanal, condamnée souvent à disparaître avec la suppression des barrières protectionnistes. Enfin, les transports ne sont pas toujours adaptés aux conditions de la vie moderne. Si l'équipement portuaire et ferroviaire est satisfaisant, il n'en est pas toujours de même pour la route (insuffisance des autoroutes), et surtout pour la voie d'eau, trop souvent archaïque. Le réseau aérien intérieur connaît un développement continu.

Nach „Petit Larousse": La France

l'industrie (*f*) *die Industrie*
économique *wirtschaftlich*
prépondérant, -e *überwiegend, vorherrschend*
occuper *beschäftigen*
la population *die Bevölkerung*
actif, -ve *berufstätig, erwerbstätig*
fournir (*konj. wie* finir) *liefern*
le produit national (brut) *das (Brutto-)Sozialprodukt*
caractériser *kennzeichnen*
sur le plan ... *im ... Bereich, in ... Hinsicht*
structurel, -le *strukturell*
la prédominance *das Vorherrschen*
géographique *geographisch*
concentrer *konzentrieren*
le nombre *die Anzahl*
le groupement *die Gruppe, die Gruppierung*
humain, -e *menschlich*
la densité *die Dichte*
résulter de *sich ergeben aus*
l'ancienneté (*f*) *das (hohe) Alter, das Vorhandensein seit langer Zeit*
l'importance (*f*) *die Bedeutung, der Umfang*
la production *die Produktion*
la diversité *die Verschiedenartigkeit*
l'agriculture (*f*) *die Landwirtschaft*
dominer *vorherrschen*
le faire-valoir direct *die Selbstbewirtschaftung (im Gegensatz zur Pacht)*
malgré *trotz*
la diminution *das Abnehmen*
les effectifs (*m*) *der Personalbestand*
moins de *weniger als*
faible *gering, schwach*
la contribution *der Beitrag*
la formation *die Bildung, die Schaffung*
conserver *beibehalten*
le producteur *der Hersteller*
les céréales (*f*) *das Getreide*
la Beauce *Gegend im Südwesten von Paris*
la Picardie *Gegend im Norden von Paris*
la Bretagne *nordwestlicher Zipfel Frankreichs*
oriental, -e *östlich*
le Languedoc *Gegend im Süden Frankreichs*
la Bourgogne *Burgund*
le Bordelais *Gegend um Bordeaux*
la Champagne *Gegend im Osten von Paris*
actuel, -le *gegenwärtig*
nombreux, -se *zahlreich*
en raison de *aufgrund*
notamment *insbesondere*

l'intégration (*f*) *die Integration*
progressif, -ve *allmählich*
insuffisamment *in unzureichender Weise*
productif, -ve *produktiv*
compétitif, -ve *wettbewerbsfähig*
le développement *die Entwicklung*
la motorisation *die Motorisierung*
le tracteur *der Traktor*
la mécanisation *die Mechanisierung*
juxtaposer *nebeneinanderstellen*
le secteur *der Sektor*
moderne *modern*
le caractère *der Charakter*
artisanal, -e *handwerklich*
condamner à *verurteilen zu*
disparaître (*konj. wie* paraître) *verschwinden*
la suppression *die Abschaffung*
la barrière *die Schranke*
protectionniste *Schutz-*
enfin *schließlich*
les transports (*m*) *das Transportwesen, der Verkehr*
adapter à *anpassen an*
si *wenn auch*
portuaire *Hafen-*
ferroviaire *Eisenbahn-*
satisfaisant, -e *zufriedenstellend*
l'insuffisance (*f*) *die Unzulänglichkeit*
la voie d'eau *die Wasserstraße, das Wasserstraßennetz*
archaïque *veraltet*
le réseau aérien *das Flugnetz*
connaître *erfahren*
continu, -e *stetig*

Grammatik

Verschiedenes

34B

a) — *les deux cinquièmes* = zwei Fünftel
im Französischen **mit** Artikel
— *moins du dixième* = weniger als ein Zehntel
im Französischen mit dem **bestimmten** Artikel

b) *moins âgé* **que** *Jacques* = „als" nach dem Komparativ heißt **que**; zusammen mit Zahlen lautet es **de**.
moins **du** *cinquième*
(Siehe Komparativ mit **plus**, Kap. 19B3.)

Übungen

34C

a) *Übersetzen Sie den Lektionstext schriftlich möglichst druckreif ins Deutsche.*

b) *Suchen Sie aus dem Lektionstext alle Partizip-Präsens-Formen heraus und geben Sie folgendes an:*

1. *Handelt es sich jeweils*
— *um ein Partizip Präsens als Verb oder*
— *um ein Partizip Präsens als Adjektiv?*

2. *Welche Verwendung finden die als Verb gebrauchten Partizip-Präsens-Formen (Grund, relativ, Gleichzeitigkeit)?*

c) *Übersetzungsübung:*

Die französische Industrie beschäftigt zwei Fünftel der Bevölkerung Frankreichs. Sie ist gekennzeichnet durch viele kleine und mittlere Betriebe. Die Landwirtschaft Frankreichs beschäftigt weniger als ein Fünftel der

Bevölkerung des Landes. Trotz der relativ geringen Beteiligung am Sozialprodukt (weniger als ein Zehntel) ist die französische Landwirtschaft sehr wichtig. Sie ist noch ungenügend produktiv und wettbewerbsfähig. Das französische Transportwesen entspricht nicht immer den Bedingungen des modernen Lebens (= ist nicht immer angepaßt an ...). Es gibt vor allem zu wenig Autobahnen.

Leçon trente-cinq

Abschließende Übungs- und Testlektion

1. a) *Geben Sie die 3. Person Singular „passé simple" an von:*

sortir, aller, faire, avoir, démolir, fournir, recevoir, prendre, être, ouvrir, entendre

b) *Geben Sie die 1. Person Singular „subjonctif" (Il faut que je ...) an von:*

tenir, répéter, chercher, aller, prendre, dire, fournir, occuper, ouvrir, écouter, partir

c) *Geben Sie die 1. Person Singular Futur an von:*

mettre, dire, venir, porter, servir, finir, pouvoir, connaître, aller, commander, démolir

2. a) *Beantworten Sie die Fragen nach dem Muster:*

Est-ce que vous avez regardé la maison? — Non, je ne l'ai pas regardée.
1. Est-ce que vous avez trouvé le journal? 2. Est-ce que vous avez fini la lettre? 3. Est-ce que vous avez reçu la valise? 4. Est-ce que vous avez vendu la voiture? 5. Est-ce que vous avez vu Christine Chassier? 6. Est-ce que vous avez invité les Duriez? 7. Est-ce que vous avez apporté le projecteur?

b) *Bilden Sie Imperative nach dem Muster:*

C'est mon portefeuille. Donne-le-moi.
1. C'est ma photo. 2. C'est mon pull. 3. Ce sont mes cigarettes. 4. C'est ma valise. 5. Ce sont mes journaux. 6. Ce sont mes diapositives. 7. C'est mon manteau.

c) *Beantworten Sie die Fragen nach dem Muster:*

C'est votre journal? — Oui, c'est le mien.
1. C'est votre voiture? 2. Ce sont vos cigarettes? 3. C'est votre livre? 4. C'est votre maison? 5. Ce sont vos valises? 6. Ce sont vos journaux? 7. C'est votre projecteur?

d) *Bilden Sie Fragen nach dem Muster:*

Jacques a vu *le projecteur.* — Qu'est-ce qu'il a vu?
1. Marguerite a cherché *la valise.* 2. Yves Duriez a crocheté *la portière* avec un rossignol. 3. Jacques a rencontré *sa femme* au restaurant. 4. Monsieur Chassier est venu *à 4 heures.* 5. Mon ami parle *de la voiture.* 6. Madame Chassier a fait cela *pour ses enfants.* 7. Marguerite a allumé *une cigarette.*

3. a) *Geben Sie die weibliche Form folgender Adjektive an:*

actif, national, structurel, géographique, important, faible, petit, moyen, français, oriental, nombreux, compétitif, ferroviaire, parisien, continu, aérien

b) *Geben Sie die weibliche Form an von:*

Belge, Danois, Russe, Anglais, Espagnol, auditeur, boulanger, paysan, spectateur, directeur, gardien

c) *Bilden Sie das Adverb aus folgenden Adjektiven:*
actif, doux, frais, vif, certain, joli, léger

4. *Übersetzen Sie den folgenden Anfang des berühmten Romans „L'étranger" = „Der Fremde" von Albert Camus ins Deutsche. Die für Sie unbekannten Wörter sind im Anschluß an den Text angegeben.*

L'étranger

Aujourd'hui, maman est morte. Ou peut-être hier, je ne sais pas. J'ai reçu un télégramme de l'asile: «Mère décédée. Enterrement demain. Sentiments distingués.» Cela ne veut rien dire. C'était peut-être hier.
L'asile de vieillards est à Marengo, à quatre-vingts kilomètres d'Alger. Je prendrai l'autobus à deux heures et j'arriverai dans l'après-midi. Ainsi, je pourrai veiller et je rentrerai demain soir. J'ai demandé deux jours de congé à mon patron et il ne pouvait pas me les refuser avec une excuse pareille. Mais il n'avait pas l'air content. Je lui ai même dit: «Ce n'est pas de ma faute.» Il n'a pas répondu. J'ai pensé alors que je n'aurais pas dû lui dire cela. En somme, je n'avais pas à m'excuser. C'était plutôt à lui de me présenter ses condoléances. Mais il le fera sans doute après-demain, quand il me verra en deuil. Pour le moment, c'est un peu comme si maman n'était pas morte. Après l'enterrement, au contraire, ce sera une affaire classée et tout aura revêtu une allure plus officielle.

l'étranger (*m*) *der Fremde*
mort, -e *gestorben, tot*
le télégramme *das Telegramm*
l'asile (*m*) *das Altersheim*
décéder *verscheiden*
l'enterrement (*m*) *die Beerdigung*
le vieillard *der Greis, der alte Mensch*
Alger *Algier*
veiller *Nachtwache halten, die Totenwache halten*
le congé *der Urlaub*
refuser *zurückweisen, verweigern*
l'excuse (*f*) *die Entschuldigung*
pareil, -le *solch*
même *sogar*
de = *unübersetzt*
dû *sollen*
en somme *kurz und gut, schließlich*
excuser *entschuldigen*
les condoléances (*f*) *das Beileid*
verra = *Futur von* voir
le deuil *die Trauer*
comme si *als ob*
au contraire *dagegen*
classer *ablegen*
revêtu *angenommen*
l'allure (*f*) *der Charakter, das Aussehen*
officiel, -le *offiziell*

Anhang

Konjugationstabellen

1. Die Hilfsverben „avoir“ und „être“

Zeit	avoir	être
1. Präsens (*présent*)	j' ai tu as il a nous avons vous avez ils ont	je suis tu es il est nous sommes vous êtes ils sont
2. Perfekt (*passé composé*)	j' ai eu tu as eu il a eu nous avons eu vous avez eu ils ont eu	j' ai été tu as été il a été nous avons été vous avez été ils ont été
3. Imperfekt (*imparfait*)	j' avais tu avais il avait nous avions vous aviez ils avaient	j' étais tu étais il était nous étions vous étiez ils étaient
4. *passé simple*	j' eus tu eus il eut nous eûmes vous eûtes ils eurent	je fus tu fus il fut nous fûmes vous fûtes ils furent
5. Futur (*futur*)	j' aurai tu auras il aura nous aurons vous aurez ils auront	je serai tu seras il sera nous serons vous serez ils seront

6. Konditional (*conditionnel*)	j' aurais tu aurais il aurait nous aurions vous auriez ils auraient	je serais tu serais il serait nous serions vous seriez ils seraient
7. *subjonctif*	j' aie tu aies il ait nous ayons vous ayez ils aient	je sois tu sois il soit nous soyons vous soyez ils soient
8. Imperativ (*impératif*)	aie ayons ayez	sois soyons soyez
9. Partizip Präsens (*participe présent*)	ayant	étant
10. Partizip Perfekt (*participe passé*)	eu	été

Die übrigen zusammengesetzten Zeiten (mit konjugiertem Hilfsverb und Partizip Perfekt) wie Plusquamperfekt, Futur II usw. werden analog zum Perfekt gebildet, wobei nur jeweils das Hilfsverb in die entsprechende Zeit gebracht wird.
Z. B.: *j'avais eu*, *nous avions été*, *il aura fini*, *etc.*

2. Verben auf -er und -re

Zeit	trouver	entendre
1. Präsens (*présent*)	je trouve tu trouves il trouve nous trouvons vous trouvez ils trouvent	j' entends tu entends il entend nous entendons vous entendez ils entendent

2. Perfekt (*passé composé*)	j' ai trouvé tu as trouvé il a trouvé nous avons trouvé vous avez trouvé ils ont trouvé	j' ai entendu tu as entendu il a entendu nous avons entendu vous avez entendu ils ont entendu
3. Imperfekt (*imparfait*)	je trouvais tu trouvais il trouvait nous trouvions vous trouviez ils trouvaient	j' entendais tu entendais il entendait nous entendions vous entendiez ils entendaient
4. *passé simple*	je trouvai tu trouvas il trouva nous trouvâmes vous trouvâtes ils trouvèrent	j' entendis tu entendis il entendit nous entendîmes vous entendîtes ils entendirent
5. Futur (*futur*)	je trouverai tu trouveras il trouvera nous trouverons vous trouverez ils trouveront	j' entendrai tu entendras il entendra nous entendrons vous entendrez ils entendront
6. Konditional (*conditionnel*)	je trouverais tu trouverais il trouverait nous trouverions vous trouveriez ils trouveraient	j' entendrais tu entendrais il entendrait nous entendrions vous entendriez ils entendraient
7. *subjonctif*	je trouve tu trouves il trouve nous trouvions vous trouviez ils trouvent	j' entende tu entendes il entende nous entendions vous entendiez ils entendent
8. Imperativ (*impératif*)	trouve trouvons trouvez	entends entendons entendez

9. Partizip Präsens (*participe présent*)	trouvant	entendant
10. Partizip Perfekt (*participe passé*)	trouvé	entendu

3. Verben auf -ir (mit und ohne Stammerweiterung)

Zeit	finir	sortir
1. Präsens (*présent*)	je finis tu finis il finit nous finissons vous finissez ils finissent	je sors tu sors il sort nous sortons vous sortez ils sortent
2. Perfekt (*passé composé*)	j' ai fini tu as fini il a fini nous avons fini vous avez fini ils ont fini	je suis sorti(e) tu es sorti(e) il est sorti nous sommes sorti(e)s vous êtes sorti(e, -s) ils sont sortis
3. Imperfekt (*imparfait*)	je finissais tu finissais il finissait nous finissions vous finissiez ils finissaient	je sortais tu sortais il sortait nous sortions vous sortiez ils sortaient
4. *passé simple*	je finis tu finis il finit nous finîmes vous finîtes ils finirent	je sortis tu sortis il sortit nous sortîmes vous sortîtes ils sorirent
5. Futur (*futur*)	je finirai tu finiras il finira	je sortirai tu sortiras il sortira

	nous finirons vous finirez ils finiront	nous sortirons vous sortirez ils sortiront
6. Konditional (*conditionnel*)	je finirais tu finirais il finirait nous finirions vous finiriez ils finiraient	je sortirais tu sortirais il sortirait nous sortirions vous sortiriez ils sortiraient
7. *subjonctif*	je finisse tu finisses il finisse nous finissions vous finissiez ils finissent	je sorte tu sortes il sorte nous sortions vous sortiez ils sortent
8. Imperativ (*impératif*)	finis finissons finissez	sors sortons sortez
9. Partizip Präsens (*participe présent*)	finissant	sortant
10. Partizip Perfekt (*participe passé*)	fini	sorti

4. Verben auf -oir und das unregelmäßige Verb „aller"

Zeit	recevoir	aller
1. Präsens (*présent*)	je reçois tu reçois il reçoit nous recevons vous recevez ils reçoivent	je vais tu vas il va nous allons vous allez ils vont
2. Perfekt (*passé composé*)	j' ai reçu tu as reçu il a reçu nous avons reçu vous avez reçu ils ont reçu	je suis allé(e) tu es allé(e) il est allé nous sommes allé(e)s vous êtes allé(e, -s) ils sont allés

3. Imperfekt (*imparfait*)	je recevais tu recevais il recevait nous recevions vous receviez ils recevaient	j' allais tu allais il allait nous allions vous alliez ils allaient
4. *passé simple*	je reçus tu reçus il reçut nous reçûmes vous reçûtes ils reçurent	j' allai tu allas il alla nous allâmes vous allâtes ils allèrent
5. Futur (*futur*)	je recevrai tu recevras il recevra nous recevrons vous recevrez ils recevront	j' irai tu iras il ira nous irons vous irez ils iront
6. Konditional (*conditionnel*)	je recevrais tu recevrais il recevrait nous recevrions vous recevriez ils recevraient	j' irais tu irais il irait nous irions vous iriez ils iraient
7. *subjonctif*	je reçoive tu reçoives il reçoive nous recevions vous receviez ils reçoivent	j' aille tu ailles il aille nous allions vous alliez ils aillent
8. Imperativ (*impératif*)	reçois recevons recevez	va allons allez
9. Partizip Präsens (*participe présent*)	recevant	allant
10. Partizip Perfekt (*participe passé*)	reçu	allé

Ableitungstabelle

Bei den regelmäßigen und vielen unregelmäßigen Verben können folgende Stammformen abgeleitet werden:

Ausgangsform	Beispiel	abgeleitete Form	Beispiele
Infinitiv	**prendr**(e)	Futur Konditional	je **prendr**ai je **prendr**ais
1. Person Plural Präsens	nous **pren**ons	Imperfekt Partizip Präsens „subjonctif“, 1./2. Pers. Pl.	je **pren**ais **pren**ant que nous **pren**ions
3. Person Plural Präsens	ils **prenn**ent	„subjonctif“, 1./2./3. Pers. Sing. und 3. Pers. Pl.	que je **prenn**e qu'ils **prenn**ent

Liste wichtiger unregelmäßiger Verben

Es werden nur die Formen von Präsens, Futur, „passé simple“ und „subjonctif“ sowie die beiden Partizipien angegeben, da das Imperfekt immer nach obiger Tabelle ableitbar ist und der Konditionalstamm ausnahmslos dem Futurstamm entspricht.

Hinweise für die Benutzung der Liste:

— Die nicht ableitbaren unregelmäßigen Formen sind fett gedruckt.
— Wenn überhaupt nur die 1. Person Singular angegeben ist, ist der Stamm aller anderen Personen der gleiche.
— Wenn im Singular nur die 1. Person angegeben ist, so haben die 2. und 3. Person Singular den gleichen Stamm wie die 1.; sind die 1. und 3. Person Singular angegeben, so hat die 2. Person Singular den gleichen Stamm wie die 1.
— Wenn im Plural nur die 1. Person angegeben ist, so haben die 2. und 3. Person Plural den gleichen Stamm wie die 1.; sind die 1. und 3. Person angegeben, so hat die 2. Person Plural den gleichen Stamm wie die 1.
— Unter dem Infinitiv sind ggf. Verben angegeben, die ebenso konjugiert werden.
— **ns** = *nous*, **vs** = *vous*

Infinitiv	Präsens	Futur	passé simple	subjonctif	Part. Perf. Part. Präs.
1. appeler (rappeler)	j' **appelle** ns appelons ils **appellent**	j' **appellerai**	j' appelai	j' appelle ns appelions ils appellent	appelé appelant
2. s'asseoir	je m'**assieds** ns ns **asseyons**	je m'**assiérai**	je m'**assis**	je m'asseye	**assis** asseyant
3. battre	je **bats** ns battons	je battrai	je battis	je batte	battu battant
4. conduire (construire, détruire)	je conduis ns **conduisons**	je conduirai	je **conduisis**	je conduise	**conduit** conduisant
5. connaître (apparaître, disparaître, reconnaître)	je **connais** il **connaît** ns **connaissons**	je connaîtrai	je **connus**	je connaisse	connu connaissant
6. convaincre	je convaincs il **convainc** ns **convainquons**	je convaincrai	je **convainquis**	je convainque	convaincu convainquant

7. courir (parcourir)	je cours	je **courrai**	je **courus**	je coure	**couru (avoir!)** courant
8. craindre (étreindre)	je **crains** il **craint** ns **craignons**	je craindrai	je **craignis**	je craigne	**craint** craignant
9. croire	je crois ns **croyons** ils croient	je croirai	je **crus**	je croie ns croyions	**cru** croyant
10. dissoudre (résoudre)	je **dissous** ns **dissolvons**	je dissoudrai	je **dissolus**	je dissolve	**dissolu** dissolvant
11. dire	je dis ns **disons** vs **dites** ils **disent**	je dirai	je dis	je dise	**dit** disant
12. écrire	j' écris ns **écrivons**	j' écrirai	j' **écrivis**	j' écrive	**écrit** écrivant
13. envoyer	j' **envoie** ns envoyons ils **envoient**	j' **enverrai**	j' envoyai	j' envoie ns envoyions ils envoient	envoyé envoyant

Infinitiv	Präsens	Futur	passé simple	subjonctif	Part. Perf. Part. Präs.
14. faire	je fais ns **faisons** [ə] vs **faites** ils **font**	je **ferai**	je **fis**	je **fasse**	**fait** faisant [ə]
15. lever (relever mener)	je **lève** ns levons ils **lèvent**	je **lèverai**	je levai	je lève ns levions ils lèvent	levé levant
16. lire	je lis ns **lisons**	je lirai	je **lus**	je lise	**lu** lisant
17. mettre, (admettre, commettre, permettre, promettre)	je **mets** ns mettons	je mettrai	je **mis**	je mette	**mis** mettant
18. pouvoir	je **peux** il **peut** ns pouvons ils **peuvent**	je **pourrai**	je **pus**	je **puisse**	**pu** pouvant
19. prendre (comprendre, surprendre)	je prends ns **prenons** ils **prennent**	je prendrai	je **pris**	je prenne ns prenions ils prennent	**pris** prenant

20. savoir	je **sais** ns savons	je **saurai**	je **sus**	je **sache**	**su** **sachant**
21. suivre	je **suis** ns suivons	je suivrai	je suivis	je suive	**suivi** suivant
22. tenir (contenir, maintenir, soutenir, venir, convenir, devenir, intervenir, revenir)	je **tiens** ns tenons ils **tiennent**	je **tiendrai**	je **tins** ns **tînmes** [tɛ̃:m]	je tienne ns tenions ils tiennent	tenu tenant
23. valoir	je **vaux** il **vaut** ns valons	je **vaudrai**	je valus	je **vaille** ns valions ils **vaillent**	valu valant
24. voir (revoir)	je **vois** ns **voyons** ils **voient**	je **verrai**	je **vis**	je voie ns voyions ils voient	**vu** voyant
25. vouloir	je **veux** il **veut** ns voulons ils **veulent**	je **voudrai**	je voulus	je **veuille** ns voulions ils **veuillent**	voulu voulant

Liste der in den Lektionstexten verwendeten Verben, die in reflexiver bzw. nicht reflexiver Verwendung unterschiedliche Bedeutung haben oder haben können

nicht reflexiv		reflexiv	
allumer	anzünden, anschalten	s' allumer	aufleuchten
appeler	(an)rufen, nennen	s' appeler	heißen
approcher	näherrücken	s' approcher	sich nähern
arrêter	anhalten	s' arrêter	stehenbleiben
couvrir	bedecken	se couvrir	sich (warm) anziehen
dépêcher	beschleunigen	se dépêcher	sich beeilen
diriger	leiten	se diriger (vers)	zugehen (auf)
		se diriger (de ... à)	sich begeben (von ... nach)
douter (de)	(be)zweifeln	se douter (de)	ahnen
enfoncer	eindrücken	s' enfoncer	sich vertiefen
engager	verpflichten	s' engager	1. sich verpflichten 2. entbrennen (Streit)
installer	einsetzen, einrichten	s' installer	sich niederlassen
lever	(er)heben	se lever	aufstehen
mettre	setzen, legen, stellen	se mettre (à)	sich daranmachen (zu)
occuper	beschäftigen	s' occuper (de)	1. sich beschäftigen (mit) 2. sich kümmern (um)
produire	erzeugen	se produire	sich ereignen
propager	propagieren	se propager	sich ausbreiten
rendre	zurückgehen	se rendre	sich begeben
réveiller	aufwecken	se réveiller	aufwachen
terminer	beenden	se terminer	zu Ende gehen
trouver	finden	se trouver	sich befinden

Liste der in den Lektionstexten verwendeten Verben, deren Rektion im Deutschen und Französischen nicht übereinstimmt

aider qn	jdm helfen
appuyer sur qch	etw. (nieder)drücken
faire cadeau de qch à qn	jdm etw. schenken
consulter qch	in etw. nachschlagen
demander qch à qn	jdn um etw. bitten
descendre de	aussteigen aus
entrer dans qch	etw. betreten
douter de qch	etw. bezweifeln
se douter de qch	etw. ahnen
écouter qn	jdm zuhören
longer qch	an etw. entlanggehen
précéder qch	sich vor etw. befinden, einer Sache vorausgehen
profiter de qch	etw. (aus)nützen
rappeler qch à qn	jdn an etw. erinnern
se rappeler qch	sich an etw. erinnern
remercier qn de qch	jdm für etw. danken
triompher de	triumphieren über
user de qch	etw. benützen
virer à	überweisen auf

Liste der in den Lektionstexten verwendeten Verben, die im Deutschen reflexiv, im Französischen aber nicht reflexiv sind

augmenter	sich erhöhen
bouger	sich bewegen
changer	sich ändern
évoluer	sich entwickeln
ployer	sich abbiegen
résulter de	sich ergeben aus

Achtung! Diese französischen Verben werden mit **avoir** verbunden!

Beispiel: *Les prix* **ont** *augmenté.* = Die Preise haben sich erhöht (= sind gestiegen).

Die wichtigsten Präpositionen und ihre Verwendung

à

1. örtlich:
   - Bewegungsrichtung:
     aller **à** *Paris* = **nach** Paris fahren
     aller **à** *la banque* = **zur** Bank gehen
   - Aufenthaltsort:
     être **à** *Paris* = **in** Paris sein
     attendre **à** *la gare* = **am** Bahnhof warten
     habiter **à** *la campagne* = **auf** dem Lande wohnen

   Achtung! *être* **à** *Paris* — **à** für Städte
   aber: *être* **en** *France* / *aller* **en** *Bretagne* — **en** für Länder und Provinzen

2. zeitlich:
   à *deux heures* = **um** zwei Uhr
   à *midi* = mittags
   à *la Pentecôte* = **an** Pfingsten

3. zum Ausdruck des Zwecks:
   machine **à** *écrire* = Schreibmaschine
   boîte **à** *gants* = Handschuhfach

avant

avant *neuf heures* = **vor** neun Uhr

Achtung! „Vor“ (zeitlich) ist mit **avant** zu übersetzen, wenn man sich — von dem Augenblick aus gesehen, von dem man spricht — auf einen in der Zukunft liegenden Zeitpunkt bezieht.
Beisp.: *Il est venu* **avant** *moi.*

„Vor“ ist jedoch mit **il y a** zu übersetzen, wenn man sich auf einen vergangenen Zeitpunkt bezieht, der von der Gegenwart aus betrachtet wird. Beisp.: *Il était à Paris* **il y a** *un mois.*

chez

(Nur mit Bezug auf Personen zu gebrauchen)

aller **chez** *le médecin* = **zum** Arzt gehen
être **chez** *le médecin* = **beim** Arzt sein
chez *mes parents* = **bei** meinen Eltern

Aber: *Aller* **à** *la banque.* (siehe **à**)

dans

1. örtlich:

entrer **dans** *le supermarché*	= **in** den Supermarkt hineingehen
rester **dans** *le jardin*	= **im** Garten bleiben

2. zeitlich:

dans *une semaine*	= **in** einer Woche

Achtung! Statt **dans** (zeitlich) steht **en**, wenn die Bedeutung „innerhalb von" gegeben ist. Beisp.: *Il a fait le travail* **en** *deux heures.*

de

1. örtlich:

Je viens **de** *Paris.*	= Ich komme **aus** Paris.

2. sonstige Verwendungsbeispiele:

être content **de**	= zufrieden sein **mit**
salle **de** *bain*	= Badezimmer
parler **de**	= sprechen **von**

Zu beachten:

une bouteille **de** *vin*	= eine Flasche Wein
une bouteille **à** *vin*	= eine Weinflasche

devant

devant la maison (nur örtliche Bedeutung!)	= **vor** dem Haus

en

1. örtlich:

être **en** *ville*	= **in** der Stadt sein
aller **en** *France*	= **nach** Frankreich fahren

2. zeitlich:

en 1960	= (**im** Jahre) 1960
en *deux heures*	= **innerhalb von** zwei Stunden

pour

1. modal:

pour *moi*	= **für** mich

2. örtlich:

partir **pour**	= abreisen **nach**

sur

sur *la table*	= **auf** dem Tisch
sur *un arbre*	= **auf** einem Baum
Besonders zu lernen:	
donner **sur**	= hinausgehen **auf** (Fenster usw.)
avoir qch **sur** *soi*	= etw. **bei** sich haben

Die wichtigsten Konjunktionen

à condition que *	vorausgesetzt (daß)
afin que *	damit
ainsi que	sowie, und
avant que *	bevor
bien que *	obwohl
car	da, weil, denn
c'est pourquoi	deshalb
comme	da
de (telle) sorte que *	so daß
jusqu'à ce que *	bis
lorsque	wenn, als
parce que	weil
pour que *	damit
pourtant	dennoch, doch
quand	wenn, als
quoique *	obwohl
sans que *	ohne (daß)
si	wenn
tandis que	während (jedoch)
tant que	solange

* = immer oder meistens mit „subjonctif"

Französisch-Deutsches Wörterverzeichnis

Die Tilde (~) wiederholt das Stichwort.

A

à in, zu, mit, an, auf, nach, bis, bei
abandonner aufgeben
abeille *f* Biene
abondant, -e reichlich, stark
abonder reichlich vorhanden sein
abord: d'~ zunächst, zuerst
accélérateur *m* Gaspedal
accessoires *m/pl.* Zubehör, Accessoires
accident *m* Unfall
 ~ de la route Verkehrsunfall
accompagner begleiten
accord: d'~ einverstanden
accorder gewähren
accoudé aufgestützt
accroissement *m* Anstieg
achat *m* Kauf
acheter kaufen
acompte *m* Anzahlung
acquisition *f* Erwerb
acte *m* Akt, Handlung
actif, -ve Berufs-, berufstätig
actionner betätigen
actuel, -le gegenwärtig
adapter (à) anpassen (an)
addition *f* Rechnung
admettre zugeben
adresse *f* Anschrift
adresser (à) richten (an)
 s'~ (à) sich wenden (an)
adversaire *m* Gegner
aérateur *m* Lüftung
affaire *f* Sache, Angelegenheit
 ~s de camping Campingsachen
 ~s de pêche Angelsachen
afin que damit
africain, -e afrikanisch
Afrique *f* Afrika
âge *m* Alter
âgé alt
agent *m* **immobilier** Immobilienhändler
agent *m* **de maîtrise** Meister
agent *m* **de police** Polizist
agréable angenehm
agréer entgegennehmen
agriculture *f* Landwirtschaft
ah ah!
aide *f* Hilfe
 ~ au développement Entwicklungshilfe
aider qn jdm helfen
aile *f* (Kot-)Flügel
ailleurs: d'~ übrigens
aimer mögen, lieben
 ~ faire qch etw. gerne tun
ainsi so, derart
 ~ que sowie (= und)
air *m* Luft
 un ~ de ein Aussehen von
 avoir l'~ (Adj.) (Adj. +) aussehen
aise *f* Wohlbehagen
 je suis mal à l'~ ich fühle mich nicht wohl
ajouter hinzufügen
Alger Algier
aligner aneinanderreihen
Allemagne *f* Deutschland
allemand, -e deutsch
aller gehen
 s'en ~ weggehen
 allons-y los!, gehen wir!
 ~ voir qn jdn besuchen (gehen)
allô? hallo?
allonger (hin)legen
allumer anzünden, anschalten
 s'~ aufleuchten
allure *f* Aussehen
alors also, dann
Alpes *f* Alpen
ambulance *f* Krankenwagen
amélioration *f* Verbesserung
amer, -ère bitter
américain, -e amerikanisch
ami *m* Freund
amitié *f* Freundschaft
amitiés *f/pl.* Grüße
an *m* Jahr
analyse *f* **de marché** Marktanalyse
ancienneté *f* (hohes) Alter, Vorhandensein seit langer Zeit
anglais, -e englisch
Angleterre *f* England
année *f* Jahr
 l'~ passée das vergangene Jahr, im vergangenen Jahr
 ~ scolaire Schuljahr
Annik Annik
annoncer ankündigen
annuaire *m* **du téléphone** Telefonbuch
Antoine Anton
août *m* August
apéritif *m* Aperitiv
apparaître erscheinen
appareil *m* Apparat
 ~ digestif Verdauungsapparat
appartement *m* Appartement, Wohnung
 ~-témoin Musterwohnung
appeler nennen, rufen
 s'~ sich nennen, heißen
appétit *m* Appetit
apporter (er)bringen, mitbringen
apprendre erfahren, lehren, beibringen
approcher näherrücken
 s'~ sich nähern

appuyer sur qch etw. (nieder)drücken
après nach, danach
peu ~ kurz danach
~-demain übermorgen
~-midi (*m* **ou** *f*) Nachmittag
arbre *m* Baum
Arc *m* **de Triomphe** Triumphbogen
archaïque veraltet
argent *m* Geld
~ de poche Taschengeld
arme *f* Waffe
armé bewaffnet
armoire *f* Schrank
arrêter anhalten, verhaften
s'~ stehenbleiben
arrivée *f* Ankunft
arriver ankommen, gelangen (zu), geschehen, zustoßen
articles *m* **de camping** Campingartikel
artisanal, -e handwerklich
asile *m* Altersheim
assaisonner anmachen (Salat)
Assemblée (nationale) *f* Nationalversammlung
asseoir sitzen
s'~ sich setzen
assez ziemlich, genug
assiette *f* Teller
assurance *f* Versicherung
assurer versichern
atelier *m* Werkstatt, Werkshalle
athlétisme *m* Leichtathletik
attaquer angreifen
attendre (er)warten
attente *f* Erwartung
attention *f* Aufmerksamkeit, Vorsicht
attraper fangen
auberge *f* **de jeunesse** Jugendherberge
aucun, -e keiner(lei)
au-delà (de) jenseits (von)
au-dessus (de) über
auditeur, -trice (Zu-)Hörer, -in
augmentation *f* Erhöhung
augmenter erhöhen, sich erhöhen, ansteigen
aujourd'hui heute
auparavant früher
auprès de zu, in der Nähe von, bei
aussi auch, ebenso
~ . . . que (eben)so . . . wie
aussitôt sogleich
autobus *m* Stadtbus
autocar *m* Reisebus
en ~ mit dem Bus
auto-école *f* Fahrschule
automne *m* Herbst
autoroute *f* Autobahn
autour de um . . . herum
autre anderer
autrement sonst
avance *f* Vorsprung
à l'~ im voraus
avancer vorwärtsgehen, vorwärtskommen
avant vor, vorder
en ~ nach vorne
~-hier vorgestern
~ même (de) noch bevor
~ que bevor
~ tout vor allem
avantage *m* Vorteil
à l'~ de zum Vorteil (von)
avantageux, -se günstig, vorteilhaft
avec mit
avenue *f* Avenue, Straße
averse *f* Regenschauer
avertir benachrichtigen
avis *m* Meinung, Ansicht
à mon ~ meiner Ansicht nach
avocat *m* Rechtsanwalt
avoir haben
il y a es gibt, vor (zeitlich)
avril *m* April

B

baccalauréat *m* Abitur
bagages *m/pl.* Gepäck
balcon *m* Balkon
bande *f* Bande
banlieue *f* (nähere) Umgebung
banque *f* Bank
barrière *f* Schranke
bassin *m* **Aquitain** Aquitanisches Becken
Bastille *f* Bastille
bâtir bauen
battre schlagen
bavarder plaudern
beau, bel, belle, beaux, belles schön
beaucoup viel
beaujolais *m* Beaujolais
belge belgisch
Belgique *f* Belgien
bénéficier profitieren
besoin *m* Bedarf
avoir ~ de brauchen
bête dumm
beurre *m* Butter
bien gut, wohl, sehr, genau
eh ~ nun, also
faire du ~ guttun
~ que obwohl
~ sûr sicher, natürlich
bientôt bald
bijou *m* Schmuck
billet *m* Fahrkarte
bistro *m* Bistro
blanc, blanche weiß
blazer *m* Blazer
blé *m* Getreide, Weizen
bleu, -e blau
boire trinken
bois *m* Wald, Wäldchen
boisson *f* Getränk
boîte *f* Schachtel
~ à gants Handschuhfach
bon, bonne gut
bond *m* Satz, Sprung
bonhomie *f* Gutmütigkeit
bonjour guten Tag
bonnet *m* Mütze
le gros ~ das hohe Tier
bonsoir guten Abend
bord *m* Rand
au ~ de am Rande von
bouger sich bewegen
boulanger, -ère Bäcker, -in
boulevard *m* Boulevard
boulot *m* Arbeit (fam.)
bourgeois *m* Bürger
Bourgogne *f* Burgund
bout *m* Ende
au ~ de nach, am Ende von
bouteille *f* Flasche
bouton *m* Knopf
branche *f* Zweig
Bretagne *f* Bretagne
bricoler basteln
bridge *m* Bridge
brièvement kurz
brigand *m* Räuber
briller scheinen, glänzen
brochure *f* Broschüre
brosse *f* Bürste
~ à dents Zahnbürste
brouillard *m* Nebel
brusque plötzlich
brusquement plötzlich, hart, unerwartet
budget *m* Haushaltsgeld, finanzielle Mittel

bureau *m* Bureau, Schreibtisch
bus *m* Bus

C

ça dies, das
~ **va** es geht
cabine *f* **téléphonique** Fernsprechzelle
cadeau *m* Geschenk
faire ~ **de qch à qn** jdm etw. schenken
café *m* Kaffee
~ **crème** Kaffee mit Sahne
cafetière *f* Kaffeemaschine
caillou *m* Steinchen
caisse *f* Kasse
caissier, -ière Kassierer, -in
camarade *m* Kamerad
camembert *m* Camembert
canne *f* Spazierstock
canot *m* **pneumatique** Schlauchboot
car denn, weil
caractère *m* Charakter
caractériser kennzeichnen
caravane *f* Wohnwagen
carrefour *m* Kreuzung
carrière *f* Karriere
carte *f* Karte, Spielkarte, Speisekarte
~ **d'identité** Personalausweis
~ **postale** Postkarte
cas *m* Fall
le ~ **échéant** gegebenenfalls
Catherine Katharina
cause *f* Grund, Ursache
à ~ **de** wegen
ce dies, das, dieser
c'est das ist
n'est-~pas? nicht wahr?
céder nachgeben
cela dies, das
celle die(jenige)
celles die(jenigen)
celui der(jenige)
cent hundert
central, -e, -aux Mittel-, Zentral-
centre *m* Zentrum
~ **commercial** Einkaufszentrum
cependant jedoch
céréales *f* Getreide
certain, -e gewisser, -e, -es
ces diese
cesse: sans ~ ständig
cette diese
ceux die(jenigen)
chacun, -e jeder, -e, -es
chaîne *f* Kanal (beim Fernsehen)
chaise *f* Stuhl
~ **de camping** Campingstuhl
~ **en rotin** Korbstuhl
chambre *f* Zimmer
~ **à 2 lits** Zweibettzimmer
champignon *m* Pilz
chance *f* Glück
changement *m* Änderung
~ **de vitesse** Gangschaltung
changer ändern, sich ändern
chaque jeder, -e, -es
chat *m* Katze
château *m* Schloß
chaud, -e warm, heiß
chaussée *f* Fahrbahn
chef *m* Chef
chemin *m* Weg
~ **de campagne** Feldweg
~ **de fer** Eisenbahn
cheminot *m* Eisenbahner
chemise *f* Hemd
chemisier *m* Hemdbluse
cher, chère lieb, teuer
chercher suchen
chéri *m* Liebling
chérie *f* Liebling
cheval *m* Pferd
cheveu *m* Haar
chèvre *m* Ziegenkäse
chez bei
chic chic
chien *m* Hund
chiffre *m* Zahl
chocolat *m* Schokolade
choisir wählen
chose *f* Sache
autre ~ etw. anderes
Christine Christine
chut! psst!
chute *f* Sturz
-ci hier
Cie Co.
ciel *m* Himmel
cigarette *f* Zigarette
ci-joint anbei
cinq fünf
cinquante fünfzig
circulation *f* Verkehr
circuler verkehren, fahren
citer nennen
classe *f* Klasse
classer ablegen
Claudine Claudia
clergé *m* Klerus
clignotant *m* Blinker
clou *m* Nagel
cœur *m* Herz
coin *m* Ecke
~ **des lèvres** Mundwinkel
colère *f* Zorn
collège *m* (städt.) Gymnasium
~ **classique** humanistisches Gymnasium
collègue *m* Kollege
coloris *m* Farbton, Farbe
combiner kombinieren, verbinden
commander bestellen
comme als, da, weil, wie
~ **ça** so, derart, damit
commencer (à) beginnen (zu)
comment? wie?
~ **ça va?** wie geht's?
commerce *m* Handel
commercial, -e, -aux Handels-
commettre begehen
commissariat *m* Kommissariat
commotion *f* **électrique** elektrischer Funke
compartiment *m* Abteil
compas *m* Zirkel
compétitif, -ve wettbewerbsfähig
complet, -ète vollständig
compléter vervollständigen
compliqué kompliziert
composer wählen
comprendre umfassen, verstehen
comprimé *m* Tablette
compte *m* Konto
~ **en banque** Bankkonto
~ **chèque postal** Postscheckkonto
tenir ~ **de qch** etw. berücksichtigen
concentrer konzentrieren
concernant betreffend
concerner betreffen
en ce qui concerne in bezug auf, was ... anbetrifft
concert *m* Konzert
concluant, -e schlüssig
conclusion *f* Abschluß
condamner (à) verurteilen (zu)

condition *f* Bedingung
à ~ que vorausgesetzt (daß)
condoléances *f/pl.* Beileid
conducteur *m* Fahrer
conduire lenken (ein Fahrzeug)
confiance *f* Vertrauen
faire ~ à qn jdm vertrauen
confirmer bestätigen
confiture *f* Konfitüre
conforme (à) entsprechend
confronter (à) gegenüberstellen
confusion *f* Verwirrung
congé *m* Urlaub
connaître kennen, erfahren
~ qch comme sa poche etw. wie seine Westentasche kennen
consacrer widmen
conseil *m* **des parents d'élèves** Elternbeirat
conséquence *f* Folge
conserver beibehalten
considérer betrachten
être considéré comme betrachtet werden als
constitution *f* Verfassung
construire bauen
consulter qch nachschlagen in etw.
contact *m* Kontakt
contenir enthalten
content, -e zufrieden
contenter zufriedenstellen
se ~ de sich begnügen mit
contenu *m* Inhalt
continu, -e stetig
continuel, -le ständig
continuer fortsetzen
contraire (à) im Widerspruch (zu)
contraire *m* Gegenteil
au ~ dagegen
contrat *m* **de vente** Kaufvertrag
contre (da)gegen
contremaître *m* Vorarbeiter
contrepartie *f* Gegenleistung
contribution *f* Beitrag
contrôleur *m* Schaffner
convaincre überzeugen
convenir zusagen, passen
conversation *f* Unterhaltung
~ téléphonique Telefongespräch
copie *f* Kopie
correspondance *f* **(pour)** Anschluß (nach)
correspondant *m* Geschäftsfreund
costume *m* Anzug
côte *f* Küste
~ à ~ Seite an Seite
côté *m* Seite
à ~ de neben
cou *m* Hals
coucher zu Bett bringen
se ~ sich niederlegen, zu Bett gehen
couleur *f* Farbe
couloir *m* Gang
coup *m* Schlag, Stoß
tout à ~ plötzlich
~ d'œil Blick
~ de téléphone Telefonanruf
coupe *f* Schnitt
couper schneiden
couple *m* (Ehe-)Paar
cour *f* Hof
courant *m* Strom
~ d'air Luftstrom
courbé gebeugt
courir laufen
en courant im Laufschritt
courrier *m* Post (= Briefe)
cours *m* Unterricht
au ~ de im Lauf (+ Gen.)
course *f* Tour
courses *f/pl.* Einkäufe
cousin *m* Cousin
cousine *f* Cousine
coûts *m/pl.* Kosten
~ de la vie Lebenshaltungskosten
coûter kosten
couvrir bedecken
se ~ sich (warm) anziehen
CPV PVC
craie *f* Kreide
craindre fürchten
crainte *f* Furcht
crocheter aufbrechen
croire glauben
cuisine *f* Küche
cycle *m* Zyklus
deuxième ~ etwa: Oberstufe

D

Danemark *m* Dänemark
danois, -e dänisch
dans in
danseur, -euse Tänzer, -in
de von
débarras *m* Abstellraum
débloquer entschärfen, lösen, frei machen
début *m* Beginn
au ~ am Anfang, zunächst
en ~ de zu Beginn (+ Gen.)
décéder verscheiden
décembre *m* Dezember
décider beschließen, überzeugen
se ~ (à) sich entschließen (zu)
déclaration *f* Erklärung, Aussage
déclarer erklären, anmelden, verzollen
décoiffé unfrisiert
décrocher abheben
déçu, -e enttäuscht
défendre verbieten
défilé *m* **de mannequins** Modenschau
définitif, -ve endgültig
déguster genießen
dehors (nach) draußen
déjà schon
déjeuner *m* Mittagessen
petit ~ Frühstück
délai *m* **de livraison** Lieferfrist
délit *m* Straftat
demain morgen
à ~ bis morgen
demander fragen, verlangen, (er)bitten, beantragen
se ~ sich fragen
démarrer losfahren
demi-heure *f* halbe Stunde
demi-tour *m* Halbdrehung
faire ~ wenden, umkehren
démolir zerstören
densité *f* Dichte
dépasser übersteigen
dépêcher beschleunigen
se ~ sich beeilen
dépenser ausgeben
depuis seit
député *m* Abgeordneter
dernier, -ère letzter, -e, -es
derrière hinter
dès (schon) von ... ab

désagréable unangenehm
désavantage *m* Nachteil
au ~ de zum Nachteil (von)
désavantagé benachteiligt
descendre absteigen, aussteigen, herunterheben
description *f* Beschreibung
désirer wünschen
désormais von da an
dessin *m* Zeichnung
détail *m* Einzelheit
détaillé detailliert
détendre entspannen
se ~ sich entspannen
détenu *m* Häftling
détruire zerstören
deuil *m* Trauer
deux zwei
deuxième zweiter, -e, -es
devant vor (örtlich)
développement *m* Entwicklung
développer entwickeln
devenir werden
devoir müssen, schulden
devoir *m* Pflicht
dévoué ergeben
diapositive *f* Dia(positiv)
différent, -e verschieden
difficile schwierig
digne de qch einer Sache würdig
dimanche *m* Sonntag
~ matin am Sonntag morgen
diminution *f* Abnehmen
dîner zu Abend essen
dîner *m* Abendessen
diplôme *m* Diplom
dire sagen
dis donc sag mal
directement direkt
directeur, -trice Direktor, -in/-trice
direction *f* Direktion
en ~ de in Richtung
diriger leiten
se ~ vers qch auf etw. zugehen
se ~ de . . . à sich bewegen von . . . nach
discrimination *f* Diskriminierung
discussion *f* Debatte
disparaître verschwinden
disposé (à) geneigt (zu)
disposition *f* Verfügung
dispute *f* Wortwechsel
disputer austragen
disque *m* Schallplatte
dissipé zerstreut
dissoudre auflösen
distingué hervorragend
distribuer verteilen
diversité *f* Verschiedenartigkeit
dix zehn
docteur *m* Doktor
document *m* Dokument
documentation *f* Unterlagen
domaine *m* Gebiet
Dominique Dominique
dominer vorherrschen
donc also, deshalb
donner geben, leisten
~ sur hinausgehen auf
étant donné eingedenk
dont dessen, von dem, davon
dormir schlafen
douane *f* Zoll
douanier *m* Zöllner
doucement sachte, vorsichtig, leicht
douleur *f* Schmerz
doute *m* Zweifel
sans ~ wahrscheinlich
douter (be)zweifeln
se ~ de qch etw. ahnen
doux, -ce warm, mild
droit *m* Recht, Abgabe
droit, -e gerade
à ~e (nach) rechts
dû, due, dus, dues zustehend, gemußt
durée *f* Dauer
durer dauern

E

eau *f* Wasser
échanger austauschen
échanges *m/pl.* Warenaustausch
écharpe *f* Halstuch
éclaircie *f* Aufheiterung
éclat *m* Glanz
éclater ausbrechen
école *f* Schule
~ normale Lehrerseminar
économie *f* Wirtschaft
économique wirtschaftlich
écouter zuhören, horchen
écraser überfahren
écrier: s'~ ausrufen
écrire schreiben
effectifs *m/pl.* Personalbestand
effectivement ja, stimmt, oh ja
effectuer durchführen
effet *m* Effekt, Wirkung
en ~ nämlich
efforcer: s'~ sich bemühen
égalité *f* Gleichheit
égalité *f* **des droits** Gleichberechtigung
égard *m* Rücksicht
église *f* Kirche
Egypte *f* Ägypten
élections *f/pl.* Wahlen
électrique elektrisch
élégant, -e elegant
élève *m* Schüler
élever anheben
elle sie
elles sie
emblée: d'~ plötzlich
emblème *m* Emblem
embrasser küssen
embrayage *m* Kupplung
émission *f* Sendung
employé *m* Angestellter
employée *f* Angestellte
en (Präp.) in, nach, auf, aus, als
en (Pronomen) davon, dafür, welche
encore noch
~ une fois nochmal
encourager fördern
énerver aufregen
enfance *f* Kindheit
enfant *m* Kind
enfantin, -e kindlich
enfermer einschließen
enfin endlich, schließlich
enfoncer eindrücken
s'~ sich vertiefen
engager verpflichten
s'~ entbrennen
enjambée *f* (großer) Schritt
ennemi *m* Feind
enquête *f* Umfrage
ensemble zusammen
ensuite dann, danach
entendre hören
entendu einverstanden
enterrement *m* Beerdigung
entier, -ière vollständig
entraîner trainieren
entre zwischen
entrée *f* Diele
entreprise *f* Unternehmen
entrer (dans) hineingehen (in), eintreten (in)
entre-temps inzwischen
envie: avoir ~ de Lust haben zu
environs *m/pl.* Umgebung

envoyer schicken
épaule *f* Schulter
  venir à l'~ an die Schulter reichen
épicier *m* Krämer
époque *f* Zeit, Epoche
épreuve *f* Wettkampf
éprouver empfinden
équipe *f* Mannschaft
  ~ de football Fußballmannschaft
équipement *m* Ausrüstung
Espagne *f* Spanien
espagnol, -e spanisch
espérer hoffen
essai *m* Versuch
essayer probieren, versuchen
essuie-glace *m* Scheibenwischer
essuyer abwischen
est *m* Osten
estomac *m* Magen
et und
établir einstellen, einrichten
étage *m* Stockwerk
étalage *m* Schaufenster
état *m* Zustand
Etat *m* Staat
Etats-Unis *m/pl.* USA
etc. usw.
été *m* Sommer
  l'~ dernier im vergangenen Sommer
été gewesen
étendre (s') ausbreiten, sich erstrecken
étonnant, -e erstaunlich
étonné überrascht
étranger *m* Ausland, Fremder
être sein
  ~ à qn jdm gehören
  ~ de betragen
  n'est-ce pas? nicht wahr?
étreindre umarmen
études *f/pl.* Studium
étudier studieren, aufmerksam lesen
Europe *f* Europa
eux sie (betont), sich
Eve Eva
éventuellement eventuell
éviter qch einer Sache ausweichen
évoluer sich entwickeln
évolution *f* Entwicklung
exactement genau
examen *m* Examen
examiner untersuchen, prüfen
excellent, -e ausgezeichnet
exception *f* Ausnahme
exceptionnel, -le außergewöhnlich
excessivement übermäßig
exclu, -e ausgenommen
excuse *f* Entschuldigung
excuser entschuldigen
exemple *m* Beispiel
  par ~ zum Beispiel
exiger verlangen
exister existieren
  il existe es gibt
expliquer erklären
exploit *m* Tat
exportation *f* Ausfuhr
exporter exportieren, ausführen
exposer ausstellen
exposition *f* Ausstellung
exquis, -e hervorragend
extérieur, -e Außen-
extrêmement außerordentlich

F

face *f* Gesicht
fâché (de) erbost (über)
fâcher ärgern
facile leicht
façon *f* Art, Weise
  de toute ~ auf alle Fälle, wie dem auch sei
faible gering, schwach
faiblir schwächer werden, nachlassen
faim *f* Hunger
faire machen, tun, lassen, treffen
  mieux ~ (+ Infinitiv) besser daran tun ... zu (+ Infinitiv)
  ne vous en faites pas regt euch (regen Sie sich) nicht auf
faire-valoir *m* **direct** Selbstbewirtschaftung
fait *m* Tatsache
  au ~ übrigens
falloir: il faut man muß, es ist nötig
famille *f* Familie
farine *f* Mehl
fatigant, -e ermüdend
fatigué müde
femme *f* Frau
fenêtre *f* Fenster
féodal, -e, -aux feudal
ferme fest
ferroviaire Eisenbahn-
fête *f* Fest
feu *m* Feuer, Leuchte
  ~ stop Bremslicht
feuille *f* Blatt
  ~ de papier Blatt Papier
février *m* Februar
  en ~ im Februar
filet *m* Netz
fille *f* Tochter, Mädchen
film *m* Film
fils *m* Sohn
fin *f* Ende
finalement schließlich
finir beenden, fertig machen
  pour ~ zum Schluß
flâner bummeln
flotter schwimmen, treiben
fois *f* Mal, -mal
  une ~ einmal
  la dernière ~ das letzte Mal
  pour la première ~ zum ersten Mal
fonction *f* Funktion
fond *m* Grund
  au ~ de la voiture hinten im Wagen
fondre schmelzen
force *f* Kraft
  de ~ mit Gewalt
formation *f* Bildung, Schaffung
former bilden
formidable großartig
fort sehr, stark
fou *m* Narr
forteresse *f* Festung
foulard *m* Schal
foule *f* Menge
fournir liefern
frais, fraîche frisch
fraise *f* Erdbeere
franc *m* Franc
français, -e französisch
France *f* Frankreich
Francfort Frankfurt
franchir überschreiten
franco- französisch
Françoise Franziska
frein *m* Bremse
freiner bremsen
frère *m* Bruder
frissonner frösteln
froid, -e kalt
  il fait ~ es ist kalt
fromage *m* Käse
froncer kraus ziehen

frontière *f* Grenze
fruit *m* Frucht
fumer rauchen

G

gagner gewinnen
gang *m* (Verbrecher-)Bande
gant *m* Handschuh
garage *m* Garage
garantie *f* Garantie
garçon *m* Junge, Kellner, Ober
garde *f* Garde
  ~ **nationale** Nationalgarde
  ~ **royale** königliche Garde
garde-robe *f* Garderobe
gardien, -ne Wächter, -in
gare *f* Bahnhof
  ~ **du Nord** Nordbahnhof
garer abstellen, parken
gauche links
  à ~ (nach) links
gelées *f/pl.* Frost
général *m* General
général, -e allgemein
  en ~ im allgemeinen
généralement im allgemeinen
genou *m* Knie
gentil, -le nett
géographique geographisch
gérant *m* Geschäftsführer
glace *f* Eis
goût *m* Geschmack
  chacun son ~ jeder nach seinem Geschmack
  de bon ~ geschmackvoll
goûter kosten
gouvernement *m* Regierung
gouvernemental, -e, -aux Regierungs-
grâce à dank (+ Gen.)
grand, -e groß
grave schlimm
grève *f* Streik
gréviste *m* Streikender
grippe *f* Grippe
gros, -se dick
grotte *f* Höhle
groupement *m* Gruppe, Gruppierung
gruyère *m* Schweizerkäse
guerre *f* Krieg
guichet *m* Schalter

H

habilement geschickt
habileté *f* Geschicklichkeit
habitant *m* Einwohner
habiter (be)wohnen
habitude *f* Gewohnheit
  avoir l'~ de die Gewohnheit haben ... zu
haleine *f* Atem
  reprendre ~ Atem schöpfen
halte! Halt!
haricot *m* Bohne
hausse *f* Anstieg
haut, -e hoch, oben
haut-parleur *m* Lautsprecher
hein? nicht (wahr)?
Hélène Helene
heure *f* Stunde
  une ~ ein Uhr
  de bonne ~ früh (am Morgen)
  une demi-~ eine halbe Stunde
  tout à l'~ vorhin
heureusement glücklicherweise
heureux, -se (de) froh (über)
heurter stoßen, anfahren
hier gestern
histoire *f* Geschichte
hiver *m* Winter
hollandais, -e holländisch
Hollande *f* Holland
homme *m* Mensch, Mann
honte *f* Schande
horaire *m* **des trains** Fahrplan
horreur *f* Abscheu
  avoir ~ **de** etw. verabscheuen
hors-d'œuvre *m* Hors d'œuvre, Vorspeise
hôtel *m* Hotel
huile *f* Öl
huit acht
humain, -e menschlich
humeur *f* Laune
  être de mauvaise ~ schlecht gelaunt sein

I

ici hier
  d'~ le 20 avril bis 20. April
idée *f* Idee
ignorer nicht kennen
il er, es
  ~ **fait beau** es ist schönes Wetter
  ~ **fait chaud** es ist warm (heiß)
  ~ **fait mauvais** es ist schlechtes Wetter
  ~ **neige** es schneit
  ~ **pleut** es regnet
  ~ **y a** es gibt, vor (zeitlich)
île *f* Insel
  ~**s Britanniques** Britische Inseln
illégalement illegal
ils sie
imaginaire imaginär
immédiatement sogleich, unverzüglich
immeuble *m* Gebäude, Wohnhaus
impatience *f* Ungeduld
imperméable *m* Regenmantel
importance *f* Bedeutung, Umfang
important, -e wichtig, erheblich
importation *f* Einfuhr
importer wichtig sein, importieren
  n'importe comment irgendwie
  n'importe où irgendwo
  n'importe quand irgendwann
  n'importe qui irgendwer
  n'importe quoi irgendwas
impression *f* Eindruck
impressionner beeindrukken
imprévu, -e unvorhergesehen
improviser improvisieren
imprudent, -e unvorsichtig
inchangé unverändert
indicateur *m* **des trains** Kursbuch
Indien *m* Indianer
indiquer angeben
indulgences *f/pl.* Ablaß
industrie *f* Industrie
industriel, -le industriell
industriel *m* Industrieller
inondation *f* Überschwemmung
inquiet, -ète beunruhigt
inquiéter beunruhigen
insensé unsinnig

insolence *f* Respektlosigkeit, Beleidigung
inspirer inspirieren
installer einsetzen
s'~ sich niederlassen
instant *m* Augenblick
à l'~ même jeden Augenblick
instruction *f* Anweisung
insuffisamment in unzureichender Weise
insuffisance *f* Unzulänglichkeit
insuffisant, -e ungenügend
intégration *f* Integration
intempéries *f/pl.* Unbilden der Witterung
intention *f* Absicht
intéresser interessieren
s'~ à sich interessieren für
intérieur *m* Innere
intérieur, -e Innen-
interrogatoire *m* Verhör
interroger fragen
interrompre unterbrechen
intervenir eingreifen, eintreten
intestinal, -e Darm
introduire einführen, einwerfen
inutile unnütz
inviter (à) einladen (zu)
irrité irritiert
Italie *f* Italien
italien, -ne italienisch

J

Jacques Jakob
jamais: ne . . . ~ nie(mals)
jambe *f* Bein
jambon *m* Schinken
janvier *m* Januar
jardin *m* Garten
jardinet *m* Gärtchen
jauge *f* **d'essence** Benzinuhr
jazz *m* Jazz
~ moderne „modern jazz"
je ich
Jean Hans, Johann
jersey *m* Yersey
jeter werfen
jeton *m* Telefonmarke
jeu *m* Spiel
jeudi *m* Donnerstag
jeune jung
joie *f* Freude
joli, -e nett
jouer spielen
jouet *m* Spielzeug
jour *m* Tag
l'autre ~ neulich
journal *m* Tageszeitung
~ de mode Modejournal
~ télévisé Tagesschau
journée *f* Tag(esablauf)
juge *m* Richter
~ d'instruction Untersuchungsrichter
juillet *m* Juli
juin *m* Juni
jumeaux *m* (männliche oder gemischte) Zwillinge
jumelles *f* (weibliche) Zwillinge
jupe *f* Rock
Jura *m* Jura
jurer schwören
jusqu'à bis (zu)
~ ce que bis
jusque-là bis dahin
jusqu'où bis wohin
juste eng, gerade(wegs)
justement gerade
juxtaposer nebeneinanderstellen

K

kilomètre *m* Kilometer

L

la die, sie
là da, dort
c'est ~ dies ist
là-bas dort
lâche feige
lâcher loslassen
là-dedans da drin(nen)
laisser lassen
lait *m* Milch
Landes *f/pl.* Landes
large weit, breit
lavable waschbar
lave-glace *m* Scheibenwaschanlage
laver waschen
le der, ihn, es, den (Datum)
leçon *f* Lektion
~ de conduite Fahrstunde
léger, -ère leicht
légèrement leicht
légume *m* Gemüse
lentement langsam
lequel der, welcher
les die, sie
lettre *f* Brief
leur ihr(en), ihnen, ihrer, -e, -es
leurs ihre
lever (er)heben
se ~ aufstehen
levier *m* Hebel
lèvre *f* Lippe
libéral, -e freizügig
libre frei
lieu *m* Ort, Stelle
au ~ de anstatt
lion *m* Löwe
lire lesen
liste *f* Liste
lit *m* Bett
litre *m* Liter
littéralement geradezu
livre *m* Buch
localisé örtlich
location *f* Mieten
loggia *f* Loggia
loin weit
l'on man
long, -ue lang
longer qch an etw. entlanggehen
longtemps lange(zeit)
longuement lange
lorsque als
louer mieten
Louis Ludwig
lourd, -e schwer
Louvre *m* Louvre
lui er (betont), ihm, ihr
lundi *m* Montag
lycée *m* Gymnasium

M

ma meine
machine *f* Maschine
~ à écrire Schreibmaschine
madame *f* Frau
mademoiselle *f* Fräulein
magasin *m* Geschäft, Lager
~ de modes Modegeschäft
grand ~ Kaufhaus
mai *m* Mai
maillot *m* **de bain** Badeanzug
maintenant jetzt, nun
maintenir aufrechterhalten
mais aber
maison *f* Haus, Firma
à la ~ zu Hause
~-appartement Reihenhaus
majorer erhöhen

mal schlecht
j'ai ~ au ventre ich habe Bauchschmerzen
malade krank
maladie *f* Krankheit
maladresse *f* Ungeschicklichkeit
maladroit, -e ungeschickt
malgré trotz
malheureusement leider
maman *f* Mama, Mutti
Manche *f* Ärmelkanal
manger essen
manière *f* Art, Weise
de ~ que so daß
de ~ satisfaisante zur Zufriedenheit
manifestation *f* Demonstration
manque *m* Mangel
manquer versäumen
manteau *m* Mantel
marche *f* Gang, Marsch
mettre en ~ in Gang setzen
marché *m* Markt
Marché commun Gemeinsamer Markt
bon ~ billig
marcher gehen
mardi *m* Dienstag
~ matin (am) Dienstag morgen
Marguerite Margarete
mari *m* Ehemann
mariage *m* Hochzeit
mars *m* März
Massif *m* **Central** Zentralmassiv
matériel *m* **de camping** Campingartikel
matière *f* **plastique** Kunststoff
matière *f* **première** Rohstoff
matin *m* Morgen
maudit, -e verflucht
mauvais, -e schlecht
me mir, mich
mécanicien *m* Mechaniker
mécanisation *f* Mechanisierung
méchant, -e böse
médecin *m* Arzt
Méditerranée *f* Mittelmeer
meilleur, -e besser, -e, -es
membre *m* Mitglied
même selbst, gleich, sogar
il en est de ~ es ist das Gleiche
mener (durch)führen
mentionner erwähnen
mentir lügen
menu *m* Menü
mer *f* Meer
~ du Nord Nordsee
merci danke
mercredi *m* Mittwoch
mercure *m* Quecksilber
mère *f* Mutter
méritoire verdienstvoll
mes meine
Mesdames meine Damen
Mesdemoiselles meine (jungen) Damen
Messieurs meine Herren
mesure *f* Maßnahme
mètre *m* Meter
~ carré Quadratmeter
métro *m* U-Bahn
mettre setzen, legen, stellen
se ~ à sich daranmachen ... zu
meunière *f* Müllerin
(à la) ~ nach Müllerin-Art
mi-décembre *f* Mitte Dezember
mi-juillet *f* Mitte Juli
midi *m* Mittag
à ~ mittags
mien, -ne meiner, -e, -es
mieux besser
faire de son ~ sein Bestes tun
mil tausend (in Jahreszahlen)
milieu *m* Mitte
au ~ (de) in der Mitte
mille tausend
millibar *m* Millibar
millimètre *m* Millimeter
million *m* Million
mine *f* Mine
avoir bonne ~ gut (gesund) aussehen
minéral, -e Mineral-
ministre *m* **des transports** Verkehrsminister
minute *f* Minute
mode *f* Mode
modèle *m* Modell
modéré mäßig
moderne modern
moi ich (betont)
moins weniger
au ~ wenigstens
mois *m* Monat
au ~ de im Monat ...
moitié *f* Hälfte
moment *m* Augenblick
à ce ~-là in diesem Augenblick
au ~ où zum Zeitpunkt da (als)
mon mein
monde *m* Welt
tout le ~ alle
moniteur *m* Fahrlehrer
Monsieur Herr
montagne *f* Gebirge
monter (dans) einsteigen (in)
montrer zeigen
moquette *f* Teppichboden
mort, -e gestorben, tot
mot *m* Wort
moteur *m* Motor
motif *m* Motiv, Grund
motorisation *f* Motorisierung
moue: faire la ~ schmollen
mouton *m* Schaf
revenons à nos ~s zurück zur Sache
moyen, -ne mittlerer, -e, -es
municipal, -e städtisch, Stadt-
municipalité *f* Stadt(verwaltung)
mur *m* Mauer

N

nager schwimmen
natation *f* Schwimmsport
nation *f* Nation
national, -e national
naturel, -le natürlich, selbstverständlich
naturellement natürlich
ne ... (pas) nicht
nécessaire notwendig
négociation *f* Verhandlung
neige *f* Schnee
nerveux, -se nervös
neuf neun
ni (weder) noch
Nice Nizza
niveau *m* **de vie** Lebensstandard
noblesse *f* Adel
noir, -e schwarz
nom *m* Name
nombre *m* Anzahl
nombreux, -se zahlreich
non nein
~ plus auch nicht
nord *m* Norden
normal, -e normal
nos unsere
notamment insbesondere

noter bemerken, notieren
notre unser
nôtre unserer, -e, -es
nous wir, uns
nouveau, nouvel, nouveaux, nouvelles neu
  de ~ erneut, wieder
nouvelle *f* Nachricht, Neuigkeit
  je donne de mes ~s ich gebe Nachricht von mir
novembre *m* November
nuage *m* Wolke
nuageux, -se wolkig, bewölkt
nuisible schädlich
nuit *f* Nacht
numéro *m* Nummer

O

objectif, -ve objektiv
objet *m* Grund, Gegenstand
obliger zwingen
occasion *f* Gelegenheit, Anlaß
  à l'~ de anläßlich
occidental, -e, -aux westlich, West-
occuper beschäftigen
  s'~ de sich kümmern um
océan *m* **Atlantique** Atlantischer Ozean
octobre *m* Oktober
odeur *f* Geruch, Duft
œil *m* (**Plur.: yeux**) Auge
œuvre *f* Werk
officiel, -le offiziell
officier *m* Offizier
offre *f* Angebot
offrir anbieten
olive *f* Olive
on man
onze elf
optimiste *m* Optimist
ordonnance *f* Rezept
ordre *m* Befehl, Ordnung
organisation *f* Organisation
organiser organisieren
oriental, -e östlich
orienter sur ausrichten auf
osciller schwanken
oser wagen
ou oder
où wo, wohin
  d'~ woher
  ~ en est . . . wie steht es mit . . .
oublier (**de**) vergessen (zu)
ouest *m* Westen
oui ja
ouvrier *m* Arbeiter
ouvrir öffnen

P

page *f* Seite
pain *m* Brot
paire *f* Paar
pâle bleich
pan *m* Stoffbahn
panier *m* Korb
panique *f* Panik
panneau *m* Schild
pantalon *m* Hose
Panthéon *m* Pantheon
papa *m* Papa, Vati
papier *m* Papier
  ~ à lettres Briefpapier
  ~ peint Tapete
paquet *m* Schachtel
par durch, pro, von, aus
parce que weil
parcourir überfliegen
pareil, -le solch
parents *m/pl.* Eltern
parisien, -ne von (aus) Paris
parking *m* Parkplatz
parler sprechen
  ~ politique politisieren
parole *f* Wort
partenaire *m* Partner
parti *m* Partei
particulièrement besonders
partie *f* Teil
partir wegfahren, abreisen
  à ~ de von . . . ab
pas *m* Schritt
  à deux ~ d'ici zwei Schritt von hier
pas nicht
  ~ encore noch nicht
  ~ mal ziemlich viele
  ~ du tout überhaupt nicht
passage *m* Übergang, Überschreiten
  être de ~ auf der Durchreise sein
passant *m* Passant
passer anziehen, verbringen, fahren (durch), machen, ablegen, einlegen (Gang), verbinden, hergeben, überschreiten, vornehmen, passen (in)
  ~ en première den ersten Gang einlegen
  aller ~ verbringen
patience *f* Geduld
patient, -e geduldig
patron *m* Chef
pause *f* Pause
payer (be)zahlen
pays *m* Land
paysan, -ne Bauer, Bäuerin
pédale *f* Pedal
peinture *f* Malerei
pendant während
péninsule *f* **Ibérique** Iberische Halbinsel
penser (ge)denken
pensif, -ve nachdenklich
Pentecôte *f* Pfingsten
père *m* Vater
performance *f* (sportliche) Leistung
période *f* Zeit(dauer)
permettre (**de**) erlauben (zu)
permis *m* **de conduire** Führerschein
persistant, -e lang anhaltend
persister lang anhalten
personne *f* Person
personne . . . ne niemand
personnel *m* Personal
personnellement persönlich
perturbation *f* Störung
peser wiegen
petit, -e klein
peu wenig
  ~ à ~ nach und nach
  un ~ ein wenig
  un tout petit ~ ein ganz klein wenig
  à ~ près in etwa, ungefähr
Peugeot *f* Peugeot
peuple *m* Volk
peur *f* Angst
  faire ~ Angst machen
peut-être vielleicht
phare *m* Scheinwerfer
pharmacie *f* Apotheke
Philippe Philipp
photo *f* Photo *m*
physique körperlich, Leibes-
pièce *f* Stück, Zimmer
  ~ d'habitation Wohnraum
  ~s jointes Anlagen
  ~ de théâtre Theaterstück
  un trois ~s eine Dreizimmerwohnung

pied *m* Fuß
à ~ zu Fuß
avoir bon ~ bon œil auf dem Posten sein
piéton *m* Fußgänger
pillage *m* Plünderung
pilote *m* Pilot
piscine *f* Schwimmbad
placard *m* Einbauschrank
place *f* Platz
prendre ~ Platz nehmen
sur ~ an Ort und Stelle
plaire gefallen
s'il te plaît bitte (Du-Verhältnis)
s'il vous plaît bitte (Sie-Verhältnis)
plaisanter scherzen
plaisir *m* Freude, Vergnügen
avec ~ gerne
plan *m* Plan
~ de la ville Stadtplan
sur le ~ im . . . Bereich
planche *f* Brett
plat *m* Gericht, Speise
plateau *m* Tablett
~ de fromages Käseplatte
plein, -e voll
faire le ~ (voll)tanken
pli *m* Falte
ployer sich abbiegen
pluie *f* Regen
plupart *f* Mehrzahl
plus mehr
plus dazu, plus
de ~ außerdem
plusieurs mehrere
plutôt eher, vielmehr
poche *f* Tasche
point *m* Punkt
~ de vue Standpunkt
pointilleux, -se kleinlich
poisson *m* Fisch
poivre *m* Pfeffer
police *f* Polizei
politicien *m* Politiker
politique *f* Politik
pompiste *m* Tankwart
population *f* Bevölkerung
porche *m* Vorhalle
porte *f* Türe
portefeuille *m* Brieftasche
porte-monnaie *m* Geldbörse
porter tragen
portière *f* Fahrzeugtür
portuaire Hafen-
poser stellen, setzen
posséder besitzen
possible möglich
possibilité *f* Möglichkeit
postal, -e, -aux Post-
poste *m* Posten, Arbeitsstelle, Fernsehempfänger
pote *m*: **vieux ~** altes Haus (fam.), alter Freund
pour um zu, für, als, nach
~ que damit
pourboire *m* Trinkgeld
pour-cent *m* Prozent
pourquoi warum
c'est ~ deshalb
poursuite *f* Fortsetzung
poursuivre fortsetzen
pourtant dennoch
pourtour *m* Umfang, Rand
pourvu, -e (de) ausgestattet (mit)
pousser wachsen
pouvoir können
précéder qch sich vor etw. befinden
préférer vorziehen, lieber tun
précipiter (über)stürzen
se ~ sich stürzen
prédominance *f* Vorherrschen
préhistorique vorgeschichtlich
premier, -ière erster, -e, -es
prendre nehmen, ergreifen, abholen
préparation *f* Vorbereitung
préparer vorbereiten, herrichten
prépondérant, -e überwiegend
près (de) nahe (bei)
de ~ genau
présent *m* Gegenwart
présenter vorbringen, darlegen, zeigen, vorführen
président *m* **de la République** französischer Staatspräsident
presque fast
pressé eilig
être ~ es eilig haben
presser drängen
pression *f* Druck
~ atmosphérique Luftdruck
prêt, -e (à) fertig, bereit (zu)
prêter leisten (Schwur)
preuve *f* Beweis
prévisions *f/pl.* **météorologiques** Wettervorhersage
prévu, -e vorgesehen
prier (de) bitten (zu)
prime *f* Prämie
primitif, -ve primitiv
primo erstens
printemps *m* Frühling
au ~ im Frühling
prise *f* Einnahme
prison *f* Gefängnis
en ~ im Gefängnis
prix *m* Preis
~ courant Preisliste
au ~ de zum Preis von
probable wahrscheinlich
problème *m* Problem
~ de géométrie Geometrieaufgabe
procès-verbal *m* Protokoll
prochain, -e nächster, -e, -es
prochainement in nächster Zeit
producteur *m* Hersteller
productif, -ve produktiv
production *f* Produktion
produire erzeugen
se ~ sich ereignen
produit *m* Erzeugnis
~ national (brut) Bruttosozialprodukt
professeur *m* Lehrer, Professor
~ d'éducation physique Turnlehrer
profession *f* Beruf
profit *m* Profit, Nutzen
profiter (de) Nutzen ziehen (aus)
programme *m* Programm
progressif, -ve allmählich
projecteur *m* Projektor
projet *m* Projekt
projeter schleudern
prolonger verlängern
promenade *f* Spaziergang
promettre versprechen
prompt, -e rasch, umgehend
propager propagieren
se ~ sich ausbreiten
proposer (de) vorschlagen (zu)
proposition *f* Vorschlag
proprement dit, -e eigentlich
propriétaire *m* Besitzer
prospectus *m* Prospekt
prospérité *f* Wohlstand
protectionniste Schutz-

protéger beschützen
protester protestieren
provenance *f* Herkunft
  en ~ de aus (Herkunft)
Provence *f* Provence
provoquer verursachen
publicitaire Werbe-
publicité *f* Werbung
puis dann
puissant, -e stark
pull(-over) *m* Pulli, Pullover
pupitre *m* Pult

Q

qualité *f* Qualität
quand als, wann
  ~ même doch, immerhin
quant à . . . was . . . anbetrifft
quarante vierzig
quart *m* Viertel
  ~ d'heure Viertelstunde
quartier *m* (Stadt-)Viertel
quatorze vierzehn
quatre vier
  tous les ~ alle vier
quatre-vingts achzig
quatre-vingt-dix neunzig
quatrième vierter, -e, -es
que (Konjuktion) daß, wie, als
  ne . . . ~ nur
que (Relativpronomen) der, die, das
quel, -le welcher, -e, -es
quelque irgendein
  ~ chose etwas
quelques einige
quelques-uns, -unes einige
quelqu'un jemand(en)
question *f* Frage
questionnaire *m* Fragebogen
qui (Relativpronomen) die, der, wen, wer
  ce ~ was
quitter verlassen
quoi was
  ~ de neuf? was gibts Neues?
quoique obwohl

R

raconter erzählen
radio *f* Radio
raid, -e steif
raison *f* Grund
  avoir ~ recht haben
  c'est pour cette ~ aus diesem Grund
  en ~ de aufgrund
  la ~ en est der Grund dafür ist
raisonnable vernünftig
ramasser sammeln
ramener zurückholen
ranger einräumen
rapide *m* Schnellzug
rappeler qch à qn jdn an etw. erinnern
  se ~ qch sich an etw. erinnern
rapport *m* Bericht
  par ~ à in bezug auf
rapporter einbringen
rapporteur *m* Petzer, Winkelmesser
rasoir *m* Rasierapparat
rater verpassen
rayon *m* Regal
réaliser verwirklichen, machen, fertigen
réaliste *m* Realist
récent, -e kürzlich
recevoir erhalten
réchaud *m* Kocher
réclamation *f* Reklamation
recommencer wieder beginnen
reconnaissant, -e dankbar
reconnaître wiedererkennen
redémarrer wieder anfahren
réduction *f* Preisnachlaß
refermer wieder zumachen
refuser zurückweisen
regarder betrachten
régime *m*: **ancien ~** Ancien Régime
région *f* Gegend
registre *m* Register
règle *f* Lineal
régler regeln, lösen
régner herrschen, regieren
regret *m* Bedauern
  au ~ de zum Bedauern von
regretter (de) bedauern (zu)
régulièrement regelmäßig
relation *f* Beziehung
relativement relativ
relever notieren
remarquer bemerken
remercier qn de qch jdm für etw. danken
remise *f* Preisnachlaß
remonter wieder einsteigen
remplir füllen
remporter gewinnen, davontragen
rencontrer treffen
rendre zurückgehen
  se ~ sich begeben
renforcer verstärken
renoncer (à) verzichten (auf)
renseignement *m* Information
rentrer zurückkommen, (her)eingehen, nach Hause kommen, nach Hause fahren
repartir wieder abreisen
repasser wieder vorbeikommen
répéter wiederholen
répliquer erwidern
répondre antworten
  ~ par la négative mit nein antworten
réponse *f* Antwort
repos *m* Ruhe(pause)
  au ~ in Ruhe
reposer: se ~ ausruhen
repousser zurückwerfen
reprendre wieder (auf)nehmen
représentant *m* Vertreter
représenter darstellen
réseau *m* **aérien** Flugnetz
réservation *f* Reservierung
réserver reservieren
réservoir *m* Benzintank
résistant, -e (à) widerstandsfähig (gegen)
résister à qch einer Sache widerstehen
résoudre lösen
respecter beachten
respirer atmen
ressembler ähneln
restaurant *m* Restaurant
reste *m* Rest
  du ~ übrigens
rester bleiben
restoroute *m* Rasthaus
restreint beschränkt
résultat *m* Ergebnis
résulter de sich ergeben aus
retard *m* Verspätung
retour *m* Rückkehr
  être de ~ zurück sein
retourner zurückkehren
réunir vereinen

revanche *f* Rache, Ausgleich
en ~ dagegen
rêve *m* Traum
réveiller aufwecken
se ~ aufwachen
revendication *f* Forderung
revenir zurückkehren, zurückkommen
rêver träumen
revoir wiedersehen
au ~ auf Wiedersehen
Révolution *f* französische Revolution
révolutionnaire revolutionär
revue *f* **automobile** Autozeitschrift
rez-de-chaussée *m* Erdgeschoß
rien: ne ... ~ nichts
riz *m* Reis
robe *f* Kleid
~ **de chambre** Morgenrock
roi *m* König
Rome Rom
rossignol *m* Dietrich
rouge rot
rouler fahren
rouspéter schimpfen
route *f* Straße
en ~ unterwegs
royal, -e königlich
rue *f* Straße
habiter ~ **XY** in der XY-Straße wohnen
russe russisch
Russie *f* Rußland

S

sa seine, ihre
sac *m* Tasche
~ **à main** Handtasche
~ **en plastique** Plastikbeutel, Plastiktüte
sacerdoce *m* Priesteramt
sacrifier opfern
sage brav
sagement brav
salade *f* Salat
~ **variée** gemischter Salat
salle *f* Raum, Saal
~ **de bain(s)** Bad(ezimmer)
~ **de séjour** Wohnzimmer
salut servus
salutation *f* Gruß
samedi *m* Samstag
sans ohne
santé *f* Gesundheit
à votre ~ auf Ihr Wohl
sardine *f* Sardine
satisfaisant, -e zufriedenstellend
satisfait, -e zufrieden, befriedigt
saut *m* Sprung
~ **en hauteur** Hochsprung
~ **en longueur** Weitsprung
sauter springen
savoir wissen
savourer genießen
second, -e zweiter, -e, -es
seconde *f* Sekunde
secours *m* Hilfe
les premiers ~**s** die erste Hilfe
secrétaire *f* Sekretärin
secteur *m* Sektor
secundo zweitens
seigneur *m* (Lehens-)Herr
seize sechzehn
séjour *m* Aufenthalt
sel *m* Salz
sélectionner auswählen, aussuchen
semaine *f* Woche
la ~ **passée** vergangene Woche
la ~ **prochaine** nächste Woche
la ~ **à venir** kommende Woche
depuis des ~**s** seit Wochen
sembler scheinen
sensationnel, -le sensationell
sentir fühlen
séparer trennen
sept sieben
septembre *m* September
sérieux, -se ernst
Serment *m* **du Jeu de Paume** Ballhausschwur
serrement *m* Beklemmung
serveuse *f* Bedienung
service *m* Dienst
~ **médical** Ärztedienst
serviette *f* Aktentasche
servir (be)dienen, auftragen
~ **à** dienen zu, gut sein für
se ~ **de qch** sich einer Sache bedienen
ses seine, ihre
seul, -e allein, nur
seulement nur
si so, doch, wenn, ob, wenn auch
sien, -ne seiner, -e, -es
signal *m* Signal
signature *f* Unterschrift
silence *m* Schweigen
Simca *f* Simca
simplement einfach
singe *m* Affe
situation *f* Lage
ski *m*: **faire du** ~ Ski fahren
S.N.C.F. *f* französische Eisenbahn
soir *m* Abend
ce ~ heute abend
soirée *f* Abend
soit das heißt, das ist, das sind
~ ... ~ entweder ... oder
soixante sechzig
soixante-dix siebzig
sol *m* Boden
solde *m* Schlußverkauf
soleil *m* Sonne
sommaire kurz, summarisch
somme *f* Summe
en ~ kurz und gut
son sein, ihr
sonner läuten
sorte *f* Art
de la ~ derart
de (telle) ~ **que** so daß
toutes ~ **de** alle Arten von
sortir weggehen, ausgehen
soudain, -e plötzlich
souffrir (er)leiden
soulier *m* Schuh
soumettre vorlegen
soupirer seufzen
sourcil *m* Augenbraue
froncer les ~ die Stirn runzeln
sourd, -e taub
sourire lächeln
sous unter
soutenir stützen
souvenir: se ~ **(de)** sich erinnern (an)
souvent oft
spécial, -e Sonder-, Spezial-
spécifier aufführen
spectateur, -trice Zuschauer, -in

sport *m* Sport
  ~ **d'hiver** Wintersport
sportif, -ve Sport-
sprinter *m* Sprinter, Kurzstreckenläufer
standing *m* Komfort, Luxus
station *f* Haltestelle
  ~**-service** Tankstelle
stimulation *f* Anregung
structurel, -le strukturell
studieux, -se fleißig
stylo *m* **à bille** Kugelschreiber
subir qch sich einer Sache unterziehen
sucre *m* Zucker
sud *m* Süden
sud-ouest *m* Südwesten
suffisant, -e ausreichend
suivant, -e folgender, -e, -es
suivre qn jdm folgen
sujet *m* Thema
  au ~ **de** in bezug auf
supermarché *m* Supermarkt
supporter (v)ertragen
suppositoire *m* Zäpfchen
suppression *f* Abschaffung
sur auf, an, nach, bei
sûr, -e sicher
sûrement sicherlich
surface *f* Oberfläche
surnommer nennen
surprendre überraschen
surpris, -e überrascht
surtout vor allem
surveillance *f* Aufsicht
symbole *m* Symbol

T

ta deine
table *f* Tisch
  à ~ bei Tisch
tableau *m* **noir** Tafel
taille *f* Größe
tailleur *m* Anzug
  ~**-pantalon** Hosenanzug
tandis que während (jedoch)
tant (de) soviel
  ~ **que** solange (wie)
tante *f* Tante
taper tippen
tard spät
  plus ~ später
  au plus ~ spätestens
tarif *m* Tarif, Preis
tâtons: à ~ tastend
technique technisch
télégramme *m* Telegramm
téléphoner telefonieren
télé(vision) *f* Fernsehen
télex *m* Fernschreiben
témoin *m* Zeuge
température *f* Temperatur
temps *m* Zeit, Wetter
  de ~ **à autre** von Zeit zu Zeit
  en même ~ gleichzeitig
  en même ~ **que** zusammen mit
  il est ~ es ist Zeit
  il est grand ~ es ist höchste Zeit
tendre reichen
tenir halten
  ~ **à ce que** (+ **subjonctif**) Wert legen darauf, daß
terminer beenden
  se ~ zu Ende gehen
terrain *m* Gelände
  ~ **de sport** Sportplatz
terre *f* Erde
tertio drittens
tes deine
tête *f* Kopf
têtu, -e dickköpfig
tien, -ne deiner, -e, -es
tiens sieh mal! hier; da!
Tiers Etat *m* Dritter Stand
timbre *m* Briefmarke
tirer ziehen
tiroir *m* Schublade
toi du (betont)
toilette *f* Toilette
tomber fallen, treffen (auf)
ton dein
tort *m* Unrecht
  avoir ~ **(de)** unrecht haben (zu)
tôt früh
toujours immer (noch)
tour *f* Turm
tournedos *m* Rinderfilet
tourner drehen
  ~ **à** sich wenden nach
  se ~ **contre** sich wenden gegen
  se ~ **vers** sich drehen zu
tous alle
tout alles, ganz
  ~ **à fait** vollkommen
trace *f* Spur
  ~**s de freinage** Bremsspuren
tracteur *m* Traktor
traditionnel, -le traditionell, traditionsbewußt
train *m* **(pour)** Zug (nach)
  être en ~ **de** im Begriff sein zu
tranche *f* Schnitte, Scheibe
tranquille ruhig
tranquilliser beruhigen
transports *m/pl.* Transportwesen
travail *m* Arbeit
travailler arbeiten
travers: à ~ (quer) über
traverser überqueren
trente dreißig
très sehr
triompher (de) triumphieren (über)
trois drei
troisième dritter, -e, -es
trop zu (sehr)
trottoir *m* Bürgersteig
trou *m* Loch
troupe *f* Truppe
trouver finden
  se ~ sich befinden
truite *f* Forelle
tu du
tunnel *m* Tunnel
tweed *m* Tweed
type *m* Typ
tyranniser tyrannisieren

U

ultramoderne supermodern
un, -e ein, -e, -es
  ~ **à** ~ einer nach dem anderen
uni, -e einfarbig, unifarben
uniforme *m* Uniform
urgent, -e dringend
user de qch etw. benützen
usine *f* Werk, Fabrik
utile nützlich
utiliser verwenden
utilité *f* Nutzen

V

vacances *f/pl.* Ferien
  en ~ in Ferien
valise *f* Koffer
vallée *f* Tal
  ~ **du Rhône** Rhônetal
valoir wert sein
vanille *f* Vanille
variable wechselhaft, veränderlich
varié verschieden
vaste weit, geräumig
veiller Nachtwache halten
vendeur, -euse Verkäufer, -in

vendre verkaufen
vendredi *m* Freitag
venir kommen
 ~ **de faire qch** eben etw. getan haben
vent *m* Wind
ventre *m* Bauch
vérifier überprüfen
véritable echt
verre *m* Glas
vers gegen
vert, -e grün
veste *f* Jacke
vestimentaire Bekleidungs-
vêtements *m/pl.* Kleidung
viande *f* Fleisch
victime *f* Opfer
vie *f* Leben
vieillard *m* Greis, alter Mensch
vieux, vieil, vieille(s) alt
vif, -ve heftig, lebhaft
villa *f* Villa
village *m* Dorf
 ~-satellite Satellitenstadt, Trabantenstadt
ville *f* Stadt
 en ~ in der Stadt
vin *m* Wein
vinaigre *m* Essig
vingt zwanzig
virement *m* Überweisung
virer (à) überweisen (auf)
visage *m* Gesicht
visite *f* Besuch
 rendre ~ **à qn** jdn besuchen
visiter besuchen
vite schnell
vitesse *f* Geschwindigkeit, Gang
 à toute ~ mit großer Geschwindigkeit
vivre leben
voie *f* **d'eau** Wasserstraße
voilà hier (ist, sind, haben Sie), das ist, also
 te ~! da bist du ja!
voir sehen
voisin *m* Nachbar
voiture *f* Wagen
 en ~ mit dem Wagen
voix *f* Stimme
 à ~ **basse** leise
volant *m* Lenkrad
voler stehlen
volontiers gern
vomir erbrechen
vos euere
Vosges *f/pl.* Vogesen
votre ihre, eure
vôtre eurer, -e, -es, Ihrer, -e, -es
 à la ~ prost
vouloir wollen
vous ihr, Sie, euch, Ihnen
voyage *m* Reise
 ~ **d'affaires** Geschäftsreise
 ~ **d'études** Studienreise
voyager reisen
voyant auffallend
vrai, -e wahr
vraiment wirklich
vue *f* Sicht

W

w.-c. *m* WC
week-end *m* Wochenende
whisky *m* Whisky

Y

y da, dort, dorthin

Z

zéro null
zone *f* Zone
zut verflixt

Sachregister

(Die Zahlen beziehen sich auf die Seiten.)